JÉRÔME HÉLIE

Petit Atlas historique des Temps modernes

Quatrième édition

ARMAND COLIN

Collection « **Petit atlas historique** »
sous la direction de Marc Nouschi

Dans la même collection

Jean-Marc ALBERT, *Petit Atlas historique du Moyen Âge*

Pierre CABANES, *Petit Atlas historique de l'Antiquité grecque*

Yannick CLAVÉ et Éric TEYSSIER, *Petit Atlas historique de l'Antiquité romaine*

Marc NOUSCHI, *Petit Atlas historique du XIXe siècle*

Marc NOUSCHI, *Petit Atlas historique du XXe siècle*

Document de couverture : Jan Stradanus, *Allégorie à la gloire de la circumnavigation de Magellan*, 1520-22 ©akg_images

Armand Colin est une marque de
Dunod Éditeur 11 rue Paul Bert 92247 Malakoff cedex

ISBN 978-2-200-62874-1

Sommaire

Troisième partie – Des Lumières à la Révolution

Introduction

Les Temps modernes posent aux étudiants qui abordent cette période, finalement peu enseignée dans le secondaire, des problèmes d'orientation dans le temps et l'espace. Les changements de frontières politiques, comme les mutations économiques et culturelles dessinent des espaces parfois peu familiers ; guerres et bouleversements dynastiques constituent des obstacles souvent rebutants. Le but de ce livre est donc de fournir une initiation rapide et concrète aux étudiants de premier cycle et aux élèves des classes préparatoires.

Les quarante-six fiches qui constituent cet ouvrage visent à donner des repères simples pour aborder les questions essentielles, regroupées ici en trois grandes parties qui correspondent aux trois siècles de l'histoire moderne. Elles servent d'introduction ou de complément à un cours ou un manuel plus volumineux. Un jeu constant de renvois permet de relier époques et régions. Cartes et tableaux ne cherchent pas l'exhaustivité ; chacune des fiches sert à faire rapidement le point et dégager les grands enjeux. L'accent est mis sur les découpages chronologiques et les institutions, trop souvent négligées par les étudiants.

Les pistes bibliographiques sont succinctes et indiquent aussi bien des ouvrages classiques que les mises au point les plus récentes. L'index permet de se reporter au texte comme aux cartes et aux tableaux.

Comme dans la précédente édition, on a été attentif aux aires culturelles qui ne sont pas forcément familières, européennes comme extra-européennes.

PREMIÈRE PARTIE

La première modernité

FICHE 1 La démographie au XVIe et au XVIIe siècle

La connaissance démographique de la première modernité reste difficile. Les mondes extra-européens ne peuvent faire l'objet que d'approximations ; on possède plus de documents pour évaluer la population de l'Europe, géant qui oscille entre 80 et 100 millions d'habitants au cours du XVIe siècle avant de connaître crises et stagnation au XVIIe siècle.

La persistance des grandes crises

Une forte mortalité

La médecine demeure globalement inefficace. La forte **mortalité infantile** est la donnée essentielle de toute l'époque moderne. Nulle part elle n'est inférieure à 250 ‰ et elle dépasse souvent 350 ‰. À cette hécatombe des nouveau-nés, il faut ajouter le poids d'une très lourde mortalité des enfants : la moitié d'une classe d'âge atteint vingt ans. Ainsi l'espérance de vie à la naissance d'un Européen des Temps modernes ne dépasse-t-elle pas trente ans, quelle que soit la région ou la condition sociale. Un adulte de vingt ans peut en revanche espérer vivre encore entre trente-cinq et quarante ans.

Les grands fléaux

La peste, apparue en Europe occidentale en 1348, ne disparaît pas à l'époque moderne. Il faut en effet souligner l'importance des poussées de peste, surtout dans la seconde moitié du XVIe et au début du XVIIe siècle, parfois jusqu'aux alentours de 1670. La France subit par exemple une très forte épidémie vers 1630. Parmi les dernières grandes pestes de l'époque moderne, signalons celle de Marseille en 1720, contenue grâce à la méthode du cordon sanitaire. De nouvelles maladies se révèlent largement aussi meurtrières que la peste : le typhus, apparu au début du XVIe siècle en Europe, la rougeole et la variole. Plus lente à se répandre, la syphilis, connue dès la fin du XVe siècle, ne devient un véritable fléau qu'au XVIIe siècle.

La violence des **guerres** de la première modernité contraste avec les comportements plus policés de la seconde moitié du XVIIIe siècle. Les guerres sont très meurtrières et entraînent aussi des pertes civiles, tant par les massacres que les famines qu'elles provoquent. Soulignons que les armées d'alors sont aussi d'importants vecteurs d'épidémies. On estime aujourd'hui que l'Allemagne et les régions à sa périphérie ont perdu 20 % de leur population pendant la guerre de Trente Ans.

Les grandes **famines** proprement dites ont quasiment disparu de l'Europe moderne ; les **disettes** sont en revanche encore fréquentes. En France, outre les épisodes déjà cités plus haut, il faut rappeler ceux de 1629-1631, accompagnés par la peste, ceux de l'époque de la Fronde (1648-1653) ou du début du règne personnel de Louis XIV (crise dite de l'avènement en 1661 et les durs hivers de 1694 et 1709.

De lentes mutations

Familles et nuptialité

Encore assez précoce au début du XVIe siècle, **l'âge au mariage tend** par la suite **à reculer** de manière significative en Europe de l'Ouest. Au cours des XVIe et XVIIe siècles, il tend à se rapprocher de 25 ans pour les hommes, et dépasse presque toujours 20 ans pour les filles. En France, ce phénomène est particulièrement accentué. La période de fécondité féminine, entre 18 et 39 ans en moyenne pendant toute la période moderne, étant plus brève qu'aujourd'hui, ce recul de l'âge au mariage est le premier régulateur des naissances dans un monde où les conceptions hors mariage demeurent très marginales (moins de 1 % en France).

Les populations européennes (en millions d'habitants)		
	1500	**1600**
France	16	18
Italie	11/12	12/13
Espagne	7,5	8/9
Portugal	1	1,5
Îles Britanniques	2,5	4/4,5
Pays-Bas (avec Provinces-Unies en 1600)	3	2,8/3
Allemagne	10/11	15/16
Europe danubienne (Autriche, Hongrie, Bohême)	7,5	10
Danemark	0,8	1
Suède	1	1,5
Pologne	3,5	5/8
Russie	9 (??)	11/15
Empire ottoman	?	20

Les naissances

Il est difficile d'établir des taux de fécondité fiables pour le début de la période moderne. En Europe occidentale, on peut estimer qu'une femme mariée entre 20 et 25 ans aura 6 ou 7 enfants, dont la moitié atteindra l'âge adulte.

La mobilité

Même si la grande masse des ruraux reste peu mobile à l'époque moderne, on constate quelques mouvements significatifs, migrations d'Espagnols et de Portugais, puis de Britanniques vers le Nouveau Monde, colons allemands en Europe orientale ou travailleurs français en Espagne. **L'exode rural** accompagne le phénomène d'urbanisation en Angleterre, mais reste inconnu ailleurs où la croissance urbaine est d'abord endogène.

La diversité européenne

La France, géant démographique

On connaît mal la population française au début de l'époque moderne. La pauvreté des sources est à souligner : Le seul recensement d'envergure en France avant l'époque contemporaine, « l'état des feux et des paroisses », date de 1328. Les tentatives suivantes ne semblent pas avoir fourni de résultats très probants. Les données sont donc très inégales ; mais on peut estimer que jusqu'au XVIIIe siècle, le poids de la population française en Europe est énorme et n'est pas loin d'atteindre 20 % du total.

Déclins méditerranéens

La population espagnole connaît une croissance soutenue jusqu'au milieu du XVIe siècle. Le XVIIe siècle est considéré en revanche par les démographes comme celui de la décadence. Le destin démographique de **l'Italie** est assez comparable à celui de l'Espagne, à laquelle elle est de plus en plus liée. Après une reprise spectaculaire à la fin du Moyen Âge, la stagnation apparaît à la fin du XVIe siècle. Au **Portugal** on peut néanmoins estimer qu'il y a, après une période de dépression entre 1620 et 1640, une croissance soutenue, à l'opposé du grand voisin espagnol, et qu'on atteint les 2 millions vers 1700.

L'Europe du Nord-Ouest

L'Angleterre, mal connue, demeure peu peuplée et faiblement urbanisée avant l'explosion de la fin du XVIIe siècle, au contraire des concentrations des **Pays-Bas**, puis des **Provinces-Unies**, qui sont exceptionnelles pour l'époque. Dès le XVIe siècle, les densités atteignent 76 habitants au km^2 en Flandre, 66 en Hollande, alors qu'elles sont partout inférieures à 40 dans le reste de l'Occident.

L'Europe centrale

L'Allemagne connaît une évolution semblable à celle de ses voisins occidentaux avant la catastrophe de **la guerre de Trente Ans**. Il semble que l'**Autriche** et les **pays tchèques** aient eu une destinée démographique comparable, tandis que la **Hongrie**, déchirée par les guerres et les invasions dès 1526, connaît de précoces difficultés.

Europe orientale et Scandinavie

Il est impossible d'avoir une idée précise de la **démographie russe** à l'époque moderne. Pour le milieu du XVIe siècle, on doit se contenter d'hypothèses fortement contrastées, qui vont de 6 à 10 millions d'habitants. Les données scandinaves ne sont guère plus nombreuses pour le XVIe siècle. Il semble néanmoins qu'une croissance importante se produise en Suède et Finlande à la fin du XVIe siècle, provoquant un mouvement de colonisation de terres encore vierges.

Le seuil qui permet de distinguer population rurale et population urbaine est difficile à établir pour l'Europe moderne. L'actuelle barre des 2000 habitants utilisée par l'INSEE en France remonte au XIXe siècle, mais dans la France d'Ancien Régime, un bourg de 1000 habitants était souvent considéré comme une ville. Les taux du tableau ci-dessus sont tirés de recherches anglo-saxonnes, qui placent le seuil à 5000 habitants, et laissent ainsi de côté les très petites villes, qui n'ont le plus souvent joué qu'un rôle marginal dans la croissance urbaine de l'Europe.

FICHE 1

L'urbanisation de l'Europe Pourcentage de population urbaine		
	1500	**1700**
Allemagne	7-9	8-11
Autriche	5-8	5-8
Balkans	7-12	7-12
Angleterre	7-9	13-16
Pays-Bas	30-45	26-35
Provinces-Unies	20-26	38-49
Espagne	10-16	12-17
Italie	15-20	14-19
France	9-12	11-15
Portugal	11-13	18-23
Scandinavie	5-8	5-8
Russie	3-6	4-7

Source : D'après J.-P. Bardet, J. Dupâquier, *Histoire des Populations de l'Europe, I. Des origines aux prémices de la révolution démographique*, Paris, Fayard, 1997.

Pistes bibliographiques

L'ouvrage essentiel est Jean-Pierre Bardet, J. Dupâquier, *Histoire des Populations de l'Europe*, I. « Des origines aux prémices de la révolution démographiques », Paris, Fayard, 1997. Sur la France, mais pas seulement, S. Beauvalet-Boutouyrie, *La population française à l'époque moderne, démographie et comportement*, Paris, Belin, 2008.

FICHE 2 L'économie européenne au beau XVIe siècle

L'essor agricole

Croissance sans mutation

La croissance démographique entraîne une augmentation de la production agricole. Favorisée par une amélioration du climat, elle se fait avant tout en gagnant de nouvelles terres cultivées. Il n'y a en effet **pas de révolution agricole** au début de l'époque moderne; **seuls les Pays-Bas** ont connu une véritable mutation technique dans ce domaine au Moyen Âge, mais ce modèle d'agriculture moderne se diffuse lentement. **L'usage de la charrue** est de ce point de vue fort révélateur: au XVIe siècle, elle remplace peu à peu l'araire dans l'Europe du Nord-Ouest (Pays-Bas, Bassin parisien, Sud de l'Angleterre). Partout ailleurs, le paysan européen de l'époque moderne utilise encore l'araire, et la similitude avec l'agriculture de l'Antiquité est si forte que les traités agronomiques de l'époque romaine continue à rencontrer le succès au XVIe siècle, tout particulièrement en France et dans les pays méditerranéens.

Débuts de spécialisation

Les productions sont partout dominées par les céréales, base de l'alimentation, et il est difficile de dégager une véritable géographie agricole. Certaines régions pourtant se spécialisent.

Dans le bassin méditerranéen, la **richesse céréalière** de l'Italie du Sud et de la Sicile est connue depuis l'Antiquité; elle explique en partie les rivalités entre puissances pour s'emparer de ces régions réputées opulentes. Au cours du XVIe siècle, les **grands domaines** de Pologne commencent également à se tourner vers l'exportation des blés, comme le font certaines régions des rives de la mer Noire.

La vigne connaît une extension bien plus grande qu'aujourd'hui. Répandue dans l'ensemble du bassin méditerranéen, on la rencontre également au nord-ouest de l'Europe et en Europe centrale. En France, on constate un essor important, lié à la commercialisation. Ainsi les vins du Poitou partent-ils vers l'Europe du Nord, tandis que ceux du Bordelais, anglais jusqu'en 1453, trouvent tout naturellement le chemin du marché londonien, en pleine expansion au XVIe siècle. La Bourgogne a également connu un grand développement viticole depuis le XVe siècle, grâce à des ducs qui ont imposé la culture des meilleurs cépages.

L'élevage ovin prédomine partout; deux pays de détachent, qui en font l'un des traits dominants de leur agriculture. D'abord la Castille: **la Mesta,** puissante association d'éleveurs, organise la transhumance et contrôle la production d'une laine qui fournit bien des ateliers textiles de l'Europe. Il faut ensuite souligner l'importance de l'élevage ovin dans le Nord et l'Ouest de l'Angleterre, où le mouton, « dévoreur d'hommes » selon la formule de l'humaniste anglais Thomas More (→ fiches 3 et 15), fait reculer les formes traditionnelles d'agriculture, souvent au profit des enclosures: depuis le XIIe siècle, les terres agricoles sont de plus en plus regroupées en propriétés bien délimitées. Cette pratique, qui se fait au détriment des biens communaux, connaît véritablement son apogée entre 1450 et 1640.

La production manufacturière

Les cadres

Le terme d'industrie s'applique mal au XVIe siècle. Rares sont les véritables manufactures et l'unité de production de base est avant tout l'atelier urbain. Le travail manuel y est généralement encadré par des associations de métiers. Depuis les derniers siècles du Moyen Âge, la production, en particulier textile, s'est diffusée dans les campagnes; ce **domestic system** permet de contourner les contraintes du travail urbain, en particulier sur les prix et les salaires. On le rencontre en Angleterre comme dans maintes régions de France ou d'Allemagne.

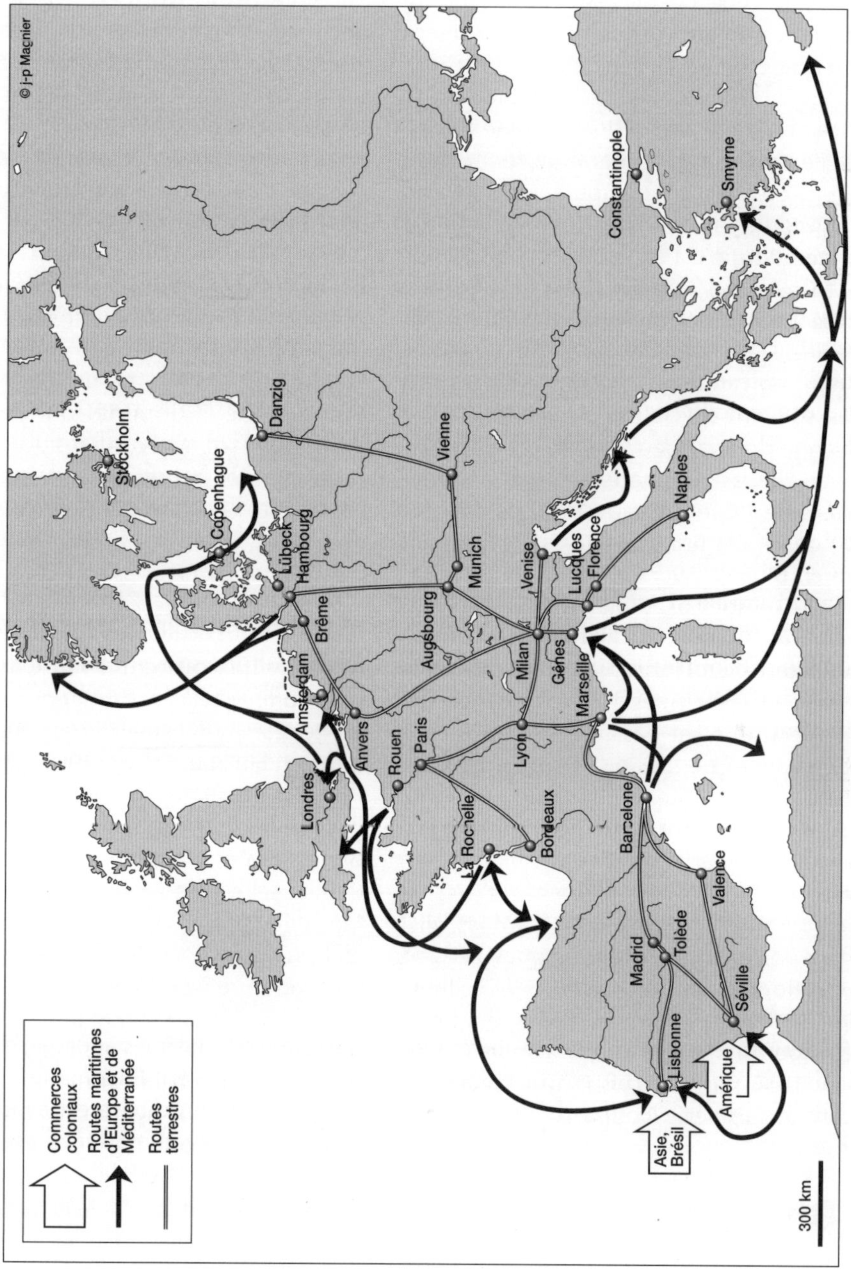

L'Europe économique au XVIe siècle

FICHE 2

Les premiers pôles

Quelques régions de l'Europe sont connues pour leur spécialisation industrielle. **Les mines** sont nombreuses en Europe centrale, et le minerai d'argent contribue à la richesse des Habsbourg autrichiens. L'Angleterre et la Suède produisent du minerai de fer, mais il est souvent difficile de distinguer de véritables bassins miniers. Ainsi la France est-elle le pays d'une extrême dispersion de l'extraction du minerai de fer. Notons la présence de gisement de houille dans le nord de l'Angleterre, sans en exagérer l'importance.

La métallurgie est elle aussi fort dispersée, et certains pays, comme la France, ne connaissent pas de véritable concentration dans ce domaine avant la fin du XVIIIe siècle. Il importe cependant de rappeler l'existence de centres réputés, souvent spécialisés dans l'armurerie : l'Allemagne du Sud, Liège, Milan ou Tolède.

Le textile est la grande activité manufacturière de l'époque moderne, portée par le goût des élites urbaines qui affectionnent de plus en plus la diversité vestimentaire. Les draps de laine sont produits en Italie du Nord et du centre (Toscane), en Flandre, dans le sud de l'Angleterre. En France, le Languedoc et la Champagne ne sont pas à négliger même si leur production n'est pas comparable à celle des grands pôles textiles de l'Europe. La laine n'est pas le seul textile de l'époque moderne : le lin ou le chanvre sont également travaillés un peu partout, et il faut accorder une place à part à la soie, qui n'est pas simplement un produit d'importation. Elle est fabriquée dans les villes italiennes de Florence, Milan, Lucques, Ferrare, et se développe aussi en Castille, à Séville et Tolède, comme en France où Louis XI a incité à la création du premier atelier à Tours (1470), imité en 1536 par François Ier qui favorise la naissance de la soierie lyonnaise.

Les échanges

Monnaie et système bancaire

Dès le XVIe siècle, **l'afflux des métaux américains** a frappé ceux qui s'intéressaient à l'économie. Le Français **Jean Bodin (1530 ?-1596)** y voyait une cause de la cherté des prix. Les historiens du XXe siècle, à la suite du travail pionnier d'E. J. Hamilton, ont vu également dans la croissance de la masse monétaire après la découverte du Nouveau Monde un facteur décisif de l'histoire économique de l'époque moderne. On est aujourd'hui beaucoup moins sûr de ce fait. Les espèces métalliques restent en quantités insuffisantes.

La nécessité du **crédit** et de la **lettre de change** s'impose. La **banque** repose alors sur des réseaux souvent familiaux. Les **Toscans** dominent encore largement au début du siècle, tels les Médicis, qui ont fondé sur leur puissance financière leur domination politique à Florence. Sont également très présents Siennois et Lucquois, comme les Bonvisi qui étendent leur domination sur la place de Lyon. Bientôt arrivent les **Allemands** et le triomphe des banquiers d'Augsbourg, comme les célèbres Fugger qui financent la politique de Charles Quint. La fin du siècle est celle des Génois, banquiers des ambitions de Philippe II.

Commerces et routes commerciales

À l'heure où s'ouvrent la route des **Indes orientales** comme celle de **l'Amérique** (→ fiches 12 et 13), les commerces maritimes demeurent importants en Europe. En Méditerranée, les ports de l'Empire ottoman sont encore l'aboutissement des routes terrestres des épices et de la soie. Génois et Vénitiens y sont concurrencés par les Catalans, les Valenciens ou les très dynamiques Marseillais. Le commerce de l'Afrique du Nord, malgré la présence de la piraterie barbaresque, se développe également.

La façade atlantique permet de relier l'Europe méridionale aux Pays-Bas. Ainsi les produits américains ou asiatiques qui débarquent à **Séville** ou **Lisbonne** sont-ils ensuite redistribués dans le port d'Anvers, véritable plaque tournante.

Plus au nord, par-delà le **Sund** contrôlé par les Danois, s'ouvre l'espace de la Baltique, qui permet d'intégrer de plus en plus la Suède et la Pologne à l'économie européenne.

Les routes terrestres ne sont pas à négliger : les Pays-Bas et l'Italie du Nord communiquent grâce à **l'axe rhénan** à la proximité duquel se développent des places comme **Lyon** et **Augsbourg**.

La conjoncture du siècle

Jusque vers 1530, l'Europe vit encore au rythme de la reprise entamée au xve siècle. La production croît, surtout dans le domaine agricole. On retrouve puis dépasse les niveaux antérieurs à la grande dépression de la fin du Moyen Âge. La croissance de la masse monétaire engendre une inflation encore modérée.

La période qui va de 1530 à 1570 est encore celle de la croissance des échanges et de la production manufacturière. En revanche, la production agricole ne suit pas la croissance démographique et les prix montent plus vite que les salaires.

À partir de 1570, la production agricole ralentit, sous l'effet conjugué du « petit âge glaciaire » et des guerres, tout particulièrement en France et aux Pays-Bas. L'inflation a désormais des effets négatifs : les prix s'envolent, la production manufacturière ne parvient plus à s'écouler. Seules l'Angleterre et les Provinces-Unies parviennent à maintenir une certaine prospérité.

Pistes bibliographiques

Parmi tous les ouvrages généraux sur ces thèmes naguère fort à la mode chez les modernistes, on commencera par P. Léon, *Histoire économique et sociale du monde*, Paris, Armand Colin, 1977. Le livre classique de F. Braudel, *Civilisation matérielle et capitalisme*, Paris, Livre de poche, 1993, peut rendre encore d'utiles services. Pour le renouveau de l'histoire économique, J.-Cl. Daumas (dir.), *L'Histoire économique en mouvement*, Villeneuve d'Ascq, Presses du Septentrion, 2012.

FICHE 3 Les révolutions culturelles

La notion de Renaissance, autrefois chère aux historiens, est trompeuse. Dès la fin du Moyen Âge, une nouvelle culture, plus séculière, émerge en Occident, prenant son essor en Italie avant de s'étendre à toute l'Europe. Il s'agit avant tout d'un concept, aujourd'hui très discuté, créé par les historiens du XIXe siècle pour caractériser un ensemble de phénomènes avant tout culturels.

Le foyer italien

La naissance de l'humanisme

L'humanisme trouve sans doute son origine dans l'Italie de la **fin du XIIIe siècle**, à l'heure où la vie intellectuelle commence à échapper aux clercs pour devenir l'apanage des laïcs cultivés. Ainsi peut-on considérer le poète florentin **Dante (1265-1321)** comme l'une des premières figures de l'humanisme. À sa suite, ses compatriotes **Pétrarque (1304-1374)** et **Boccace (1313-1375)**, fondateurs d'une littérature italienne en langue toscane, redécouvrent les lettres latines et s'efforcent de diffuser la culture de l'Antiquité classique.

La **connaissance du grec** progresse en Italie, grâce à des **maîtres byzantins** qui, déjà présents à la fin du XIVe siècle, affluent en nombre après la chute de Constantinople (1453). Le Florentin **Leonardo Bruni (1370 ?-1444)** jette les bases de l'humanisme classique : latiniste soucieux de pureté, il traduit dans la langue de Cicéron Platon, Aristote et Plutarque, tout en étant un écrivain italien qui rédige en toscan des biographies de Dante, Pétrarque et Boccace. À la génération suivante, on publie les *Elegantiae linguae latinae* de **Lorenzo Valla (1407-1457)**, premier manuel de latin écrit depuis l'Antiquité.

Écoles et penseurs

Maître de **Florence** de 1453 à sa mort, **Laurent de Médicis, dit le Magnifique (1449-1492)**, est lui-même humaniste et poète. Mécène d'**Angelo Poliziano, le Politien (1454-1494)**, il favorise l'essor culturel de la cité. D'abord soucieux de philologie et de style, l'humanisme italien se tourne vers la spéculation philosophique. À Florence, la découverte de Platon et des néo-platoniciens est à l'origine de l'**Académie** qu'animent **Marsile Ficin (1433-1499)** et **Pic de la Mirandole (1461-1499)**. Ici naît une synthèse originale de la culture antique et du christianisme, qui influence par la suite des artistes comme **Botticelli** et **Michel-Ange**. La beauté est en effet pour les néo-platoniciens florentins l'un des moyens que possède l'âme humaine pour accéder à la connaissance.

À **Padoue**, sous l'influence du philosophe arabe **Averroès (1126-1198)**, on redécouvre l'œuvre d'Aristote en la dégageant des commentaires médiévaux jugés désormais inutiles et erronés. **Pietro Pomponazzi (1462-1525)** est la grande figure de cette école appelé averroiste. Son *Tractatus de immortalitate animae* (1516), où il dénie à Aristote comme à la raison en général la capacité de démontrer l'immortalité de l'âme, a un grand retentissement en Europe, comme son livre posthume *De incantationibus* (1556), qui offre des explications naturelles de certains phénomènes réputés alors miraculeux. Il s'agit d'un courant matérialiste dont l'influence se retrouve au XVIIe et au XVIIIe siècles.

L'Académie romaine, fondée au milieu du XVe siècle par Giulio Pomponio Leto, plus connu sous le nom latin de **Julius Pomponius Laetus (1428-1497)**, s'en prend au christianisme et s'efforce de faire revivre le paganisme antique. Interdite par le pape Paul II entre 1468 et 1471, l'Académie profite par la suite de la protection de Sixte IV.

La renaissance artistique en Italie

Les deux âges de la Renaissance italienne	
Le Quattrocento	
Florence	• L'architecture est dominée par la figure de **Filippo Brunelleschi** (1377-1446), auteur du dôme de la cathédrale de Florence. • La sculpture voit émerger **Donatello** (1386-1466), qui marque la rupture avec le gothique et s'ouvre aux influences de l'Antiquité. • En peinture, **Masaccio** (1383-1447) est d'abord le continuateur de Giotto. Il annonce les coloristes que sont le dominicain **Fra Angelico** (1400-1455) et le carme **Filippo Lippi**.
Ombrie	• **Piero della Francesca** (1416-1492) est le peintre le plus important du milieu du siècle, développant l'art de la perspective, en particulier dans les Fresques de l'Histoire de la Croix dans l'église S. Francesco à Arezzo.
Rome et Italie du Sud	• Rome ne joue encore qu'un rôle mineur à l'heure où les papes, tel Sixte IV (1471-1484), font appel à des Florentins ou des Ombriens. • Le peintre le plus important du Quattrocento méridional est sans doute **Antonello de Messine** (1430-1476), un des premiers à ouvrir l'Italie aux influences flamandes.
Venise	• Padoue et Vérone, cités vénitiennes de la terre ferme, sont très tôt influencées par les mouvements du reste de la péninsule. **Mantegna** (1431-1506) y travaille, avant de connaître à Mantoue l'apogée de sa carrière au service de la famille ducale des Gonzague. À Venise, il influence les **frères Bellini**, parmi lesquels **Giovanni** (1430-1516) peut être considéré, avec **Carpaccio** (1460-1525), comme le fondateur d'une école vénitienne.
Les chantiers du Nord	• Milan, longtemps centre du dernier art gothique, s'ouvre à la Renaissance grâce au duc Ludovic Sforza (1477-1499) qui fait appel à de nombreux artistes, dont le Florentin Léonard de Vinci.
Le Cinquecento	
Rome	• L'architecture est illustrée par Bramante qui est à l'origine du plan de Saint-Pierre, dont les travaux commencent en 1506. • **Raphaël** (1483-1520), arrive à Rome en 1508. Son succès est rapide et tient à sa capacité à faire la synthèse de toutes les influences de son temps. Il reste la référence suprême en matière de peinture pendant toute l'époque moderne. • **Michel-Ange** (1475-1564) arrive à Rome en 1505, auréolé par sa gloire de sculpteur florentin (David, 1501). Il triomphe dans la peinture (plafonds de la chapelle Sixtine, 1508-1512), dans la sculpture (tombeau de Jules II, 1505-1522), et finalement l'architecture, travaillant à Saint-Pierre à partir de 1546.
Venise	• Trois peintres illustrent l'école vénitienne à son apogée : **Giorgione** (1477-1510) qui a hérité de Bellini le goût des effets de lumière, puis **Titien** (1485-1576), **Lorenzo Lotto** (1480-1556) et **Tintoret** (1518-1594).
Le maniérisme	• **Jules Romain** (1499-1546) réalise le palais du Te à Mantoue, à l'origine du renouveau maniériste. Le courant gagne le reste de l'Italie, Toscane, puis Vénétie où il trouve son équilibre avec l'architecte Palladio et Rome, où **Vignole** (1507-1573) réalise l'église du Gesù.

FICHE 3

Une civilisation européenne

La révolution de l'imprimerie

Les caractères mobiles d'imprimerie, fait d'un alliage de plomb et d'antimoine, ont été inventés en Allemagne rhénane au milieu du XVe siècle. On attribue traditionnellement à **Gutenberg (?-1468)** la mise au point de l'imprimerie. Le Psautier est le premier livre imprimé portant une date (1457).

L'imprimerie sort rapidement de son berceau rhénan. L'humaniste **Guillaume Fichet (1433-1480)** l'installe à Paris dès 1470. Les presses de **Bâle** et d'**Anvers** sont alors très actives, mais c'est l'Italie qui est véritablement le cœur de l'édition européenne. À Venise, **Alde Manuce (1449-1515)** est le premier imprimeur de son temps, diffusant à partir de 1500 dans toute l'Europe les classiques grecs et latins, publiés dans de commodes petits formats.

Les foyers européens de l'humanisme

Le Hollandais **Érasme de Rotterdam (1466-1536)** est la plus importante figure de l'humanisme européen au début du XVIe siècle. Fils naturel d'un prêtre, il a reçu l'éducation des clercs du XVe siècle, manifestant très tôt un don pour la langue latine. Entré dans l'ordre des augustins en 1485, Érasme quitte son couvent en 1492 pour parcourir l'Europe. À Paris, il enseigne le latin et publie *Colloquia* et *Adagia*, traités de style dans la tradition de Lorenzo Valla; à Louvain, il se fait helléniste et découvre saint Paul et Origène dans le texte grec originel; professeur de grec à Cambridge, il est l'un des pionniers de l'humanisme en Angleterre. Son œuvre, où il critique les abus de l'Église de son temps, connaît une diffusion importante et préfigure une Réforme protestante que pourtant il rejette. **Traducteur en latin du Nouveau Testament**, il ouvre à l'humanisme européen des perspectives religieuses.

En **France**, l'humanisme se heurte d'abord à l'université de Paris, la plus prestigieuse de la chrétienté. À partir des années 1470, le goût italien pour la culture de l'Antiquité classique gagne peu à peu la France. **Lefèvre d'Étaples (1450-1436)** est la principale figure de la première génération des humanistes français. Philosophe, il redécouvre l'œuvre d'Aristote avant de passer à des traductions de la Bible qui font de lui l'un des pionniers de la Réforme religieuse en France. Plus jeune, le juriste **Guillaume Budé (1467-1540)** ne partage pas les soucis religieux de Lefèvre; proche du roi **François Ier** (→ fiche 7) et de sa sœur Marguerite de **Navarre (1492-1549)**, il est à l'origine du Collège des lecteurs royaux, ancêtre du Collège de France. **François Rabelais (1494-1552)** fait de ses romans la synthèse des courants humanistes français du premier XVIe siècle.

L'humanisme anglais se développe au début du XVIe siècle dans les milieux universitaires d'**Oxford** et de **Cambridge**. La figure centrale en est **Thomas More (1478-1535)**, auteur de l'*Utopie*, qui décrit une société fondée sur la raison, où la politique n'a d'autre but que de conduire les hommes au bonheur.

En **Espagne**, le cardinal **Cisneros** encourage la rénovation de l'enseignement dans un but avant tout religieux. À **Alcalà de Henares** est publiée une Bible en latin, mais aussi en grec et en hébreu. Avec Charles Quint (→ fiche 9), les influences septentrionales pénètrent la péninsule Ibérique où s'épanouit un humanisme chrétien, avant tout influencé par **Érasme**.

L'Europe centrale et orientale est également touchée par le renouveau culturel. Outre l'Allemagne rhénane, signalons la **Hongrie** où le roi Mathias Corvin (→ fiche 6) s'entoure d'humanistes et la **Pologne**, foyer d'une importante culture néo-latine.

Les renaissances artistiques

Sensible au goût italien au moins depuis la fin du XIVe siècle, la **France** découvre véritablement l'art de la péninsule avec les guerres d'Italie (→ fiche 8). Après les avancées architecturales du premier XVIe siècle dont témoigne le château de **Chambord**, une « Haute Renaissance » (André Chastel) s'épanouit entre les années 1540 et 1570, en particulier autour des artistes œuvrant au château de **Fontainebleau**.

En **Allemagne**, la Renaissance artistique est inséparable de la Réforme, avec des artistes comme **Albrecht Dürer (1471-1528)** et **Lucas Cranach (1472-1553)**.

Aux **Pays-Bas** s'est développée une riche école de peinture dès le début du XVe siècle, à laquelle est due l'invention de la peinture à l'huile. Elle se pénètre peu à peu d'influence italienne pour donner naissance à la florissante école flamande de la fin du siècle.

Les mutations du second XVIe siècle L'humanisme face aux crises du second XVIe siècle

Les grandes crises de la seconde moitié du siècle ruinent les espoirs optimistes des humanistes. Les Églises s'organisent plus fermement et laissent peu de place aux spéculations philosophiques. Les foyers de l'humanisme deviennent plus septentrionaux. C'est l'époque de **Juste Lipse (1547-1606)**, grande figure intellectuelle des Pays-Bas, passé de la Réforme au catholicisme, qui cherche la synthèse entre philosophie antique et religion chrétienne. Si Anvers est un centre actif jusqu'au sac de 1585 (→ fiche 16), il faut désormais se tourner vers les **Provinces-Unies** où commence à rayonner l'**université de Leyde** fondée par Guillaume d'Orange en 1575.

Le second XVIe siècle, en abandonnant les rêves universels de la Renaissance, voit l'émergence des **littératures nationales** : poètes de la Pléiade en France, dramaturges du Siècle d'or espagnol ou de l'Angleterre élisabéthaine.

La fin de la renaissance artistique

Après le sac de Rome (→ fiche 8), la capitale pontificale se reconstruit lentement. En 1561 est achevée l'église du Gesù qui sert par la suite de modèle à l'architecture religieuse de la Réforme catholique.

À **Rome, Venise** ou **Anvers** travaillent désormais de multiples ateliers de peinture. La technique est désormais objet d'enseignement et un art né de l'imitation des styles antérieurs, le **maniérisme**, prélude au baroque du XVIe siècle.

Pistes bibliographiques

La bibliographie est immense. On consultera, de J. Delumeau, *La civilisation de la Renaissance*, Paris, Arthaud, ainsi que les ouvrages d'A. Chastel, parmi lesquels le très synthétique *L'art italien,* Paris, Flammarion, 1995 et *L'art français,* t. 2 : Temps modernes 1430-1620, Paris, Flammarion, 1994. Voir aussi E. Garin, *L'homme de la Renaissance*, Paris, Seuil, 2002 et, du même auteur, *L'humanisme italien*, trad. fr., Paris, Albin Michel, 2005. J.-M. Le Gall, *Défense et illustration de la Renaissance*, Paris, PUF, 2018.

FICHE 4 Les Réformes protestantes

Le Moyen Âge a été marqué par un grand ébranlement de la chrétienté occidentale. Le **Grand Schisme (1374-1417)** a fait perdre confiance dans la papauté, tandis que beaucoup de chrétiens s'inquiètent pour leur salut et ne font plus confiance au clergé et préfèrent chercher dans la lecture et une piété plus personnelle qu'auparavant des réponses à leurs interrogations religieuses.

La réforme luthérienne

Martin Luther

Le premier grand réformateur est né à Eisleben (Saxe) en 1483. Sa biographie, longtemps entachée de légendes, montre qu'il est le reflet des inquiétudes religieuses de l'Allemagne de son temps. Fils d'un mineur, il a connu à l'université d'Erfurt à la fois l'héritage de la culture médiévale et les progrès de l'humanisme. Inquiet pour son salut, il entre en **1505** dans l'**ordre des augustins** où il acquiert une solide réputation de théologien. À partir de 1513 il enseigne à l'université de Wittenberg. Sa connaissance de la Bible s'affine et il semble que les fondements de la doctrine luthérienne du salut par la foi s'élaborent dès cette période, à partir de l'**Épître de Paul aux Romains**, texte également essentiel pour bien des réformateurs de la période.

La crise

La vente des indulgences précipite la rupture avec Rome. **Le 31 octobre 1517**, Luther affiche à Wittenberg ses **95 thèses** dont la diffusion est immédiate en Allemagne. La condamnation du Saint-Siège, qui culmine en 1520 avec la **bulle *Exsurge***, domine, ne parvient à faire changer d'avis l'opiniâtre frère augustin. Les écrits de Luther se multiplient et trouvent en Allemagne un formidable écho. Convoqué devant la **Diète de Worms**, Luther y réitère ses principes. Désormais protégé par l'Électeur de Saxe et réfugié dans le château de la **Wartbourg**, il traduit la **Bible en allemand**. Ayant rompu avec l'Église romaine, il ne reconnaît plus que l'autorité de l'Écriture Sainte.

Les prolongements allemands

L'agitation religieuse et sociale qui secoue alors l'Allemagne, est en partie la conséquence de la rupture luthérienne. Le réformateur refuse pourtant de cautionner la révolte de la petite noblesse en 1522, et condamne encore plus violemment le **soulèvement paysan** que soutiennent **Thomas Münzer** et les **anabaptistes**, secte radicale qui veut accompagner la réforme religieuse d'une véritable révolution sociale. Luther s'efforce d'expliquer davantage le caractère purement religieux de la réforme et rédige avec son disciple **Melanchton (1497-1560)** la **confession d'Augsbourg (1531)**.

L'établissement des Églises

À la mort de Luther (1546), la Réforme est bien implantée en Allemagne. Les princes font le succès du luthéranisme. Luther remet en effet en cause l'autorité de Rome ; il va ainsi au-devant des aspirations des principautés allemandes qui désiraient dès avant la Réforme l'indépendance d'Églises dont ils pourraient prendre la tête. En Scandinavie, la Suède puis le Danemark (→ fiche 17) adopte le luthéranisme, garant d'une autorité renforcée des rois désormais chefs d'Église.

Les autres courants

La réforme helvétique

Ulrich Zwingli (1484-1531) prêche à Zurich à partir de 1518. Son originalité essentielle par rapport à Luther se trouve dans sa conception de l'Eucharistie. La Réforme zwinglienne provoque la guerre entre cantons catholiques et protestants. Malgré la défaite et la mort de Zwingli, **trois cantons** demeurent protestants : Bâle sous

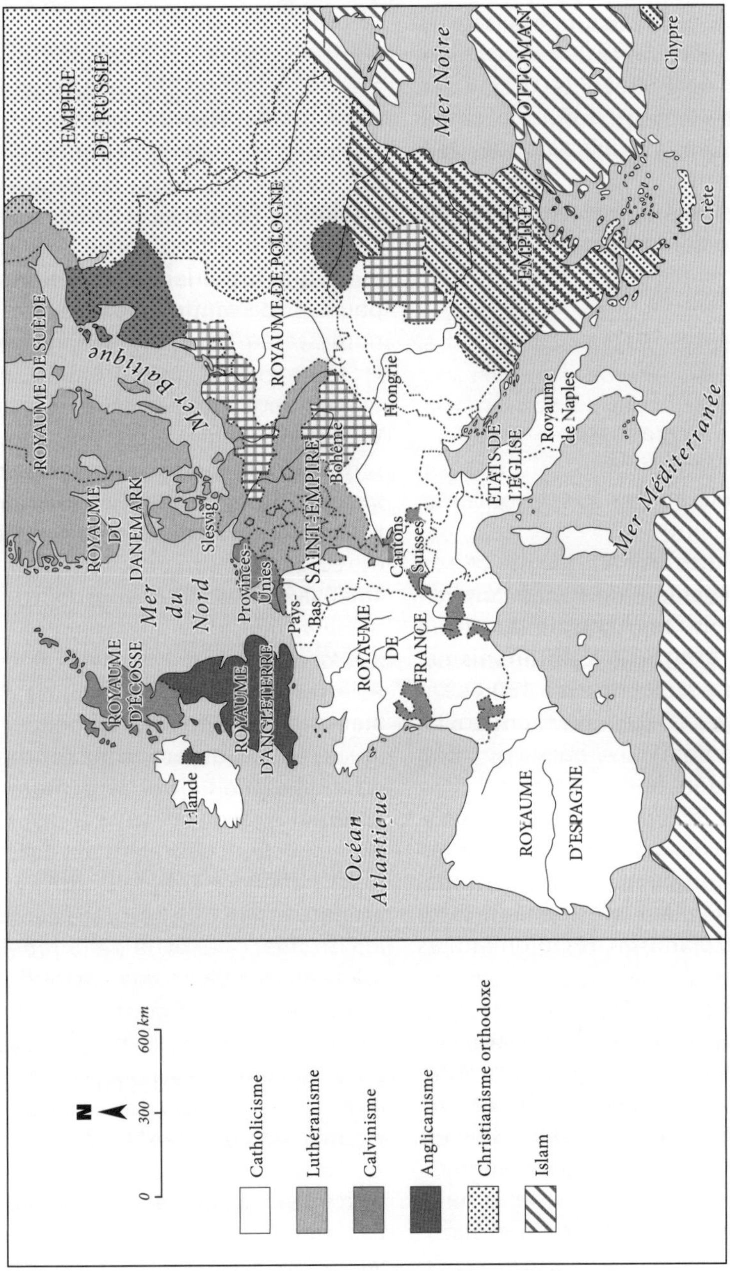

Source: M. Cassan, *L'Europe au XVIe siècle*, SEDES, 1999.

L'Europe religieuse à la fin du XVIe siècle

l'influence de l'humaniste **Œcolampade (1482-1531), Berne** et **Zurich**.

L'Alsace

Par sa situation de carrefour, l'Alsace est un lieu de contacts privilégiés entre le luthéranisme et les thèses venues de Bâle ou de Zurich. Dans le sud, **Mulhouse** est gagné au zwinglianisme dès les années 1520. **Strasbourg** était au XVe siècle un foyer d'humanisme. Le curé **Mathieu Zell (1477-1548)**, sans être luthérien, prêche des thèses proches du luthéranisme et **Martin Bucer (1491-1455)** organise une Église en 1533.

La réforme anglicane

Le roi **Henri VIII (1509-1547)** (→ fiche 15) a rompu avec le pape qui refusait d'annuler son premier mariage. Par l'**acte de Suprématie (1534)**, il sépare l'Église d'Angleterre de Rome, sans donner un caractère théologique bien affirmé à un schisme qui est avant tout une soustraction d'obédience.

Le règne d'**Édouard VI (1547-1553)** marque un infléchissement de l'anglicanisme vers le protestantisme. **Deux *Prayer Books*** se succèdent; celui de 1549 est encore proche de la liturgie catholique, tandis que celui de **1552**, accompagné d'une **confession de foi dite des 42 articles** s'inspire de Calvin, mais aussi des sacramentaires helvétiques.

Le règne de **Marie Tudor (1553-1558)** voit le développement d'une réaction catholique en Angleterre. La reine ne parvient cependant pas à imposer de nouveau la religion romaine, et les martyrs du protestantisme témoignent de l'enracinement de la foi nouvelle, en particulier à Londres et dans le sud du royaume.

Élisabeth (1558-1603), revient à la politique religieuse de son père Henri VIII. Elle rétablit l'**acte de Suprématie** et le ***Prayer Book* de** 1552. En 1563, les évêques définissent les **39 articles**, fortement inspirés par le calvinisme. Le dogme de l'Église anglicane est ainsi fixé, mais les tensions religieuses demeurent dans un royaume où catholiques et protestants dissidents, attachés à l'ecclésiologie presbytéro-synodale de Calvin, contestent le rôle de chef de l'Église d'Angleterre que s'est donné le souverain. Ces problèmes religieux sont en partie à l'origine des révolutions du siècle suivant (→ fiche 24).

Calvin et le deuxième élan de la Réforme

Calvin (1509-1564)

Né en 1509 à Noyon, Jean Cauvin – en latin Calvinus – est issu de la bourgeoisie urbaine. Il se forme d'abord au contact l'humanisme, étudiant à Paris puis à Orléans. Sa rencontre avec la Réforme l'éloigne de la culture gréco-latine. Inquiété par les mesures de répression qui font suite à l'affaire des placards (→ fiche 7), il s'exile. Une première installation à Genève en 1536 tourne court; Calvin séjourne un temps à Strasbourg, puis revient finalement à **Genève** où il s'installe définitivement en 1541. La cité devient alors la capitale européenne du protestantisme et l'Église qu'organise Calvin sert de référence à toutes les Églises réformées instituées par la suite. *L'Institution de la religion chrétienne*, publiée en 1536, et sans cesse remaniée par Calvin, est l'ouvrage essentiel. Il y développe une conception du salut fondé sur la **prédestination**. Calvin est d'autre part partisan d'une **Église presbytero-synodale** détachée du pouvoir politique, reposant sur de fréquentes assemblées, **colloques** à l'échelon local, puis synodes.

La diffusion du calvinisme

La France, déjà touchée par l'évangélisme des humanistes (→ fiche 3) de la première moitié du XVIe siècle, reçoit des pasteurs formés à la genevoise. Autour d'eux s'organisent désormais des « Églises dressées ». Lorsque se réunit à Paris en **1559** le premier synode national des Églises réformées en **France**, une confession de foi est adoptée, dite plus tard **(1571) de La Rochelle**.

Dans les **Pays-Bas** le calvinisme se diffuse rapidement, au moment où nombre d'habitants contestent l'autorité du souverain, le roi d'Espagne Philippe II (→ fiche 16). Une ***confessio belgica*** est rédigée en 1561.

En **Écosse** s'établit également une église réformée d'inspiration calviniste, sous l'influence du réformateur **John Knox (1505 ?-1572)**.

Eucharistie : Sacrement de la communion institué par le Christ au cours de la dernière Cène. Le concile de Trente marque l'attachement de l'Église romaine à la doctrine de la transsubstantiation, qui affirme la Présence Réelle du Christ. Les différents acteurs du courant du protestantisme s'opposent plus ou moins radicalement au dogme catholique :

– le **luthéranisme** développe l'idée de la **consubtantiation** ou impanation. Le Christ est présent « dans, avec et sous le pain ». Cette doctrine, proche de celle des anglicans, n'est guère éloignée de celle des catholiques ;

– les **sacramentaires**, à la suite de Zwingli, ne voient dans l'Eucharistie qu'une **commémoration**, sans présence du Christ dans les espèces ;

– **Calvin** et à sa suite les Églises réformées qui se réclament du calvinisme parlent d'une **Présence Réelle spirituelle**.

Pistes bibliographiques

Les tomes 7 : De la Réforme à la Réformation et 8 : Le temps des confessions (1530-1620), de *L'histoire du christianisme*, dirigée par J.-M. Mayeur, Ch. Pietri, A. Vauchez, M. Venard constitue une bonne base. On peut toujours utiliser avec profit les ouvrages déjà anciens de G. Zeller, *La Réforme*, Paris, SEDES, 1973 et d'É.-G. Léonard, *Histoire générale du protestantisme*, Paris, PUF, 1988 (coll. « Quadrige »). Parmi les autres manuels : P. Chaunu, *Le temps des réformes*, Paris, Hachette, coll. « Pluriel », 2003 ; J. Delumeau, T. Wanegffelen, *Naissance et affirmation de la Réforme*, Paris, PUF, coll. « Nouvelle Clio », n^lle^ éd. 2012 ; R. Stauffer, *La Réforme*, Paris, PUF, coll. « Que-sais-je ? », n^lle^ éd. 2003. La biographie incontournable est H. Schilling, *Martin Luther, rebelle dans une époque de rupture*, trad. fr., Paris, Salvator, 2014.

FICHE 5 Le catholicisme, de la crise à la réforme

L'historiographie traditionnelle de la Réforme protestante tendait sans doute à accentuer la crise de l'Église romaine. Si les travers de la papauté et du clergé sont réels, ils ne doivent pas masquer qu'une réforme de l'Église, préfigurant l'action du concile de Trente a commencé dès la fin du Moyen Âge. Aussi la notion de Réforme catholique doit être préférée à celle de Contre-Réforme : il ne s'agit pas simplement d'une ponctuelle opposition au protestantisme, mais avant tout d'un mouvement pluriséculaire et d'une grande diversité régionale, qui donne naissance au catholicisme moderne.

L'Église à la veille de la Réforme

Papes et conciles au xve siècle

Les papes de la fin du Moyen Âge sont de plus en plus les souverains temporels d'un État inséré dans les complexes politiques italiennes (→ fiche 8). Des pontifes comme **Innocent VIII (1484-1503)** et **Alexandre VI Borgia (1492-1503)** scandalisent parfois leurs contemporains par une ostensible débauche. **Jules II (1503-1511)** et **Léon X (1513-1521)** sont à la fois mécènes et politiques, mais ne se soucient guère de la réforme de l'Église. Le Saint-Siège est pris dans la tourmente des guerres d'Italie (→ fiche 8) et se retrouve parfois en position difficile comme en lors du sac par les troupes de Charles Quint en 1527.

Le concile de Constance (1414-1418) a mis fin au Grand Schisme qui avait déchiré l'Église d'Occident à la fin du Moyen Âge (1374-1417). On y a développé une conception de l'Église qui subordonne le pape au concile, réputé directement inspiré par Dieu. Les papes du xve siècle se sont efforcés de faire revenir les conciles suivants sur cette doctrine, sans véritablement y parvenir. Le concile réuni à **Bâle (1430-1437)** puis transféré à **Ferrare (1437)** et enfin à **Florence (1439)** donne lieu à de longs affrontements entre les Pères et le Saint-Siège, mais ne permet pas de réforme de l'Église.

Hérésies et réformes

Avant même l'explosion de la Réforme protestante, l'Occident a été parcouru par des courants hérétiques dont le plus puissant est le **Husisme**. La mort de l'hérésiarque tchèque, **Jean Hus (1371-1415)**, condamné et **brûlé à Constance** par le concile provoque une crise majeure en Europe centrale. Solidement organisés, les Tchèques ont obtenu en 1465 un compromis qui montre que l'autorité romaine peut être ébranlée.

Sans aller jusqu'à une telle rupture, les Églises de l'Europe occidentale cherchent à s'émanciper le plus possible de la tutelle de Rome. En France, **la Pragmatique sanction de Bourges (1438)** libère les élections de la tutelle pontificale. Le **concordat de Bologne (1516)** place les nominations d'évêques sous la tutelle royale, comme celui signé en 1523 avec l'**Espagne**.

Le concile de Trente

Dix-neuvième concile de l'Église catholique, le concile de Trente (évêché du nord de l'Italie) est le véritable point de départ de l'histoire moderne de l'Église. Après les hésitations de ses prédécesseurs, qui craignaient que le concile conduise à de nouvelles attaques contre la papauté, Paul III décide de convoquer les évêques. Le concile s'ouvre à Trente le 13 décembre 1545. On y distingue trois périodes :

Les papes de la Réforme catholique	
Paul III (Farnèse) **(1534-1549)**	Premier pape à convoquer le concile en vue de réformer l'Église.
Jules III (Del Monte) **(1550-1555)**	Hostile à l'entente entre Charles Quint et les luthériens, il est un des rares papes de la période à s'appuyer sur la France.
Paul IV (Carafa) **(1555-1559)**	Pape énergique, qui répugne cependant à reprendre les sessions du concile. Il développe l'Inquisition romaine.
Pie IV (Médicis) **(1560-1565)**	Le concile s'achève sous son pontificat. Le pape en fait publier les canons et s'efforce de les faire enregistrer par les États catholiques.
Pie V (Ghislieri) **(1566-1572)**	Adversaire acharnée du protestantisme, encourage les catholiques français dans les guerres de Religion et la répression espagnole aux Pays-Bas. Il organise la Sainte-Ligue contre les Turcs, victorieuse à Lépante. On lui doit le Bréviaire (1568) et le Missel (1570).
Grégoire XIII (Boncompagni) **(1572-1585)**	Poursuit l'œuvre de son prédécesseur. Il est le réformateur du clergé romain.
Sixte Quint (Peretti) **(1585-1590)**	Homme d'État, il est avant tout le pape qui organise les congrégations.
Urbain VII, Grégoire XIV, Innocent IX (1590-1591)	Trois brefs pontificats, pendant lesquels se poursuit l'œuvre de réforme de l'Église.
Clément VIII (Aldobrandini) **(1592-1605)**	Pape fort engagé dans les guerres de Religion en France, il a cependant la satisfaction d'assister à la conversion de Henri IV qui consolide la position du catholicisme en Europe pour longtemps.
Paul V (Borghèse) **(1605-1621)**	Sous son pontificat, un dur conflit avec Venise (1604-1607) s'achève par un compromis qui montre les limites de l'influence romaine en Italie même.
Grégoire XV (Ludovisi) **(1621-1623)**	Bref pontificat qui voit une activité intense du Saint-Siège. Les règles du conclave et de la canonisation des saints sont fixées.
Urbain VIII (Barberini) **(1623-1644)**	Véritable monarque absolu, peu aimé des Romains, ce pape est avant tout celui des efforts de reconquête catholique de la guerre de Trente Ans.
Innocent X (Pamphili) **(1644-1655)**	Malgré ses efforts, le traité de Westphalie (1648) est un compromis plutôt défavorable au catholicisme. Avec ce pontificat se clôt la grande époque de l'influence du Saint-Siège dans l'Europe moderne.

– **de 1545 à 1547** sont jetées les bases de la doctrine catholique : le Credo, la Vulgate comme seule version de la Bible, la tradition admise comme l'un des fondements de la foi, le nombre des sacrements fixé à sept, la condamnation des thèses de Luther sur le péché originel et la grâce. Le rôle des évêques est redéfini : le cumul des bénéfices épiscopaux est interdit et l'on s'efforce également de contraindre les évêques à résider dans leurs diocèses ;

– **de 1551 à 1552** le concile s'attache à l'eucharistie, et affirme la Présence Réelle du christ, condamnant toutes les doctrines protestantes. La transsubstantiation devient ainsi un dogme fondamental du catholicisme romain ;

– **de 1562 à 1563**, Pie IV est l'artisan d'une reprise du concile. On insiste de nouveau sur la présence du Christ dans les deux espèces et la messe est définie comme sacrifice. Les dernières sessions sont l'occasion de revenir sur la nécessaire réforme du clergé.

Le pape **Pie IV** publie **les canons du concile en 1564**, avant de faire paraître un catéchisme, puis des révisions du missel et du bréviaire.

Le renouveau de Rome

Pie V (1565-1572) est l'artisan de la reconstruction morale de la ville, qui cesse d'être le lieu de débauches tant critiqué au début du XVIe siècle. Sous ses successeurs **Grégoire XIII (1572-1585)** et **Sixte Quint (1585-1590)**, la ville se transforme avec Saint-Pierre et la via Flaminia, véritable allée triomphale des Églises nouvelles, tandis que la ville s'orne de fontaines et d'obélisques. Rome est redevenue une capitale qui compte environ 110 000 habitants au début du XVIIe siècle. Les séquelles du sac de 1527 sont oubliées.

Un vrai gouvernement de l'Église s'organise avec **Sixte Quint** qui crée la plupart des congrégations, qui sont comme autant de ministères spécialisés. Les cardinaux deviennent les piliers du Saint-Siège, comme **Robert Bellarmin (1542-1621)**, correcteur de la Vulgate, théoricien de la suprématie du spirituel sur le temporel.

Le rayonnement

Église et États

Les décrets du concile sont enregistrés comme loi du royaume dans les États dirigés par Philippe II dès 1564. Le Portugal, la Pologne et la République de Venise en font de même, mais la France se refuse à entériner ce qu'elle considère comme une réforme venue du seul Saint-Siège. À partir de 1615 cependant, le clergé de France décide d'appliquer officiellement une réforme tridentine dont l'esprit anime de toute façon l'Église de France depuis longtemps.

Le nouveau clergé

Les jésuites sont créés par l'Espagnol **Ignace de Loyola (1491-1556)** en 1534. Reconnus par le pape à partir de 1540, ils sont environ 15 000 et animent 550 fondations à la fin du siècle. Bras armé de la réforme, ils ont pour points d'appui essentiels l'Espagne et les Pays-Bas. Leur rayonnement s'étend jusqu'en Asie et en Amérique.

Les capucins sont organisés par Matteo da Bassi en 1525 qui veut retrouver la pureté de la règle de François d'Assise. En 1619 ils forment un ordre distinct des franciscains.

Les oratoriens se réunissent autour de Filippo Neri à partir de 1524. Reconnus en 1575 par le pape, ils développent une spiritualité originale où se mêlent la méditation et la musique.

Chez les femmes, les **ursulines** sont d'abord une compagnie de laïques. En 1568 l'archevêque de Milan en fait un ordre régulier dont le rôle éducatif est de plus en plus important tout au cours de des siècles suivants.

Les foyers du renouveau spirituel

Les influences ibériques, prépondérantes, sont celles de deux grandes figures de la seconde moitié du XVIIe siècle. **Thérèse d'Avila (1515-1582)** est issue d'une famille de juifs convertis et est entrée au carmel à l'âge de dix-sept ans. Dans ses œuvres, elle décrit une expérience mystique hors du commun qui conduit à l'extase la plus sublime. **Jean de la Croix (1542-1591)** est le réformateur de l'ordre des carmes. Ses traités de mystique connaissent un immense succès dans toute l'Europe catholique, en particulier dans la France du XVIIe siècle.

L'école française de spiritualité

Les milieux dévots français, comme le groupe qui se réunit à Paris autour de **Madame Acarie (1566-1618)**, sont sensibles aux grands mystiques espagnols du siècle précédent, et plus particulièrement à la personne et à l'œuvre de Thérèse d'Avila. La principale figure en est **François de Sales (1567-1622)**, savoyard, et d'abord formé par les jésuites du collège parisien de Clermont. Évêque de Genève en résidence à Annecy, il est un prélat missionnaire dans un diocèse en partie calviniste. Il propose une spiritualité pour laïques dans son principal ouvrage, l'*Introduction à la vie dévote*, publié en 1608. La dévotion qui conduit à la perfection est ouverte à tout homme, clerc ou laïque.

De grands mystiques apparaissent à cette époque. Le capucin **Benoît de Canfeld**, Anglais converti au catholicisme, est l'auteur d'un traité plusieurs fois réédité au cours du siècle, *La règle de perfection* (1608). L'autre grand nom est **Pierre de Bérulle (1575-1629)**, qui développe dans son œuvre majeure, le *Discours de l'état et des grandeurs de Jésus* (1623), une conception christocentrique.

Pistes bibliographiques

L'*Histoire du christianisme*, dirigée par .-M. Mayeur, Ch. Pietri, A. Vauchez, M. Venard ; Ph. Levillain (dir.), *Le dictionnaire historique de la papauté*, Paris, Fayard, 1994 ; J. Delumeau, *Le catholicisme entre Luther et Voltaire*, Paris, PUF, coll. « Nouvelle Clio », n[lle] éd. 2010 ; A. Tallon, *Le concile de Trente*, Paris, Le Cerf, 2000.

FICHE 6

Les États européens au début du XVIe siècle

Guerres et crises de la fin du Moyen Âge ont donné à l'Europe un visage qui est déjà celui de la première modernité. À l'Ouest, des dynasties nationales consolident l'État royal.

Les monarchies d'Occident

La reconstruction de la France

Charles VII (1422-1461) et **Louis XI (1461-1483)** ont pratiquement liquidé les séquelles de la guerre de Cent Ans. Seule demeure l'enclave anglaise de Calais, occupée de 1346 à 1556. Le royaume est beaucoup moins étendu que la France actuelle. L'acquisition de deux grandes provinces méridionales, **Dauphiné (1344)** et **Provence (1481)**, témoigne d'un début expansion vers l'est. Après la **mort de Charles le Téméraire (1477)** et la **fin du duché de Bourgogne, Charles VIII (1483-1498)**, en épousant **Anne, héritière du duché**, fait entrer la Bretagne, dernière grande entité féodale, dans le domaine royal. Les révoltes nobiliaires sont désormais matées, et la monarchie française peut se lancer dans de grandes expéditions hors de ses frontières.

L'Angleterre

Henri VII (1485-1509) monte sur le trône à l'issue de la guerre des Deux Roses (1455-1485) où se sont affrontées les maisons de York et de Lancastre avant que ne s'impose la famille galloise des Tudor qui règne sur l'Angleterre jusqu'en 1603. Le roi peut désormais gouverner sans craindre une aristocratie affaiblie par la guerre civile. La couronne s'enrichit en récupérant le patrimoine des lignages disparus; elle confisque aussi les terres des grands seigneurs soupçonnés de complot. Henri VII s'appuie sur un Conseil privé et convoque peu le Parlement. Comme son fils et successeur **Henri VIII (1509-1547)**, il se maintient fermement à Calais et s'allie avec Maximilien de Habsbourg et les rois catholiques d'Espagne pour contenir la montée en puissance de la France.

L'Écosse

Les rois d'Écosse règnent sur le plus pauvre des États d'Occident. Les clans se partagent le royaume et détiennent la réalité des pouvoirs. Dans un climat politique souvent marqué par la violence, la dynastie des Stuart ne parvient pas à asseoir son autorité et les rois périssent de morts violentes: **Jacques III** est **assassiné en** 1488, **Jacques IV** se rapproche de la France pour faire face à l'Angleterre et **meurt en 1513 à la bataille de Flodden**.

Les royaumes ibériques

L'Espagne demeure **divisée** et n'est pas encore une réalité politique au milieu du XVe siècle. Au sud, Grenade, capitale du dernier État musulman de l'Europe occidentale, résiste à la *Reconquista* jusqu'en 1492.

Des trois royaumes chrétiens, la Navarre est sans conteste le moins important et perd son indépendance en 1512. Le mariage en 1469, d'Isabelle de Castille, reine de 1474 à 1504, et de Ferdinand d'Aragon, roi de 1479 à 1516, ouvre la voie à une unité espagnole, amorcée pendant la régence de Ferdinand sur la Castille de 1506 à 1516.

Au Portugal, le roi **Jean II (1481-1495)** a renforcé l'autorité de la monarchie dans ce petit royaume tourné vers l'Atlantique. La noblesse s'est soumise et le Portugal fait désormais figure de puissance non négligeable.

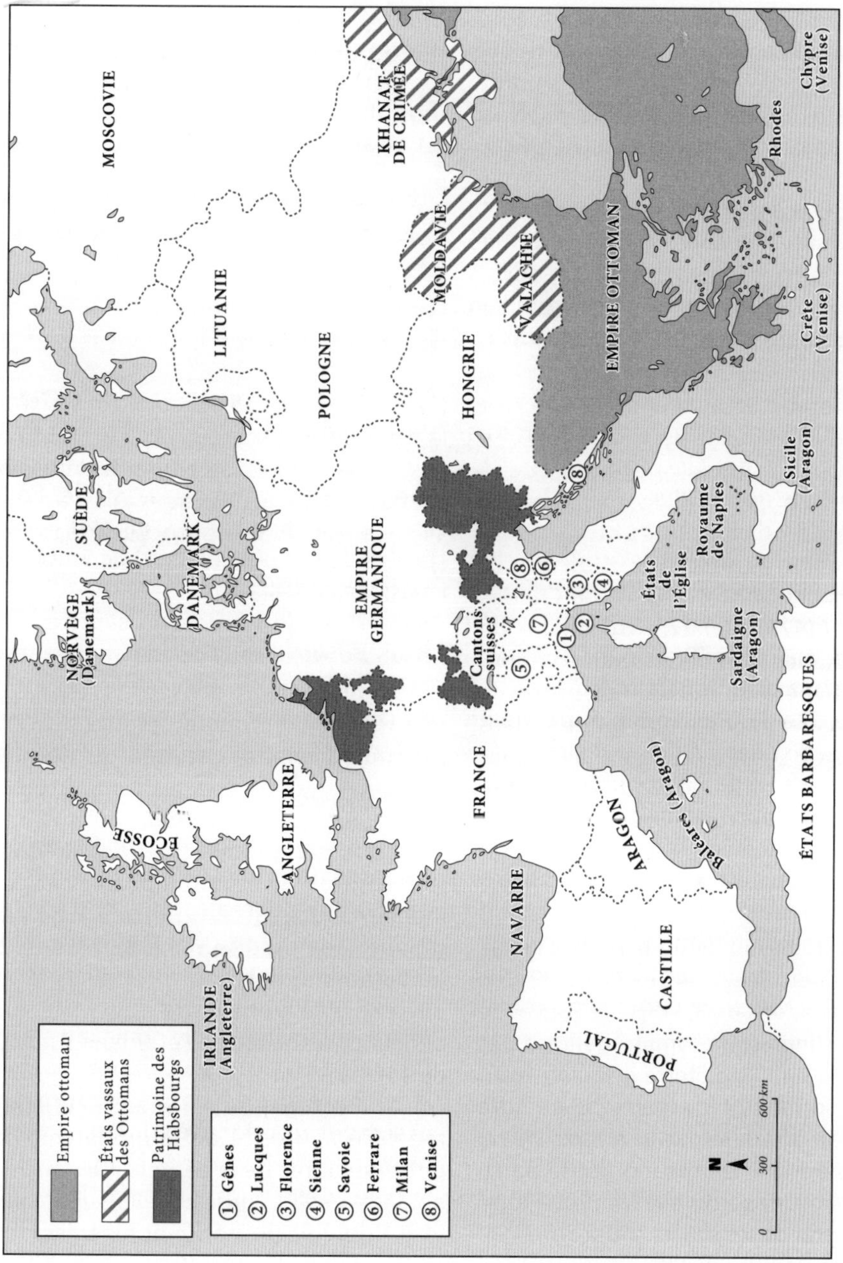

Carte politique de l'Europe au début du XVIe siècle

FICHE 6

Des espaces fragmentés : l'Empire et l'Italie

Le Saint Empire

Le Saint Empire romain germanique ne représente plus grand-chose politiquement depuis plusieurs siècles. Le royaume de Germanie en est le cœur, tandis que l'Italie du Nord est avant tout dominé par des principautés indépendantes. À l'ouest, la souveraineté de l'Empire s'est peu à peu effacée au profit de la France (Dauphiné, Provence), de la Bourgogne (Franche-Comté, Pays-Bas) et des cantons suisses dont l'autonomie est reconnue par Maximilien au traité de Bâle de 1499.

Le système électoral est stable depuis la Bulle d'or de 1356 qui a désigné trois Électeurs ecclésiastiques et quatre Électeurs laïcs :
- l'archevêque de Cologne ;
- l'archevêque de Mayence ;
- l'archevêque de Trèves ;
- le roi de Bohême ;
- le duc de Saxe ;
- le comte palatin du Rhin ;
- le margrave de Brandebourg.

Placé à la tête d'un ensemble disparate de principautés et de villes, l'empereur n'est guère comparable aux rois de l'Europe occidentale. Sans ressources, l'Empire peine à devenir une véritable monarchie. Selon la formule de Lucien Febvre, l'empereur est « un homme pauvre, souvent un pauvre homme ». La maison de Habsbourg fournit systématiquement les empereurs depuis 1438. Maximilien a été élu en 1493, mais n'a pas été couronné par le pape comme le veut la tradition impériale.

Seul le patrimoine de la maison des Habsbourg bénéficie vraiment des efforts de modernisation de Maximilien. Autour de l'Autriche s'organise un véritable État, fondement de la puissance dynastique. Une politique matrimoniale habile permet de renforcer la place de Maximilien en Europe : époux de Marie de Bourgogne, fille de Charles le Téméraire, Maximilien est maître des Pays-Bas et de la Franche-Comté. En mariant son fils Philippe le Beau à Jeanne, héritière des Rois Catholiques, il ouvre à sa descendance des perspectives prometteuses que sait exploiter son petit-fils Charles Quint.

L'Italie

Morcelée, l'Italie se divise en principe en trois parties. Au nord de l'Empire, au centre les États pontificaux, et au sud les royaumes de Naples et de Sicile (→ fiche 8).

Les États septentrionaux et orientaux

La Scandinavie

En 1448 la maison allemande d'Oldenbourg s'est imposée à la tête de l'Union de Kalmar, qui rassemble la Norvège, le Danemark et la Suède depuis la fin du XIVe siècle. En 1521, le roi Christian II qui veut s'imposer à la noblesse provoque le « bain de sang de Stockholm », en massacrant les aristocrates suédois. Le soulèvement suédois prend un caractère national et un nouveau roi, Gustave Ier Vasa, est élu en 1523 ; la Suède se sépare alors définitivement du Danemark et de la Norvège qui se débat jusqu'en 1537 dans la guerre civile.

La Pologne

En 1396, le grand-duc de Lituanie est élu roi de Pologne, désormais le plus puissant des États de l'Europe orientale, qui étend son influence de la Baltique jusqu'à la mer Noire. Monarchie élective, la Pologne est *de facto* une monarchie héréditaire jusqu'en 1572. L'autorité royale y est fortement limitée par le pouvoir de la noblesse. Dans les provinces, les diétines, assemblées de la noblesse locale, sont incontournables. Elles désignent des députés nommés nonces, qui forment avec les grands réunis dans le Sénat la Diète. Celle-ci dispose à partir de 1505, d'un contrôle absolu sur toutes les décisions de la monarchie. Le royaume de Pologne apparaît donc comme une sorte de république aristocratique dont la constitution ne saurait être un rempart suffisant contre une éventuelle anarchie nobiliaire.

FICHE 6

Hongrie et Bohême

La couronne de saint Étienne regroupe des sujets d'origine fort différente sous l'autorité de la Hongrie. Monarchie élective, elle voit souvent des Jagellon monter sur son trône. **En 1458, Mathias Corvin** s'impose comme un souverain national et autoritaire. Humaniste, il cherche à ancrer son royaume dans l'Occident, tandis qu'il fait face avec succès aux Turcs dans les Balkans. À sa mort en **1490, Ladislas II Jagellon, roi de Bohême** depuis 1471, lui succède, réunissant les deux couronnes qu'il transmet à son fils, **Louis II**, gendre de l'empereur Maximilien en **1516**.

La Moscovie

Le règne d'**Ivan III (1462-1505)** ouvre une nouvelle période dans l'histoire d'un pays largement ignoré des Européens au début de l'époque moderne. Le tsar, qui a mis fin au morcellement de la Russie en principautés, se veut l'héritier des empereurs de Byzance et le protecteur de la chrétienté orthodoxe. Ses ambitions se heurtent à celle des Ottomans comme à la puissance de l'État polono-lithuanien.

La puissance ottomane

La puissance de l'Empire ottoman masque les faiblesses politiques internes, liées à l'absence de principe successoral claire. **Mehmet II (1451-1481)** a gouverné avec autorité et fait finalement tomber **Constantinople** en 1453, mettant fin à l'empire byzantin. Son fils Bayêzid, doit se débarrasser de son frère le prince Djem, qui trouve refuge en Occident, et cherche vainement à reprendre le trône. En 1512, Bayêzid est contraint d'abdiquer au profit de Sélim Ier, qui se lance dans de sanglantes purges. Il faut en réalité attendre le règne de **Soliman (1520)** pour que l'empire atteigne l'apogée de sa puissance.

Pistes bibliographiques

Outre les histoires nationales signalées dans les fiches suivantes, on utilisera l'excellent ouvrage de H. Lapeyre, *Les États européens au XVIe siècle,* Paris, PUF, coll. « Nouvelle Clio », 1973 mais surtout son successeur dans la même collection A. Tallon, *L'Europe au XVIe siècle, États et relations internationales*, Paris, PUF, 2010. Voir aussi M. Cassan, *L'Europe au XVIe siècle*, Paris, Armand Colin, coll. « Cursus », 2017 ; J.-M. Sallmann, *Nouvelle histoire des relations internationales, t. 1 : Géopolitique du XVIe siècle 1490-1618*, Paris, Seuil, coll. « Points », 2003. J. Hélie, *Les relations internationales dans l'Europe moderne*, Paris, Armand Colin, coll. « U » 2019.

FICHE 7 La France (1498-1559)

Une grande solidité institutionnelle

Le roi

Selon la formule élaborée à l'époque, le roi de France est **empereur en son royaume**. Nul ne peut lui être supérieur, ni à l'intérieur, ni à l'extérieur du royaume. **Sacré à Reims** au début de son règne, il est l'oint du seigneur, réputé **thaumaturge** (guérisseur). Ce caractère pratiquement surnaturel de la royauté française est unique en Europe.

La succession se fait selon la **loi salique**, qui impose sur le trône le fils aîné ou, à défaut, le parent le plus proche, à l'exclusion des femmes et des parents par les femmes. Ce principe est une véritable constitution du royaume et assure une grande stabilité à la monarchie française.

L'entourage royal

Le roi s'entoure en principe des grands du royaume, qui forme le **Conseil**. Il est assisté pour la guerre de l'**amiral** et du **connétable**, tandis que le **chancelier** s'occupe de la justice. En réalité, les officiers royaux sont de plus en plus nombreux depuis la fin du Moyen Âge.

Dans les provinces, le roi est représenté par des gouverneurs qui disposent de pouvoirs étendus, surtout dans le domaine militaire.

La justice

Le roi est la source de toute justice et celle-ci s'exerce désormais dans tout le royaume sans exception. À la base, la justice royale est représentée par les tribunaux de bailliages ou de sénéchaussées, qui sont les plus anciennes circonscriptions administratives du royaume. En 1552 sont créés les présidiaux, qui sont une juridiction supérieure, mais la justice du roi est d'abord l'affaire des Parlements, cours souveraines qui jugent en appel.

Outre le vieux Parlement de Paris, qui remonte au XIIIe siècle, des Parlements fonctionnent dans tout le royaume : Toulouse (1420), Bordeaux (1451), Grenoble (1462), Dijon (1477). Ceux d'Aix (1501), Rouen (1515) et Rennes (1554) voient le jour plus tardivement.

La fiscalité

Il n'existe qu'un seul impôt direct, la **taille**. Elle porte sur les personnes dans tout le royaume, sauf en Languedoc et en Provence, où elle porte sur les biens. Dues par les seuls roturiers, bien des villes en sont exemptées ; la taille est avant tout le fardeau des ruraux.

Louis XII, en faisant stationner son armée en Italie, a pu diminuer sensiblement la pression fiscale. Les revers de la fin du règne contraignent cependant à défendre le royaume. Les deux règnes suivants sont très ambitieux : quand reprennent les guerres avec l'Empire, la pression fiscale augmente et à l'arrivée sur le trône de Henri II, un véritable tour de vis aura lieu dans ce domaine.

Les impôts indirects sont plus variés : la **gabelle** porte sur le sel, que l'on doit acheter dans des greniers royaux. De nombreuses provinces jouissent d'exemptions, et la volonté d'étendre la gabelle très tôt manifestée par François Ier entraîne une grande révolte dans le Sud-Ouest au début du règne de Henri II (1548). Les **aides**, créées au XIVe siècle, pèsent en théorie sur toutes les marchandises, mais sont surtout importantes sur les boissons et les animaux. Les **droits de traite** sont des taxes sur la circulation des marchandises.

Louis XII (1498-1515)

Louis d'Orléans, cousin issu d'une branche cadette de la maison de Valois, monte sur le trône quand s'éteint sans héritier Charles VIII en 1498. Les problèmes dynastiques demeurent épineux. Marié à Jeanne la Difforme, fille du roi Louis XI (1461-1483), le nouveau roi n'a pas non plus d'enfant. Il lui faut obtenir l'autorisation du pape Alexandre VI pour répudier sa

Les rois de France à l'époque moderne

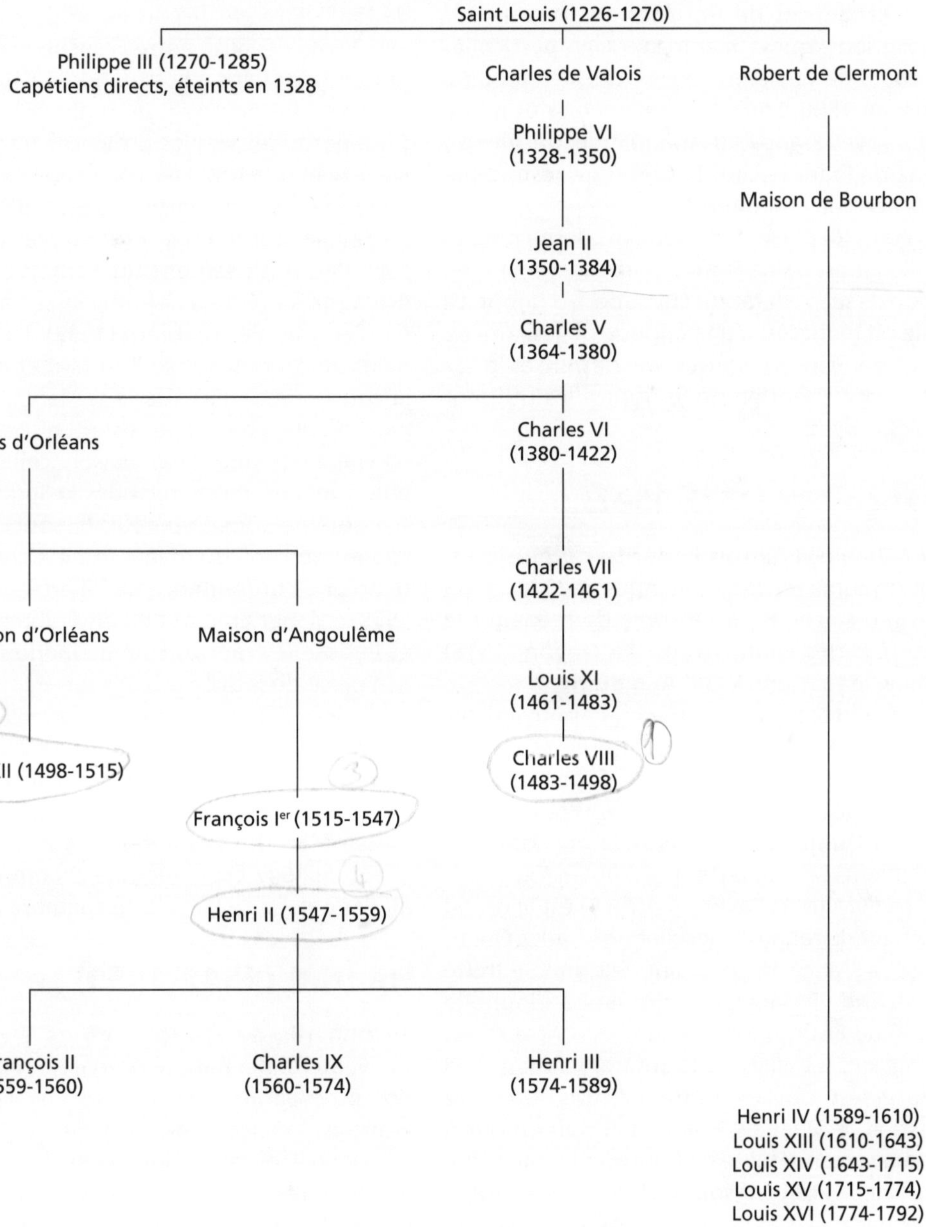

première femme et épouser la veuve du défunt roi, Anne de Bretagne (1500).

La question de la Bretagne n'est qu'en partie réglée. Héritière du duché, Claude de France, fille aînée de Louis XII et d'Anne de Bretagne, est un moment fiancée au futur Charles Quint, apportant dans sa dot les duchés de Bretagne et de Bourgogne. Devant les oppositions, qui se manifestent en particulier au cours de l'assemblée de notables tenue à Tours en 1506, Louis XII doit reculer et marie sa fille avec François d'Angoulême, héritier du trône de France. Ainsi la Bretagne reste-t-elle attachée à la couronne.

Louis XII passe à l'époque moderne pour le meilleur des rois de France, particulièrement en raison de sa modération en matière d'impôt. La taille est modérée, à une époque où les armées, unique véritable source de dépenses pour l'État royal, sont en Italie dont elles utilisent les ressources.

François Ier (1515-1547)

Roi à 20 ans, François Ier hérite du plus puissant royaume d'Europe. Vainqueur à Marignan (1515) (→ fiche 8), il s'efforce de ménager le futur Charles Quint (traité de Noyon, 1516) comme le roi Henri VIII d'Angleterre.

Le roi règne sans partage, s'appuyant sur un Conseil étroit où ne siègent que ses favoris. Seul Charles de Montpensier, connétable, se révolte contre le roi et passe dans le camp de Charles Quint dans une France où nobles et Parlements se soumettent.

La défaite de Pavie (→ fiche 8) est le grand tournant du règne. Prisonnier de Charles Quint, le roi de France est contraint de signer le **traité de Madrid (1er janvier 1526)**; il abandonne le duché de Bourgogne, les comtés d'Auxerre et de Mâcon, les villes de la Somme, ainsi que la suzeraineté sur la Flandre, l'Artois, le comté d'Asti et le Milanais. François Ier doit en outre rendre au connétable de Bourbon les biens qui lui avaient été confisqués. L'assemblée réunie à Cognac par la mère du roi, Louise de Savoie, refuse alors ces clauses humiliantes; la guerre reprend et le traité de Cambrai (1529) qui y met provisoirement fin est moins contraignant que le précédent, Charles Quint se contentant de la Flandre, de l'Artois, du Tournésis et de la renonciation française à l'Italie.

La guerre reprend en 1535 et permet la conquête de la Bresse, du Bugey, de la Savoie et d'une partie du Piémont sur le duc de Savoie Charles III, allié de Charles Quint **(trêve de Nice de 1538)**. En 1544, la paix de Crépy-en-Laonnois met fin à la rivalité entre François Ier et l'empereur, en revenant à la situation de 1529.

Le bilan territorial du règne est contrasté. S'il a perdu les vieilles provinces françaises de Flandre et d'Artois, François Ier reste maître à sa mort d'une bonne partie des États de la maison de Savoie. Sur le plan intérieur, le roi a poursuivi l'agrandissement du domaine royal. La **Bretagne** a été unie définitivement à la France par l'**édit de Plessis-Macé (1532)**. La saisie des biens du connétable de Bourbon et le retour à la couronne de l'apanage d'Alençon après la mort du duc Charles ne laissent guère subsister en France qu'une seule maison, celle d'Albret, puissamment implantée dans le Sud-Ouest.

Comme sous Louis XII, le souci d'unifier l'administration du royaume a été constant. En témoigne **l'ordonnance de Villers-Cotterêts de 1539**, qui met en place un embryon d'état civil et impose le français comme langue officielle à la place du latin.

Tolérant à l'égard de la **Réforme** (→ fiche 4) à ses débuts, le roi doit, quand elle semble menacer l'autorité royale à partir de **l'affaire des « placards »** (affiches) dirigés contre la messe **(1534)**, laisser faire la répression. À partir de **1547** est créée une chambre spéciale au Parlement de Paris, dite **chambre ardente**.

Henri II (1547-1559)

Second fils de François Ier, né en 1519, le nouveau roi n'a pas été préparé à régner et ne doit qu'à la mort de son frère aîné, le dauphin François, son accession au trône.

Henri II reprend la lutte contre Charles Quint et ses alliés. Si l'alliance écossaise se révèle peu utile contre l'Angleterre, la France peut compter sur Soliman le Magnifique (→ fiche 11) et les protestants d'Allemagne. Ainsi le **traité de Chambord** avec les princes allemands fait-il du roi de France le protecteur des libertés germaniques et lui promet les villes de **Metz, Toul et Verdun (1552)**.

Les hostilités commencent véritablement en 1551 en Italie comme sur la frontière est du royaume. Une puissante expédition s'assure rapidement du contrôle des trois villes cédées à Chambord ; Metz résiste ensuite à une vaine contre-attaque des Impériaux. La guerre tourne par la suite au désavantage des Français, qui doivent subir une lourde défaite à **Saint-Quentin, le 10 août 1557**. Obligé de traiter, Henri II accepte le **traité de Cateau-Cambrésis** qui confirme le *statu quo* territorial (3 avril 1559).

Plus rigide en matière religieuse que son père, Henri II organise **la répression contre les réformés** :

– **1551** : édit de Châteaubriant, confiant la répression aux Parlements ;

– **1557** : édit de Compiègne prévoyant la peine de mort pour les hérétiques ;

– **1559** : lettres patentes d'Écouen, organisant des expéditions punitives contre les protestants.

Cette politique n'empêche pas la diffusion de la Réforme. Après la mort accidentelle de Henri II, ses fils héritent d'un royaume profondément divisé par la fracture religieuse (→ fiche 14).

Pistes bibliographiques

Les volumes V et VI de la *Grande histoire de France* dirigée par Ernest Lavisse sont encore fort utiles pour cette période : H. Lemonnier, *Les guerres d'Italie, la France sous Charles VIII, Louis XII et François Ier*, Paris, Hachette, 1903 et, du même auteur, *Henri II, la lutte contre la maison d'Autriche, 1519-1559*, Paris, Hachette, 1907. On trouvera également dans les ouvrages classiques de géographie historique le récit détaillé des complexes vicissitudes territoriales de l'époque : A. Longnon, *La formation de l'unité française,* Paris, Picard, 1969 et A. et L. Mirot, *Manuel de géographie historique de la France*, Paris, Picard, 1947. Parmi les ouvrages récents : J. Garrisson, *Nouvelle histoire de la France moderne*, t. 1 : Royauté, Renaissance et Réforme (1483-1559), coll. « Points histoire », Paris, Le Seuil, 2014 ; Ph. Hamon, *Les Renaissances 1453-1559*, Paris, Belin, coll. « Histoire de France », 2014 ; A. Jouanna, *La France au XVIe siècle 1483-1598*, Paris, PUF, coll. « Premier Cycle », 2012 ; B. Quilliet, *La France du beau XVIe siècle*, Paris, Fayard, 1998. Du même auteur, *Louis XII*, Paris, Fayard, 1986. On y ajoutera J. Jacquart, *François Ier*, Paris, Fayard, 1994 ; R.J. Knecht, *Un prince de la Renaissance, François Ier et son royaume,* trad. fr., Paris, Seuil, 1998 ; P. Brioist, *François Ier*, Paris, PUF, 2020 ; I. Cloulas, *Henri II*, Paris, Fayard, 1986.

FICHE 8

L'enjeu italien

Le morcellement politique avant 1494

L'Italie du Nord

Le duché de Savoie n'est qu'en partie italien; à l'ouest des Alpes, il comprend la Savoie proprement dite, la Bresse, le Bugey, le pays de Gex et le comté de Nice, et sur le versant italien, la majeure partie du Piémont. À l'intérieur du duché subsistent des fiefs indépendants: les marquisats de Saluces et de Montferrat ainsi que le comté d'Asti, appartenant à la famille française des Orléans.

Le duché de Milan est peuplé et fort riche; industrie de la soie, métallurgie et agriculture sont le fondement d'une prospérité qu'a largement encouragée le duc **Francesco Sforza** (1457-1466), *condottiere* qui a chassé l'ancienne famille régnante des Visconti et fondé une nouvelle dynastie.

Venise est la plus puissante des républiques italiennes. L'État vénitien s'étend désormais bien au-delà de la lagune où a été fondée la ville; la Terre Ferme est constituée par la partie orientale de la plaine du Pô, avec des villes comme Vérone, Vicence ou Padoue; plus à l'est, le long de l'Adriatique, l'Istrie et la Dalmatie sont vénitiennes, comme une partie des îles ioniennes, la Crète et Chypre.

La **république de Gênes** s'étend sur la côte ligure et exerce une autorité nominale sur la Corse. Elle a perdu la plupart de ses établissements orientaux, tombés aux mains des Turcs; seul Chio résiste jusqu'en 1501. Gênes possède un gouvernement oligarchique: le pouvoir est détenu par un Grand conseil de 300 membres, et surtout par le Conseil des Anciens qui ne compte que 8 membres et par le Doge, chef à la fois politique militaire. À la fin du XVe siècle, Gênes ne jouit plus d'une grande indépendance, devenue vassale de Milan.

Quelques **petites principautés** subsistent en Italie du Nord. **Mantoue**, marquisat depuis 1443, est dirigé par la famille des **Gonzague**, tandis que les duchés de **Modène** (1432) et **Ferrare** (1475) sont gouvernés par les **Este**.

La Toscane

Florence est d'abord une puissance économique, principal centre italien de la laine et de la soie, mais aussi place bancaire qui rayonne en Europe et dans le bassin méditerranéen. **Côme de Médicis** y a dès 1458 détourné les institutions républicaines à son profit et établi un véritable pouvoir personnel. À sa mort en 1465, son fils Pierre le Goûteux lui succède jusqu'en 1469, puis le fils de ce dernier, **Laurent le Magnifique**, qui règne sur Florence devenue pratiquement la principauté des Médicis.

En 1492, la mort de Laurent ouvre une crise politique de grande ampleur à Florence. Son fils **Pierre l'Infortuné**, ne résiste pas à une révolution qu'inspire **Savonarole**, dominicain du couvent de Saint-Marc. Florence devient alors une **république théocratique**, où Savonarole fait régner une grande austérité. Le frère dominicain finit cependant par être renversé en 1498 et la république ne doit son salut qu'à la protection de la France qui lui permet de résister jusqu'en 1512.

Florence ne domine pas encore l'ensemble de la Toscane. **Lucques** constitue une prospère république indépendante, tournée vers l'activité bancaire; **Sienne** conserve également son indépendance, mais doit subir la tyrannie de Pandolfo Petrucci.

Les États pontificaux

Les domaines du pape s'étendent de part et d'autre de l'Apennin. Au nord et à l'est-Romagne, Marches, Ombrie, le pouvoir du pape n'est que théorique; des *condottieri* comme les Malatesta à Rimini sont les véritables maîtres. Le Latium est plus directement soumis au saint père, mais il doit là aussi compter avec les grandes familles, en premier lieu les Colonna et les Orsini, puissamment installées dans Rome

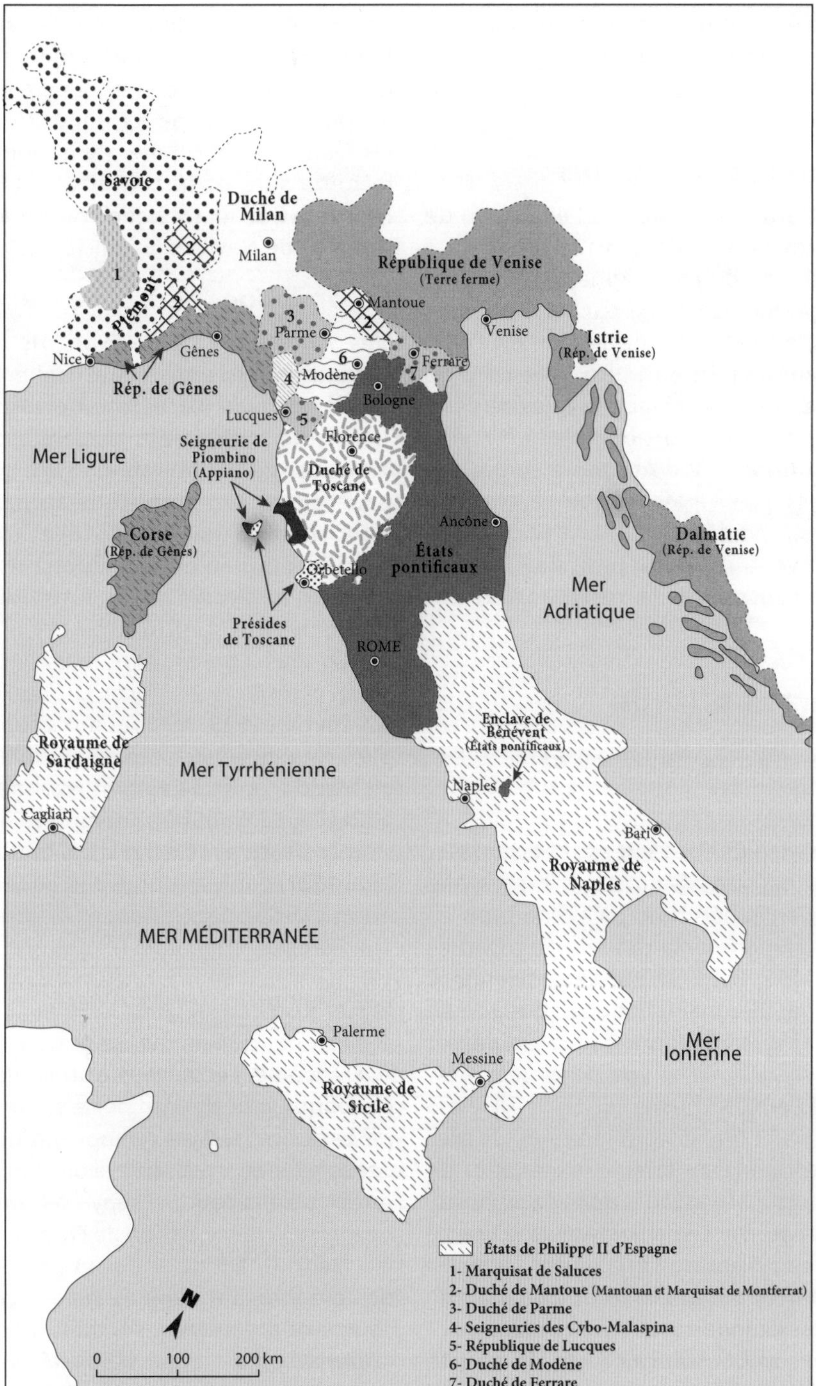

Carte politique de l'Italie au XVIe siècle

où elles attisent de nombreuses querelles. La Curie est l'organe essentiel d'un gouvernement pontifical réputé pour le népotisme et la corruption qui y règnent.

L'Italie méridionale et les îles

La Sicile est aragonaise depuis l'expulsion de la maison royale d'Anjou, issue des rois de France. Domaine du roi Ferdinand d'Aragon, elle est largement dominée par les influences espagnoles, admettant l'inquisition en 1487, puis expulsant les juifs en 149La Sicile est avec la **Sardaigne**, autre île aragonaise, le grenier à blé de la Méditerranée occidentale.

Le roi Alphonse V d'Aragon a conquis le royaume de Naples sur les Angevins entre 1435 et 1442. À sa mort en 1458, son fils naturel Ferrante, devenu roi de Naples, s'est imposé malgré les tentatives de restauration des Angevins.

Les guerres d'Italie

Les entreprises de Charles VIII et Louis XII

Le roi de France Charles VIII est l'héritier des droits de la maison d'Anjou sur le royaume de Naples. Son expédition, partie de Lyon en juin 1494, s'empare de la capitale du royaume en février 1495. Les Français ne parviennent cependant pas à se maintenir et Naples tombe entre les mains des Espagnols après le départ de Charles VIII.

Le successeur de Charles VIII, Louis XII, est le petit-fils de Valentine Visconti, sœur du dernier duc de Milan de cette famille. Vainqueur de Ludovic Sforza, il installe dans la capitale lombarde un gouvernement vassal de la France en 1500. Louis XII poursuit également les ambitions de Charles VIII et parvient à chasser de Naples le roi aragonais Frédéric en 1501.

La domination française est de courte durée. Il s'ébauche en Italie un sentiment national que le pape Jules II (1503-1511) sait habilement exploiter. En 1510 se constitue une Sainte-Ligue dirigée par le Saint-Siège, à laquelle adhérent Venise, Ferdinand d'Aragon et Henri VIII d'Angleterre. Malgré de brillantes victoires (bataille de Ravenne, 15 avril 1512), les Français sont submergés et doivent quitter la péninsule et la tentative de 1513 pour reprendre pied en Italie tourne au désastre (bataille de Novarre, 6 juin 1513).

Les ambitions déçues de François Ier

Dès son avènement, François Ier rêve de poursuivre les entreprises italiennes de ses prédécesseurs. La reconquête du Milanais s'effectue rapidement grâce à la **victoire de Marignan (14 septembre 1515)**. Le jeune roi peut dicter ses conditions au pape Léon X **(concordat de Bologne, 1516)** et consolider sa position à Milan en abandonnant ses prétentions sur Naples à Charles, futur roi d'Espagne (traité de Noyon, 1516).

En 1521, Charles Quint chasse les Français de Milan et restaure les Sforza. Le **désastre de Pavie (25 février 1525)** met fin aux espoirs français d'un rétablissement rapide en Italie. Au traité de Madrid, puis de Cambrai, François Ier renonce à l'Italie. La domination impériale sur l'Italie se manifeste avec éclat dans le **sac de Rome (mai 1527)** par les troupes de Charles Quint, qui punit ainsi le pape Clément VII de s'être allié aux Français.

Les dernières tentatives

À partir de 1536, la rivalité entre Charles Quint et François Ier retrouve le chemin de l'Italie. Le Piémont est le théâtre de ce nouvel affrontement où les Français remportent la victoire de Cérisoles, mettant ainsi fin à une longue série de revers. Mais la **paix de Crépy-en-Laonnois (1544)** confirme la renonciation de François Ier à l'Italie.

Henri II, à l'instar de ses prédécesseurs, a des ambitions italiennes, mais elles tournent court, malgré quelques actions d'éclat, comme la **défense de Sienne (1554-1555)** par Blaise de Monluc. La dernière expédition française, dirigée par François de Guise, doit rembarquer en 1557.

L'Italie espagnole

La domination directe

Créé sous Charles Quint, le Conseil d'Italie devient avec Philippe l'instrument de la domination espagnole. Il correspond avec les vice-rois de Naples et de Sicile, ainsi qu'avec le gouverneur de Milan. Cette dernière a été dévolue dès 1540 à son fils Philippe par Charles Quint. Le gouverneur doit y composer avec les institutions locales, et la domination espagnole s'y révèle assez modérée. À Naples comme en Sicile, les vice-rois espagnols se lancent dans de grands travaux et limitent l'influence des seigneurs locaux.

Les États sous tutelle

Charles Quint a appuyé la restauration des Médicis. En 1532, Alexandre est fait grand-duc de Toscane par l'empereur. Après les derniers troubles et l'assassinat du premier grand-duc, Côme de Médicis lui succède en 1537 et fait de la Toscane un État centralisé, annexant Sienne (1555) après le départ des Français.

La protection de l'Espagne est également favorable à la Savoie qui a été reconstituée par le traité de Cateau-Cambrésis, où Henri rend les territoires conquis sous le règne précédent. Gênes est aussi un protectorat espagnol, qui se dote d'une constitution enfin stable en 1576. L'État pontifical profite lui aussi de l'ordre espagnol en Italie. Les papes ne sont plus contestés par les factions romaines (→ fiche 5). En 1598, l'annexion de Ferrare par Clément VIII témoigne de la puissance retrouvée du Saint-Siège en Italie.

L'exception vénitienne

La cité des Doges ne connaît pas de grand bouleversement interne et conserve sa structure aristocratique jusqu'à la fin de l'époque moderne. Sa puissance maritime est cependant entamée par les Ottomans (→ fiche 11). Elle doit parfois se rapprocher de l'Espagne, mais cherche sans cesse un équilibre entre les grandes puissances et conserve de bonnes relations avec la France.

Pistes bibliographiques

J. Delumeau, *L'Italie de la Renaissance à la fin du XVIII*e *siècle*, Paris, Armand Colin, 1997 reste un classique, mais on y ajoutera en priorité D. Carrangeot, E. Chapron, H. Chauvineau, *Histoire de l'Italie du XV*e *au XVIII*e *siècle*, Paris, Armand Colin, coll. « U », 2014. Sur les guerres d'Italie, J.-M. Le Gall, *L'honneur perdu de François I*er*, Pavie, 1525*, Paris, Payot, 2015.

FICHE 9

Les couronnes ibériques de Charles Quint à Philippe II

Le royaume de Portugal de l'apogée à la crise

Manuel Ier

Roi de 1495 à 1521, Manuel Ier est surtout connu pour avoir construit l'empire colonial portugais (→ fiches 12 et 13). Il ne faut cependant pas négliger son rôle dans la péninsule Ibérique. Son mariage avec Isabelle, fille aînée des Rois Catholiques d'Espagne amorce un rapprochement avec le grand voisin. Manuel Ier procède ainsi à l'expulsion des musulmans et incite les juifs à se convertir, sans recourir systématiquement à la contrainte. Renforçant l'autorité monarchique, il procède à l'embellissement de sa capitale. Il installe le palais royal sur la rive du Tage, soulignant la vocation maritime de son royaume.

Jean III

Le règne de Jean III est marqué comme celui de son père par la puissance impériale du Portugal. La période est également l'une des plus brillantes de l'histoire de la culture portugaise. La monarchie perd cependant peu à peu de son autorité, minée par les rivalités de cour et de plus en plus dominée par l'Église. Ainsi l'Inquisition est-elle introduite en 1536.

Sébastien

Fils posthume du prince héritier Jean, Sébastien n'est âgé que de 3 ans quand il succède à son grand-père Jean III en 1557. Éduqué par les jésuites, il est d'un catholicisme fanatique et nourrit des rêves démesurés de croisades. L'expédition contre le Maroc qu'il organise en 1578 se révèle un désastre. Sa mort marque un tournant dans l'histoire de Portugal. Le pays et son empire sont désormais objets de convoitises pour les puissances étrangères, et d'abord l'Espagne.

Charles Quint et l'Espagne

Une succession difficile

À la mort d'Isabelle de Castille (→ fiche 6), sa fille Jeanne la Folle (1479-1555) n'est pas en état de lui succéder. La régence est donc assurée par Ferdinand d'Aragon (1504-1516). Lorsque celui-ci disparaît à son tour, l'héritage des Rois Catholiques n'est pas véritablement réglé. Jeanne est reine d'Aragon et de Castille, son fils Charles ne peut en théorie être que le régent. Il est cependant proclamé roi et fictivement associée à sa mère pour le reste de son règne. Étranger par ses mœurs et son entourage à l'Espagne, le nouveau roi Charles Ier est difficilement accepté. Ignorant de la langue castillane, Charles n'utilise longtemps que le français, mais peu à peu s'hispanise et fait de son héritier un parfait prince espagnol. L'idéal espagnol de la *Reconquista* se confond avec les projets bourguignons de croisade. En 1519, son élection à l'Empire semble indiquer qu'il se détourne de l'Espagne.

Les révoltes (1520-1523)

Les ***Cortès*** de Castille craignent que les ambitions du roi n'entraînent un alourdissement de l'impôt. Lorsque Charles quitte la Corogne le 20 mai 1520, après avoir obtenu d'une courte majorité les crédits qu'il demandait, il laisse derrière lui un régent, le cardinal Adrien, qui ne peut que heurter le nationalisme des Castillans. Les municipalités (***comunidades***) se révoltent au nom de leurs libertés et franchises. Elles cherchent à obtenir une monarchie nationale sous la surveillance des Cortès. La haute noblesse est effrayée par ces revendications et vient au secours du roi. Les comuneros sont écrasés à la bataille de **Villalar le 21 avril 1521**, leurs chefs impitoyablement exécutés après la chute de **Tolède**, ultime bastion de la révolte, **au début de l'année 1522.** Leur défaite ouvre l'ère de la monarchie moderne en Espagne.

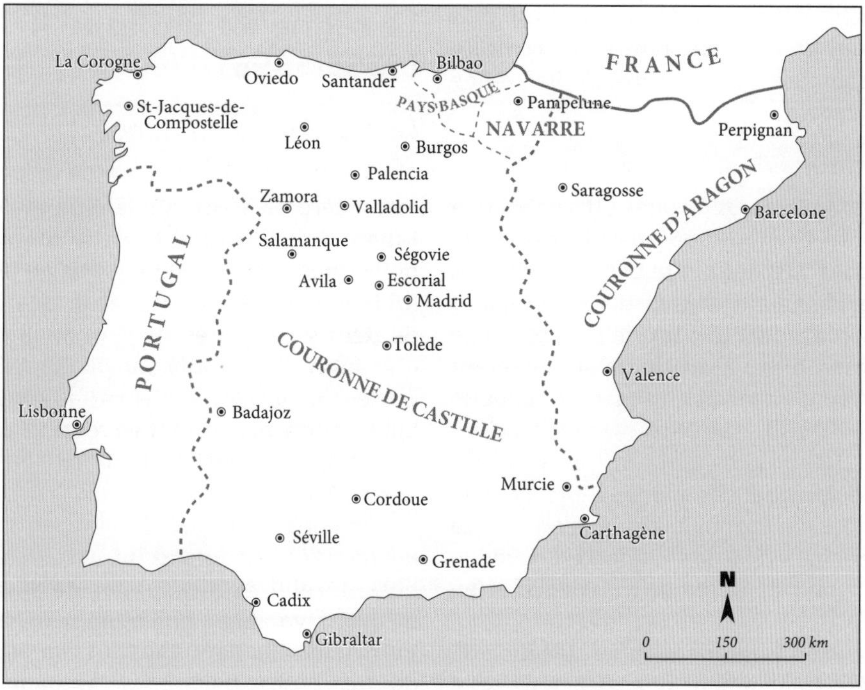

La péninsule Ibérique au XVIe siècle

Dans les pays de la couronne d'Aragon que sont **Valence** et **Majorque**, d'autres soulèvements, les ***germanias***, ont des buts moins nettement politiques et combinent revendications antifiscales et hostilité aux morisques comme aux juifs convertis. Il n'en demeure pas moins qu'ils témoignent également du caractère agité de cette période où s'affirme le pouvoir de Charles Quint.

Une nouvelle Espagne

L'hispanisation de Charles Quint

Lorsqu'il revient en Espagne en 1522, le roi donne un tour nouveau à sa politique. Il épouse en 1526 une princesse ibérique, sa cousine Isabelle de Portugal. De ce mariage naissent trois enfants, dont l'aîné, Philippe (1527-1598), est destiné à être le premier souverain national de toutes les Espagnes. Charles Quint parcourt désormais son royaume, résidant aussi bien en Castille qu'à Barcelone ou à Grenade. Il apprend l'espagnol et sa cour, naguère flamande et bourguignonne, s'hispanise.

La Castille devient le centre de gravité de cette nouvelle Espagne. Le pouvoir des *Cortès*, qui ne sont réunies qu'en 1522 et 1538, s'amenuise au profit de celui du roi qui préfère s'appuyer sur des conseils spécialisés, comme ceux des finances et de l'Inquisition. Les juristes, comme Francisco de Los Cobos, exercent désormais un rôle prépondérant dans une monarchie qui perd le caractère consultatif qu'elle avait en principe hérité du Moyen Âge.

La pression du pouvoir royal apparaît bien moindre dans les pays de la Couronne d'Aragon. Les *Cortès* (ou *Corts* en catalan) représentent régulièrement Aragon, Catalogne et Valence et obtiennent des garanties fiscales. La monarchie conserve ainsi un caractère plus contractuel et la volonté de maintenir ce compromis caractérise les élites de Barcelone ou de Valence.

Les mutations de l'économie

L'échec des *comuneros* révoltés est symbolique du tournant économique que représente la période pour l'Espagne. Appuyés sur les villes drapantes de Castille, les insurgés voulaient développer la production textile d'un royaume dont la laine brute était traditionnellement exportée vers des ateliers étrangers. À l'époque de Charles Quint, l'activité manufacturière décline. L'Espagne devient ainsi un pays qui consomme des produits importés à l'heure où le reste de l'Occident connaît une croissance de sa production. Vers 1550, la situation est devenue telle que le pouvoir politique commence à s'en inquiéter.

Le déclin de la façade méditerranéenne de l'Espagne est également une caractéristique majeure de la période. Entamé dès le XVe siècle, il est accentué par la mainmise castillane sur le Nouveau Monde (→ fiche 13). Seul le port de Valence résiste au lent recul de ce qui était naguère la puissance commerciale des sujets du roi d'Aragon.

Tensions sociales et religieuses

Les progrès de la pauvreté en Espagne ont frappé les Européens du XVIe siècle. Le chômage reste important dans un pays qui a renoncé en partie à développer son activité manufacturière et les errants se multiplient, troublant souvent l'ordre public.

La volonté d'unifier religieusement la société est un des traits marquants de la période. Charles Quint se montre ici l'héritier de la politique des Rois Catholiques contre les juifs et les musulmans, et doit en outre faire face à la diffusion de la réforme protestante. La violence de la répression inquisitoriale empêche assurément tout progrès du protestantisme dans la Péninsule.

Le règne de Philippe II (1555-1598)

Le premier roi espagnol

Charles Quint abdique en 1556 et se retire au monastère de **Yuste**. De langue et de mœurs espagnoles, Philippe II est le premier roi à gouverner la péninsule à partir de la Castille, à l'heure où l'économie et la démographie rendent secondaires les pays de la couronne d'Aragon. Il s'appuie sur les Conseils et les *Cortès* de Castille, se plaçant au centre d'une bureaucratie royale. État en cours de centralisation, l'Espagne possède désormais une capitale, fixée à **Madrid** en 1561.

Philippe II laisse se développer les rivalités de factions autour de lui. Deux clans s'opposent, celui de Ruy Gómez de Silva, prince d'Eboli, favorable à une diplomatie souple, en particulier aux Pays-Bas (→ fiche 16) et celui du duc d'Albe, partisan de la manière forte. Peu à peu le clanisme pèse sur une monarchie espagnole qui ne parvient pas à se débarrasser de ce travers au siècle suivant.

La mise au pas de l'Espagne

Le début du règne est marqué par une féroce répression contre ceux qu'on soupçonne de luthéranisme, en particulier à Séville et à Valladolid. L'élite intellectuelle du royaume, plus érasmienne que protestante, subit ainsi les foudres de l'**Inquisition**, déjà très active depuis l'expulsion des Juifs en 1492.

Les morisques musulmans, convertis depuis 1502, sont soupçonnés de pratiquer encore l'islam en secret. Des mesures visant à faire disparaître tout particularisme culturel provoque en 1568 une révolte lourdement réprimée après s'être propagée de Grenade à toute l'Espagne méridionale.

L'union avec le Portugal

En 1578, le roi Sébastien de Portugal meurt sans postérité au cours d'une expédition marocaine. Pendant le bref règne de son oncle **Henri (1578-1580)**, le cardinal-roi, Philippe II se prépare à hériter de la couronne de Portugal et envoie le duc d'Albe s'en assurer avec ses troupes. La France et l'Angleterre soutiennent en vain le prétendant Antonio, fils naturel du cardinal-roi : l'expédition française, organisée par Catherine de Médicis, se termine par un désastre aux Açores en 1582 ; sept ans plus tard, la tentative de raid sur Lisbonne de l'Anglais Francis Drake est également un échec. La mort d'Antonio à Paris en 1595 ne met pas fin aux espoirs portugais de retrouver un souverain national. Beaucoup ne veulent pas admettre la mort de Sébastien et plusieurs imposteurs cherchent à se faire passer pour le roi défunt.

L'union entre le Portugal et l'Espagne ne prend pas sous Philippe II la forme d'une annexion. Les Portugais conservent leurs lois et leurs libertés et continuent à administrer eux-mêmes leur empire colonial. Dès son arrivée, Philippe II est reconnu comme le roi Philippe Ier de Portugal par les *Cortès* réunies à Tomar.

Pistes bibliographiques

J.-Fr. Labourdette, *Histoire du Portugal*, Paris, PUF, coll. « Que-sais-je ? », 1995. Plus étoffé le livre même auteur, *Histoire du Portugal*, Paris, Fayard, 2000. Sur l'Espagne, outre la synthèse récente de A. Hugon, *L'Espagne du XVIe au XVIIIe siècle*, Paris, Armand Colin, coll. « Cursus », 2019, on peut encore utiliser P. Chaunu, *L'Espagne de Charles Quint*, 2 vol., Paris, SEDES, 1975 et surtout les trois ouvrages de J. Pérez, *L'Espagne du XVIe siècle*, Paris, Armand Colin, rééd. 1999 ; *Histoire de l'Espagne*, Paris, Fayard, 1996 et *L'Espagne de Philippe II*, Paris, Fayard, 1999. On complétera par des biographies : P. Chaunu et M. Escamilla, *Charles Quint*, Paris, Tallandier, coll. « Texto », 2013 ; M.-Fr. Schmidt, *Isabelle La Catholique*, Paris, Perrin, 2014. Sur les aspects religieux, B. Bennassar, *L'inquisition espagnole*, Paris, Fayard/Pluriel, 2009.

FICHE 10 Le Saint Empire de Charles Quint à la guerre de Trente Ans

Héritage des rêves médiévaux de monarchie universelle, le Saint Empire, qu'on appelle souvent simplement l'Empire, a vocation à être le souverain de l'ensemble de la chrétienté. Au XVIe siècle, certains, comme l'humaniste piémontais Gattinara, chancelier de Charles Quint de 1518 à 1530, se plaisent encore à croire à son universalité. Mais s'il survit à l'âge de la construction des États nationaux, il le doit à sa progressive métamorphose en ébauche d'État allemand, à son statut de puissance catholique entre l'Empire ottoman et le poids de plus en plus grand du protestantisme en Europe centrale, qui lui donne un rôle original.

Une entité politique à part

Un empire de plus en plus germanique

À l'ouest, les terres d'empire se sont souvent détachées dès la fin du Moyen Âge ; la France a acquis le Dauphiné puis la Provence ; la Savoie et les cantons suisses se sont émancipés. Avec le partage effectué par Charles Quint à la fin de son règne, Pays-Bas et Franche-Comté passent dans le domaine de la monarchie espagnole, mettant fin à une fiction impériale déjà bien entamée.

Le royaume d'Italie couvre le nord et le centre de la péninsule, des Alpes jusqu'aux limites des États pontificaux, à l'exception de la République de Venise, en théorie ancienne vassale de l'empereur d'Orient. Si l'Italie ne participe plus depuis le XVe siècle aux institutions impériales, les liens n'ont pas totalement disparu. Au XVIe siècle, on voit encore l'empereur donner l'investiture pour les **duchés de Toscane (1530)** ou de **Milan (1540)**.

En 1512, l'Empire est appelé pour la première fois officiellement « Saint Empire de nation allemande ». Tout au long du XVIe siècle, la germanisation s'accentue. Charles Quint est le dernier empereur à recevoir la couronne des mains du pape en Italie (couronnement de Bologne, 1530). Ses successeurs sont par la suite couronnés à Ratisbonne. Désormais l'empereur ne concède de charges qu'à des Allemands ; l'Empire apparaît ainsi à l'époque moderne comme l'embryon d'un État national allemand, même si tous ses sujets ne sont pas à proprement parler des Allemands.

Des institutions originales

Depuis les réformes de Maximilien (→ fiche 6), existe une esquisse d'administration, dont une nouvelle chancellerie organisée en 1498, plus efficace que l'archichancellerie traditionnellement détenue par l'archevêque-Électeur de Mayence.

La diète d'Empire (*Reichstag*) est composée de trois collèges :

– le premier n'est constitué que par les Électeurs (*Kurfürstenrat*) ;

– le second rassemble les autres princes et les prélats (*Fürstenrat*) ;

– le troisième collège rassemble un nombre variable de villes (*Reichsstädtisches Kollegium*).

La diète se réunit à intervalles irréguliers, sans avoir de siège précis. Au XVIe siècle, les villes d'Augsbourg et de Ratisbonne abritent le plus souvent les sessions. Les délibérations sont complexes, mais l'empereur ne peut se passer de la diète dans la plupart des domaines essentiels : diplomatie, guerre, religion, fiscalité, législation.

Entre 1500 et 1512, Maximilien a donné à l'Empire une ébauche d'administration territoriale. Les Cercles (Kreise) sont au nombre de dix : Autriche, Bavière, Franconie, Souabe, Bourgogne (Pays-Bas et Franche-Comté), Rhénanie électorale (Palatinat, Cologne, Mayence et Trèves), Haute-Saxe, Basse-Saxe, Haut-Rhin et Bas-Rhin.

L'empereur ne dispose pas de pouvoirs étendus. Il peut lever une armée, mais la diète de Worms (1521) a fixé de faibles effectifs : 20 000 fantassins et 4 000 cavaliers, dont on peut doubler, voire tripler le nombre le cas

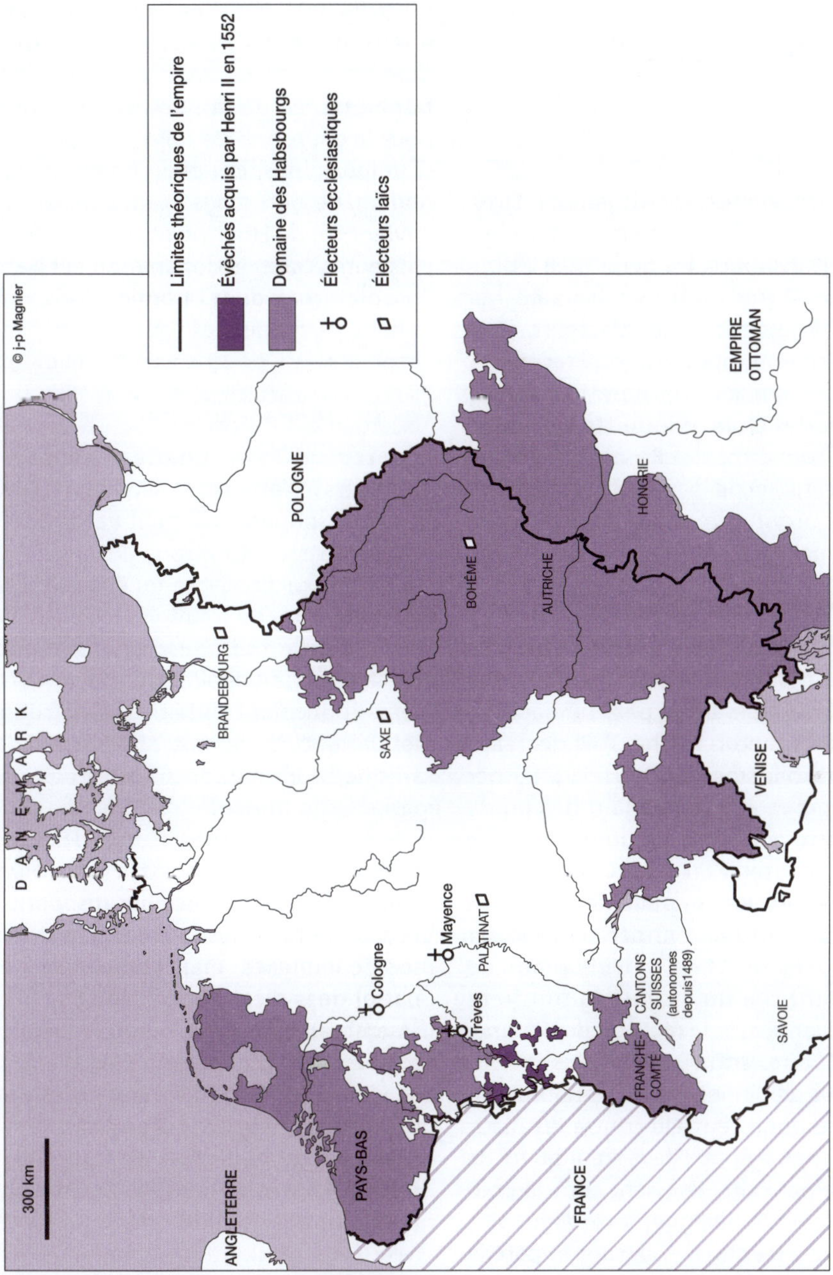

Le Saint Empire au XVIe siècle

échéant. Ce chiffre reste inchangé jusqu'en 1681. La grande faiblesse réside surtout dans l'absence d'une véritable fiscalité impériale.

Le règne de Charles Quint (1519-1555)

L'élection impériale

Quand meurt Maximilien le **12 janvier 1519**, son petit-fils Charles hérite du patrimoine de la maison de Habsbourg (→ fiche 6). Il assure son élection, le 28 juin de la même année, par la corruption systématique des Électeurs, écartant ainsi son rival le roi de France, François Ier. Charles Ier d'Espagne devient ainsi l'empereur Charles V (Charles Quint) ; il quitte l'Espagne pour être couronné roi des Romains à Aix-la-Chapelle, mais ne reçoit pas encore des mains du pape la couronne impériale qui le ferait pleinement empereur.

Les premières difficultés

Charles préside la diète de Worms et doit immédiatement faire face à la crise luthérienne (→ fiche 4). Chrétien marqué par l'humanisme évangélique d'Érasme (→ fiche 3), il demeure attaché au catholicisme. Il fait mettre Luther au ban de l'Empire et interdit la diffusion de ses thèses. Cette politique est un échec et ne parvient pas à contenir les princes allemands, très vite gagnés aux idées nouvelles.

L'empereur s'efforce ensuite d'organiser les pouvoirs dans les États patrimoniaux de la maison d'Autriche qu'il confie à son frère Ferdinand. L'alliance avec le roi Louis de Hongrie, qui épouse Marie, sœur de Charles Quint, confirme le souci traditionnel chez les Habsbourg de protéger l'Europe centrale contre les Turcs. Ferdinand, lui-même époux de la sœur du roi de Hongrie, est le personnage essentiel de la politique impériale en Allemagne ; lorsqu'en 1530, Charles Quint reçoit enfin la couronne impériale à Bologne, il fait de son frère le roi des Romains, le désignant ainsi comme son successeur.

L'action de Ferdinand en Europe centrale

Les Turcs poursuivent leur progression (→ fiche 11) : après les Balkans, ils s'attaquent à la Hongrie. Le 29 août 1526, **la bataille de Mohàcs**, qui voit la mort du roi Louis et d'une bonne partie de la noblesse est un désastre pour la couronne de saint Étienne. Tandis que certains nobles hongrois choisissent un souverain issu de leurs rangs, Jean Zapolyai, Ferdinand devient roi de Hongrie et de Bohême, ouvrant plusieurs siècles de domination des Habsbourg. Il y a désormais deux Hongries, l'une, catholique et habsbourgeoise, et l'autre, contrôlée par les Ottomans, qui penche vers le calvinisme.

Les troubles religieux

À partir de 1544, Charles Quint se tourne enfin vers les affaires d'Allemagne. Grâce à ses troupes espagnoles, il peut vaincre les princes protestants à **Mühlberg (25 avril 1547)**. La victoire, pour éclatante qu'elle soit, n'apporte cependant pas de solution au conflit. On tente une synthèse religieuse, qui permettrait de réunir les chrétiens allemands séparés dans une même confession. L'intérim d'Augsbourg (1548) mêle ainsi catholicisme et éléments de luthéranisme : communion sous les deux espèces, mariage des prêtres.

Les princes luthériens ne désarment pas et ils s'allient avec le roi de France Henri II, lui concédant les trois évêchés de Metz, Toul et Verdun (→ fiche 7). La balance penche désormais de leur côté ; Charles Quint doit accepter le règlement religieux prévu par la **Diète d'Augsbourg de 1555**. Selon le principe *cujus regio, ejus religio*, chaque État allemand, qu'il soit ville ou principauté, peut opter pour l'une ou l'autre confession, qui est la seule reconnue sur son territoire. La paix d'Augsbourg est une grave défaite pour Charles Quint qui n'a pas réussi à rétablir l'unité religieuse de l'Empire. Après avoir abdiqué en Espagne (→ fiche 9), il abandonne la couronne impériale à Ferdinand le **12 septembre 1556**.

Un demi-siècle d'accalmie relative (1556-1618)

Ferdinand est officiellement élu en 1558 et règne sans difficulté jusqu'à sa mort (1564). Il doit organiser une complexe succession. Son fils aîné **Maximilien II** est successivement élu roi de Bohême, roi de Hongrie et enfin roi des Romains en 1562. À la mort de son père il est élu empereur et règne jusqu'en 1576, léguant ses couronnes à son fils **Rodolphe II**. Le patrimoine personnel des Habsbourg est plusieurs fois partagé entre les fils cadets de Ferdinand, puis ceux de Rodolphe.

En 1607, un conflit éclate entre Rodolphe et son frère **Mathias**. Ce dernier se rend maître de la Hongrie et des États patrimoniaux; à la mort de Rodolphe (1612), il devient empereur. Son cousin, **Ferdinand de Styrie**, est son successeur désigné (→ fiche 19).

Les querelles religieuses s'apaisent. Officiellement catholique, mais très proche du luthéranisme dans ses convictions personnelles, Maximilien II œuvre pour la concorde religieuse. Son fils Rodolphe est en revanche un catholique zélé qui se heurte frontalement à la diffusion du calvinisme que la paix d'Augsbourg n'avait pas pris en compte.

Pistes bibliographiques

Deux introductions: J.-Fr. Noël, *Le Saint Empire*, Paris, PUF, coll. « Que sais-je ? », 1976 et F. Rapp, *Le Saint-Empire romain germanique, d'Otton le Grand à Charles Quint*, Paris, Seuil, coll. « Points », 2003. Une synthèse récente est constituée par C. Gantet et Chr. Lebeau, *Le Saint-Empire*, Paris, Armand Colin, coll. « U », 2018. On trouvera les événements dans J. Bérenger, *Histoire de l'Empire des Habsbourg, t. 1 : 1273-1655*, Paris, Tallandier, coll. « Texto », 2012.

FICHE 11

L'Empire ottoman et ses voisins européens au XVIe siècle

La grande puissance de l'Orient

Le pouvoir central

Soliman Ier, ou **Soliman le Magnifique, (1495-1566)** arrive sur le trône à la mort de son père **Sélim Ier** (→ fiche 6) en 1520, sans rencontrer d'opposition. S'ouvre ainsi une période d'ordre intérieur qui contraste avec les tensions des règnes précédents. Le sultan est un chef politique et religieux : régnant à Constantinople, devenue Istanbul, il a pris la succession des empereurs byzantins et prétend comme eux à la monarchie universelle ; **calife**, il se veut le successeur du prophète Mohammed et le commandeur des croyants, ayant autorité sur tous les musulmans.

L'Empire ottoman est une **grande puissance militaire**, qui repose sur deux armées de type différent. La cavalerie des **sipahis** est recrutée selon le système féodal du **timar**, terre confiée à un seigneur qui fournit en contrepartie des hommes, mais la vraie force de l'empire réside dans les **janissaires**, fantassins professionnels issus d'enfants chrétiens convertis à l'islam, enlevés à leur famille, mais aussi parfois confiés dans l'espoir d'une carrière au service de l'empire. Au XVIe siècle, la maîtrise des armes à feu offre à cette infanterie la suprématie sur bien des champs de bataille.

L'entourage du sultan, épouses comme vizirs, n'est pas composé en majorité de musulmans de naissance, mais reflète la mobilité sociale et religieuse d'un État multiconfessionnel. S'il est le maître tout-puissant, le sultan n'est pas le simple despote que dépeignent les Occidentaux et ne peut gouverner sans le **divan**, à la fois cour suprême de justice et Conseil des ministres, et sans le grand **vizir**, sorte de Premier ministre qui gouverne souvent en lieu et place du sultan. Jusqu'en 1534, Soliman est épaulé par un grand vizir remarquable, **Ibrahim Pacha (1493-1536)**. Le sultan peut ainsi organiser son empire depuis Constantinople, la ville la plus peuplée de l'Europe, et en faire une monarchie centralisée. Il y gagne le surnom de **Kânûnî**, le **législateur**, dans la tradition historiographique ottomane.

L'administration de l'empire

L'organisation provinciale reflète la diversité de l'empire. Les circonscriptions de base, **sandjak**, sont dirigées par un **bey**, tandis qu'à l'échelon supérieur, regroupant plusieurs sandjak, des régions plus vastes sont confiées à des **beylerbey**. Le nombre de ces **beylerbeylik** ne cesse d'augmenter : ils sont au nombre de trente-deux au début du XVIIe siècle.

Beaucoup de provinces jouissent en réalité souvent d'une **large autonomie**. L'**Afrique du Nord**, comme la plupart des **provinces arabes du Proche-Orient**, s'administre elle-même. Bien des parties de l'empire relèvent de **vassaux** : le **chérif de La Mecque**, gardien des lieux saints de l'Islam, le **khan de Crimée**, les **voïvodes** chrétiens de **Moldavie** et de **Valachie**, les princes de la **Transsylvanie** hongroise (→ fiche 10) ou du **Monténégro**.

Les conquêtes de Soliman

L'expansion à l'ouest

Le nouveau sultan se révèle vite un conquérant de première grandeur. Dès 1522, il prend l'île de Rhodes et contraint les chevaliers à se replier sur l'île de Malte que leur offre Charles Quint. Sur le continent, la prise de **Belgrade** en **1521** ouvre la voie de l'Europe centrale. Après avoir écrasé les Hongrois à **Mohàcs** en **1526**, les Ottomans mettent en vain le siège devant **Vienne** en 1529 (→ fiche 10).

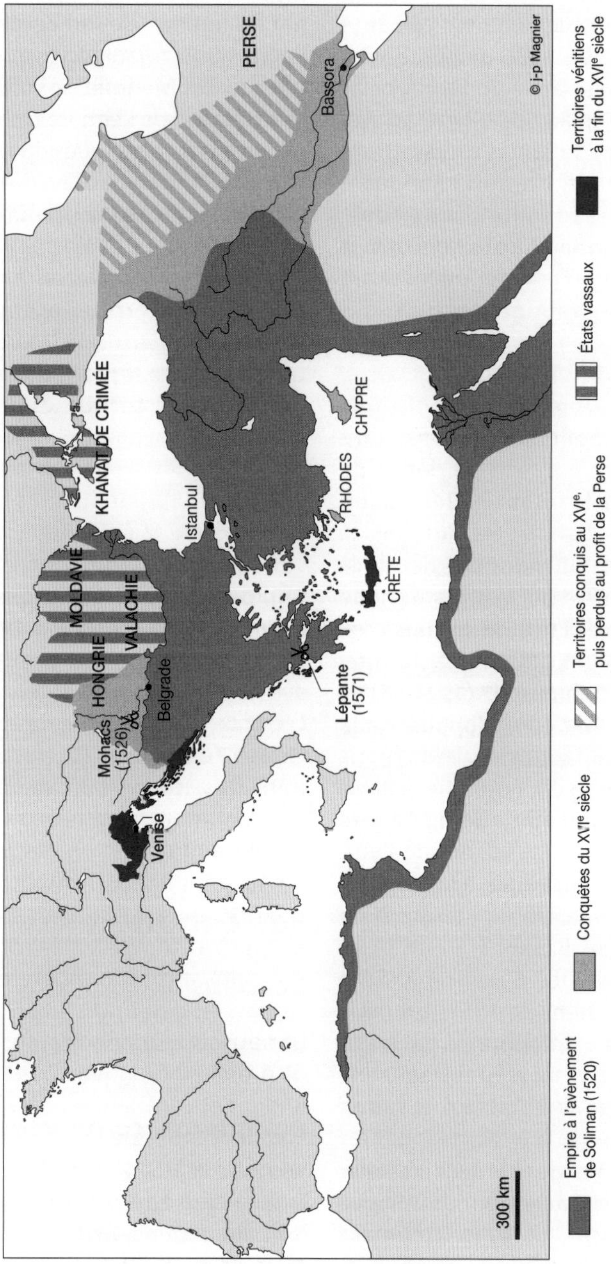

L'Empire ottoman au XVIe siècle

En Méditerranée, Charles Quint s'empare de Tunis à l'heure où Soliman est accaparé par la partie orientale de son empire (1535). L'Empire ottoman peut cependant compter sur les corsaires barbaresques qui ont créé un État vassal de la Porte à Alger comme sur **l'alliance conclue avec la France en 1536** de contrer les flottes de l'Espagne, mais aussi de Gênes et de Venise. L'Empire ottoman accède alors au statut de puissance navale et se lance à l'assaut de l'Italie méridionale. Une flotte conduite par le Génois Andrea Doria est défaite dans l'Adriatique et les Vénitiens doivent abandonner la Morée et la Dalmatie (1537). Ainsi Charles Quint est-il incapable de prendre **Alger en 1541**.

La lutte contre la Perse

Les affaires d'Orient dominent la politique de la fin de règne de Soliman. Les ambitions de la **Perse safavide** remontent au début du XVIe siècle, lorsque **Ismaïl Ier (1501-1524),** maître de l'Iran, se proclame shah, reprenant ainsi la titulature pré-islamique abandonnée depuis la chute des sassanides au VIIe siècle. L'islam chi'ite s'impose dans le nouvel État, désormais rival d'un Empire ottoman officiellement sunnite. Le successeur d'Ismaïl, **Tahmasp Ier (1524-1576),** est cependant trop faible pour s'opposer à la puissance de Soliman. Il faut attendre le règne du shah **Abbas Ier (1588-1629),** pour que la Perse connaisse un apogée inquiétant pour l'Empire ottoman.

Soliman repousse la **Perse** hors d'**Irak**, du **Kurdistan** et du **Caucase**. Il s'empare de **Bagdad** et du port de **Bassora** en 1534 et ouvre son empire sur le golfe arabo-persique et, au-delà, l'océan Indien. En 1555, les deux empires parviennent à s'entendre par le traité d'Amasya : Soliman conservent l'Irak et le Kurdistan, mais abandonne le Caucase et l'Azerbaïdjan à la Perse.

Seuls les Portugais parviennent à empêcher les Turcs de s'installer durablement en Afrique orientale (→ fiche 12). Aussi les Ottomans doivent-ils s'efforcer de maintenir la vieille route terrestre vers l'Asie orientale.

Un déclin relatif

Sélim II

Le fils de Soliman, **Sélim II (1566-1574)** a la réputation d'un souverain médiocre, dominé par les femmes de son harem. Il doit faire face à l'agitation des janissaires et laisse son gendre, le grand vizir **Mehmet Sokullu**, gouverner l'État. La puissance de l'empire reste cependant intacte et les débuts pacifiques du règne permettent de la consolider. La paix avec les Habsbourg signée en 1568 renforce la domination ottomane sur la Moldavie et la Valachie.

Un nouvel adversaire apparaît, la Russie d'Ivan IV le Terrible qui a pris la ville alliée d'Astrakhan qu'une expédition turque ne parvient pas à reprendre en 1570. La première guerre russo-turque est un revers pour les Ottomans.

Lépante

Le pape **Pie V** (→ fiche **5**) est l'artisan d'une véritable croisade contre les Turcs, ralliant **Philippe II** et les **Vénitiens**. Une flotte chrétienne, commandée par **Don Juan d'Autriche (1545-1578)**, fils naturel de Charles Quint, s'assemble, qui attaque la flotte ottomane à Lépante, dans le golfe de Patras, à l'ouest de la Grèce **(7 octobre 1571)**. 117 galères turques sont détruites, des milliers de prisonniers tombent aux mains des chrétiens.

Il s'agit bien d'un des plus grands combats navals de l'époque moderne, mais les conséquences en sont faibles : malgré cette défaite, la guerre tourne à l'avantage des Ottomans qui achèvent la conquête de **Chypre (1573)** et reprennent définitivement en 1574 Tunis aux Espagnols qui s'en étaient emparés deux ans plus tôt.

Les guerres continuelles

Mourad III (1574-1595) n'est pas plus énergique que son prédécesseur et conserve Mehmed Sokullu comme vizir jusqu'à l'assassinat de ce dernier en 1579. Le pouvoir passe alors entre les mains des chefs des janissaires. À l'ouest, les

Ottomans prennent la ville de Fès aux Portugais (1578) et mènent la guerre aussi bien contre la Perse (1578-1590) que la maison d'Autriche (1593-1606) dans les Balkans où l'alliance entre les Habsbourg et les vassaux roumains de la Porte constitue une menace nouvelle.

Mehmet III (1595-1603) doit participer lui-même à la campagne de 1596 qui permet de redresser la situation à l'ouest. Les guerres commencent à avoir des conséquences sur la situation intérieure de l'empire où éclatent des révoltes.

Pistes bibliographiques

S.J. Shaw, *Histoire de l'Empire ottoman et de la Turquie moderne*, trad. fr., Horvath, Roanne, 1983 reste utile. R. Mantran (dir.), *Histoire de l'Empire ottoman*, Paris, Fayard, 1989 et surtout Fr. Georgeon, N. Vatin, G. Veinstein (dir.), *Dictionnaire de l'Empire ottoman*, Paris, Fayard, 2015 sont les deux livres indispensables, ainsi que P. Buresi (dir.), *Histoire des pays d'Islam*, Paris, Armand Colin, coll. « U », 2018. On complètera par E. Borromeo et N. Vatin (dir.), *Les Ottomans par eux-mêmes*, Paris, Les Belles Lettres, 2020.

FICHE 12 Les grands voyages

Les Portugais sur la route des Indes

Les côtes de l'Afrique

Pour le Portugal, les voyages africains sont d'abord le **prolongement de la *Reconquista***: il s'agit désormais d'affronter les Maures sur le sol africain, et l'on peut considérer que la **prise de Ceuta en 1415** est le point de départ de l'expansion.

Les premières expéditions dans l'Atlantique, lancées à partir de 1418, permettent d'atteindre **Madère (1418)** et les **Açores (1427)**, îles inhabitées que les Portugais colonisent à partir de 1445, en y développant la culture de la canne à sucre. Les navires du prince **Henri le Navigateur (1394-1460)** poursuivent le long du continent africain, passent le cap Bojador (1434) et atteignent le Rio de Oro (1436), puis le cap Vert (1444).

Après des campagnes contre le Maroc qui aboutissent à la prise de Tanger en 1471, les explorations africaines reprennent sous le règne de Jean II. En **1481** le comptoir de **São Jorge da Mina** est fondé (Elmina, dans l'actuel Ghana). L'année suivante, les Portugais découvrent **l'embouchure du Congo**. Les voyages se poursuivent dans l'hémisphère austral : Bartolomeu Dias contourne en **1488 le cap de Bonne-Espérance**, entrevoyant la route océanique des Indes.

En 1493, la nouvelle du voyage de Colomb perturbe les Portugais. Le pape Alexandre VI arbitre alors entre Jean II et les Rois Catholiques d'Espagne, puis en 1494, le **traité de Tordesillas** partage le monde au profit des monarchies ibériques. L'Espagne, qui prétendait à l'ensemble du Nouveau Monde, accepte ce partage et permet ainsi aux Portugais d'entreprendre la découverte du Brésil à partir de 1500.

Vasco de Gama et la mainmise sur l'océan Indien

Vasco de Gama (1469-1524) quitte Lisbonne en juillet 1497 et atteint le cap de Bonne-Espérance en novembre. Après avoir longé la côte de l'Afrique orientale, les vaisseaux portugais parviennent au port indien de **Calicut en mai 1498**. Le retour de l'expédition, en septembre de l'année suivante, est triomphal.

Devenu amiral, Vasco de Gama prend la tête en 1502 d'une expédition plus agressive, qui permet aux Portugais de s'installer durablement en Inde. Après une période de défaveur, Vasco de Gama meurt vice-roi de l'Inde portugaise à Cochin.

Les successeurs de Gama, tels **Cabral** ou **Albuquerque**, s'établissent par la force sur la route des Indes. Ainsi sont fondés les comptoirs de **Zanzibar, Aden, Ormuz, Calicut, Ceylan, Goa, Malacca**.

Vers l'Extrême-Orient

La première prise de contact avec la **Chine (1513)** est le prélude à une expansion plus lointaine vers le **Japon (1543)**. Le comptoir de **Macao**, définitivement acquis en 1557, est par la suite la base de ce rayonnement en Asie orientale.

Les Amériques

La découverte de l'Amérique

La biographie de **Christophe Colomb (1451 ?-1506)** est encore entachée d'éléments légendaires, mais il est possible d'en reconstituer les grands traits avec une certaine exactitude. Génois, fils d'un marchand de laine, il effectue ses voyages transatlantiques pour le compte des Rois Catholiques d'Espagne, Isabelle et Ferdinand, qui l'ont nommé Amiral de la mer Océane.

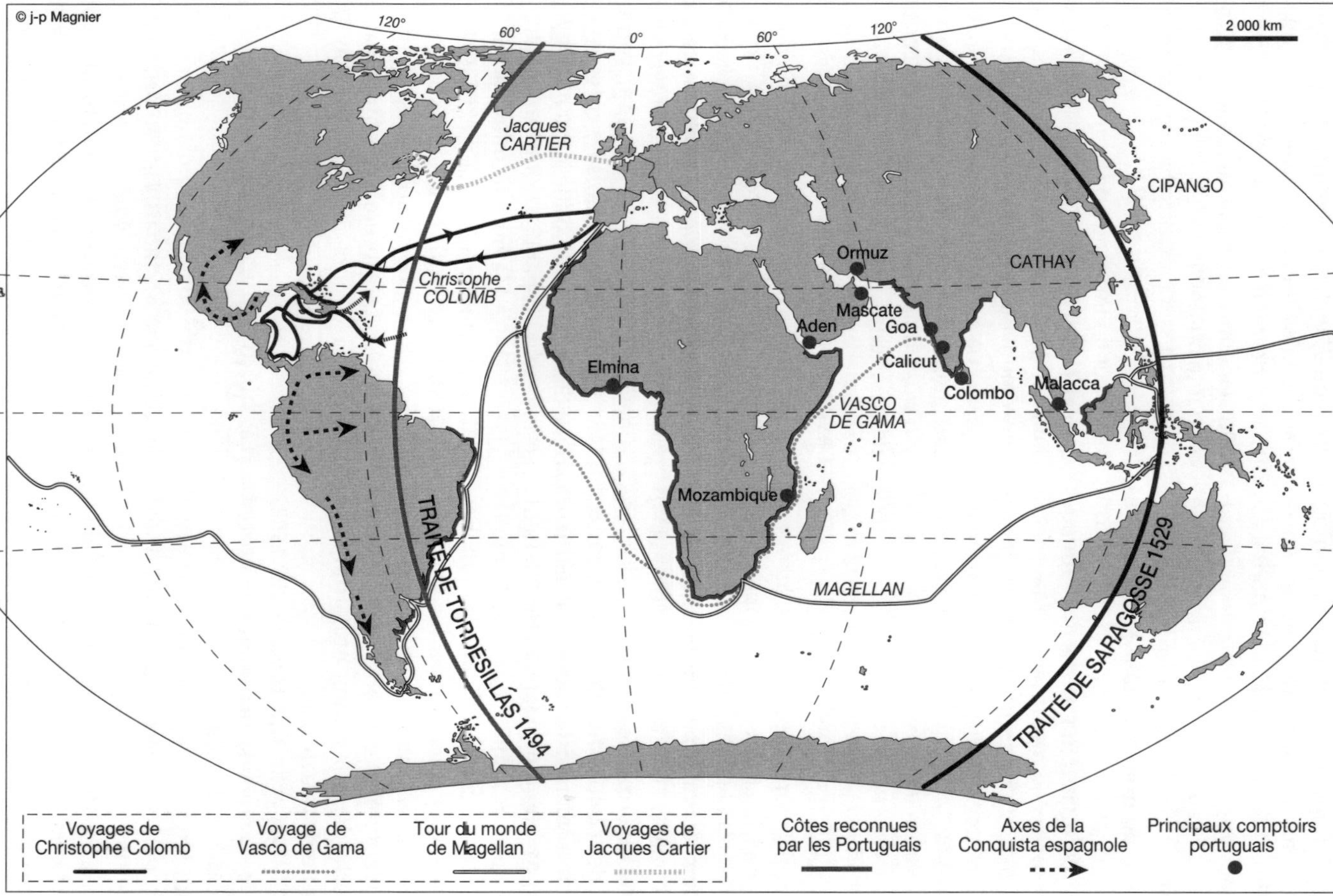

Planisphère des voyages au XVIe siècle

Au cours des **deux premiers voyages (août 1492-septembre 1493; septembre 1493-juin 1496)**, Christophe Colomb visite la plupart des îles des Caraïbes et s'établit à Hispaniola (Saint-Domingue, aujourd'hui partagé entre Haïti et la République dominicaine), dont il est le gouverneur jusqu'en 1499.

Les deux voyages suivants permettent de reconnaître les rivages du continent américain. Au cours du **troisième (mai 1498-octobre 1500)**, Colomb atteint Trinidad et la côte du Venezuela. Le **quatrième et dernier voyage (mai 1502-novembre 1504)** permet enfin de longer la côte de l'Amérique centrale. L'Amiral, favori d'Isabelle de Castille (→ fiche 6), connaît la disgrâce après la mort de la reine et meurt, oublié, en 1506, à Valladolid.

La conquête espagnole

Hernán Cortés (1485-1547) est le premier des grands conquistadores. Petit noble d'Estrémadure, il gagne Hispaniola en 1504, après avoir songé à prendre part aux guerres d'Italie. Sa carrière dans le Nouveau Monde le conduit ensuite à Cuba, où il est élu alcalde (maire) de Santiago. Il organise une expédition en direction du continent. Onze vaisseaux, chargé de 508 soldats et 16 chevaux atteignent Tabasco au **Mexique** en mars 1519. S'alliant aux nations indiennes tributaires de l'**empire aztèque**, il marche sur Tenochtitlán où l'empereur Montezuma l'accueille comme un dieu. L'entente entre les Espagnols et les Aztèques est de courte durée. Le 13 août 1521, Cortés prend Tenochtitlán par la force et détruit définitivement l'empire aztèque.

En 1524, **Pedro de Alvarado (1485-1541)** reconnaît le Guatemala tandis que Cristóbal de Olid explore le Honduras.

La conquête de l'**empire inca** est le fait de deux aventuriers, **Francisco Pizarro (1475-1541)** et **Diego de Almagro (1475-1538)**. Parti en 1531 de Panama avec 180 hommes et 37 chevaux, Pizzaro met à profit la guerre civile dans l'empire inca pour s'imposer. Quand Almagro le rejoint en 1533, ils prennent Cuzco et réduisent ainsi à néant le plus puissant des États de l'Amérique du Sud.

D'autres expéditions permettent d'explorer **l'intérieur du continent**: Sebastian de Belalcazar rejoint en 1538 Gonzalo Jimenez de Quesada à l'emplacement de l'actuelle Bogota; Francisco de Orellana, ancien compagnon de Pizarro, descend l'Amazone en 1541; Pedro de Valdivia, enfin, entreprend à partir de 1541 la conquête du Chili.

Les Portugais au Brésil

Parti pour les Indes au printemps **1500, Alvares Cabral (1460?-1526)** touche le Brésil alors qu'il est à la recherche de vents favorables. Après en avoir pris possession, il reprend son voyage. Ce n'est qu'un quart de siècle plus tard que commence véritablement l'installation portugaise sur cette partie du continent sud-américain.

Les voyages français

Dès la fin du Moyen Âge, des navigateurs normands ont longé les côtes de l'Afrique, mais il faut attendre 1523 pour qu'une expédition d'envergure soit organisée par l'armateur dieppois Jehan Ango, avec l'appui du roi François Ier. Le navigateur florentin **Giovanni Verrazano (1481-1528)** reconnaît alors les côtes de l'Amérique du Nord, de la Floride jusqu'à Terre-Neuve. Le voyage est cependant sans lendemain.

En 1534, le Malouin **Jacques Cartier (1491-1557)** reconnaît le Saint-Laurent. Il le remonte en 1536 et atteint l'emplacement actuel de Québec. Un troisième voyage est effectué en 1541, mais cette première entreprise canadienne de la France ne débouche pas encore sur une colonisation.

Le tour du monde de Magellan

Gentilhomme portugais, Fernão de Magalhães (en espagnol Fernando de Magallanes) est né vers 1480. Il a d'abord servi sous pavillon portugais, prenant part aux expéditions de conquête du début du siècle aux Indes. S'estimant mal récompensé de ses campagnes au Maroc (1512-1514), il passe en 1517 au service du roi d'Espagne, le futur Charles Quint.

Magellan et le cartographe Faleiro ont le projet d'atteindre les Indes par le Pacifique, en contournant le continent américain. Ainsi serait tracée une route entièrement espagnole. Partie de Séville en septembre 1519, l'expédition découvre le détroit de Magellan à l'extrémité méridionale de l'Amérique et peut traverser **le Pacifique** au cours d'un périlleux voyage qui dure du 28 novembre 1520 au 6 mars 1521. Ayant d'abord atteint Guam dans les îles Mariannes, Magellan passe ensuite dans les Philippines, où il est tué par des indigènes (27 avril 1521).

Le second de Magellan, Elcano, ramène les survivants de l'expédition à Séville par la route du cap de Bonne-Espérance. L'empereur Charles Quint lui confère alors un blason où figure un globe entouré de la formule latine « primus circumdedisti me » (le premier tu as fait mon tour). Le voyage de Magellan a prouvé définitivement la rotondité de la planète. Il est également montré que le Pacifique est autrement vaste qu'on ne le croyait jusqu'alors et que les Indes orientales ne sont pas proches du Nouveau Monde. La conception traditionnelle du monde, héritée de l'Antiquité gréco-romaine, est définitivement ruinée.

Pistes bibliographiques

La bibliographie est immense. On peut encore utiliser le classique *Dictionnaire des explorations*, Paris, Larousse, 1967. Voir aussi J. Favier, *Les grandes découvertes*, coll. « Pluriel », Paris, Hachette, 2010 ; P. Butel, *Histoire de l'Atlantique*, coll. « Tempus », Paris, Perrin, 2012. Des points de vue novateurs dans R. Bertrand (dir.), *L'exploration du monde, une autre histoire des Grandes Découvertes*, Paris, Seuil, 2019. Parmi les biographies, J. Heers, *Christophe Colomb*, Paris, Hachette, 1981 et G. Bouchon, *Vasco de Gama*, Paris, Fayard, 1997. On complétera par R. Bertrand, *Qui a fait le tour de quoi ? L'affaire Magellan*, Paris, Verdier, 2020. Sur la conquête du continent, R. Romano, *Les conquistadores*, coll. « Champs », Paris, Flammarion, 1992 ; B. Bennassar, *Cortés, conquérant de l'impossible*, Paris, Payot, 2001 ; Chr. Duverger, *Cortés*, Paris, Fayard, 2001. Sur l'empire portugais, S. Subrahmanyam, *L'empire portugais d'Asie*, trad. fr., Paris, Points-Histoire, 2017.

Les empires américains

L'empire espagnol

La monarchie et l'Amérique

La Casa de Contratación de Séville, fondée dès 1503, témoigne de la domination royale sur les commerces américains. Les bateaux comme les marchandises sont contrôlés, un impôt, le quinto, étant systématiquement prélevé. À partir de 1523, le Conseil des Indes, qui se réunit à Séville, est l'organe central de direction de l'empire espagnol.

L'organisation administrative des conquêtes

Deux vice-royautés se partagent l'Amérique espagnole, celle de **Nouvelle-Espagne (1535)** au nord, et de **Nouvelle-Castille (1543)** au sud. Quatre ***audiencias*** se partagent la Nouvelle-Espagne et organisent les pouvoirs locaux. La plus ancienne est celle de **Saint-Domingue, créée en 1511**; une autre est installée à Mexico en 1527; l'Amérique centrale dépend de l'***audiencia* de Guatemala (1535)** et le nord du Mexique de l'*audiencia* de **Nouvelle-Galice (1556)**. En Amérique du Sud, cinq *audiencias* sont créées au cours du XVIe siècle: **Panama (1535)**, qui étend son pouvoir sur l'isthme et l'actuelle Colombie, **Lima (1543)** pour le Pérou et le Chili, **Nouvelle-Grenade** au Venezuela **(1549)**, **Quito** pour l'Équateur (1563); l'*audiencia* de **Charcas** s'étend sur la Bolivie et les territoires qui la prolongent au sud, qui ne sont reconnus que de manière épisodique au XVIe siècle.

Une société nouvelle

À l'échelon local, les ***cabildos*** (municipalités) dirigent l'administration du pays. Ils sont uniquement composés d'Espagnols. Les grands colons, maîtres de la terre, sont minoritaires. Beaucoup d'Espagnols mènent une vie modeste dans les villes du Nouveau Monde, servant dans les armées à l'occasion.

Les Indiens sont soumis à l'**esclavage jusqu'en 1548**. Guerre, travail forcé et maladies déciment la population indigène, qui de près de 100 millions avant la conquête passe à environ 10 millions vers 1570. Les Espagnols se tournent alors vers **les esclaves d'origine africaine** qui commencent à arriver à partir du milieu du siècle.

L'évangélisation est l'un des buts avoués de la conquête. Entreprise par les **dominicains** et les **franciscains** dès le début du XVIe siècle, elle est de plus en plus le fait des jésuites, arrivés en Amérique en 1572. À partir de 1604, ils développent au Paraguay l'originale politique des **réductions**: sous la tutelle des pères jésuites, des villages d'Indiens convertis sont organisés, qui échappent à l'autorité des colons.

Les richesses américaines

Dans un premier temps, les Espagnols s'intéressent aux métaux précieux. Après l'or qui vient des Antilles ou des trésors incas ou aztèques, l'argent est la grande affaire, avec la découverte des mines du Potosi (1545) puis d'autres gisements importants. La production ne cesse de croître pendant tout le siècle. Selon Pierre Chaunu, on passe de 44 tonnes expédiées vers 1550 à 291 en 1600, avant le début d'une baisse qui nous ramène à 45 tonnes vers 1650.

L'activité agricole ne joue qu'un rôle secondaire dans l'empire espagnol, malgré les efforts de certains qui, comme Cortès, ont cherché à développer les plantations.

Le Brésil

Les étapes de la conquête

Atteint par Cabral en 1500 (→ fiche 12), le Brésil est d'abord le lieu d'une colonisation assez superficielle. Les Portugais exploitent la forêt, en particulier un bois qui donne une teinture rouge: le brésil. Cette colonisation se concentre

Source : T. Calvo, *L'Amérique ibérique de 1570 à 1910*, Nathan, 1997 (d'après E. Williamson, *The Penguin History of Latin America*, 1992).

La vice-royauté du Pérou, vers 1650

sur le littoral, qui est partagé entre 1534 et 1536 en capitaineries : chaque capitaine administre pour le roi de Portugal une portion de la côte brésilienne. Ces fiefs héréditaires sont parfois plus grands que le Portugal lui-même ; ils sont à l'origine du découpage territorial du Brésil et se maintiennent jusqu'au milieu du XVIIIe siècle. Un système proche de celui de la Castille permet à la monarchie portugaise de tirer du Brésil des revenus importants, en prélevant un cinquième sur les marchandises.

Martim Alfonso de Sousa fonde la ville de São Vincente en 1530. En 1549 est créé Salvador de Bahia où vient s'installer un gouverneur général. La colonie brésilienne du Portugal peut commencer à fonctionner véritablement.

L'exploitation des richesses brésiliennes

La capitainerie de Pernambouc (Recife) devient l'une des plus riches, grâce aux plantations de canne à sucre. Après avoir utilisé les indiens Tupis dans les plantations, les Portugais font venir des esclaves africains. Leur arrivée modifie profondément la société brésilienne : dès 1600, il y a plus d'Africains que de Portugais au Brésil.

Les nouveaux venus

Les établissements anglais

Les premières tentatives anglaises datent du règne d'Élisabeth (→ fiche 15). En 1584, Walter Raleigh fonde la **Virginie**, nommée ainsi en l'honneur de celle qu'on appelle parfois la Reine Vierge. La colonie est vite oubliée par une métropole trop soucieuse de la lutte engagée avec l'Espagne pour véritablement prêter attention à une telle entreprise.

Le réel essor américain de l'Angleterre commence au siècle suivant. Le premier établissement permanent, **Jamestown** en Virginie, est fondé en **1607**. L'établissement dans le **Maryland** en **1615** complète cette première colonisation, fondée sur la culture du tabac. Après des débuts difficiles, la Virginie, devenue colonie de la couronne, connaît la prospérité. Les **premiers esclaves noirs** y arrivent en **1638** ; à la fin du siècle une société coloniale originale naît ainsi aussi bien en Virginie que dans la **Caroline** fondée en **1663**.

Plus au nord, de petites communautés, issues de la dissidence religieuse anglaise, comme les puritains débarqués en 1620 du *Mayflower*, fondent les établissements à l'origine de la **Nouvelle-Angleterre : Massachussets (1621), New Hampshire (1624), Connecticut (1636), Rhode Island (1636)**. Il s'agit avant tout d'un monde de marchands, qui se livrent aux commerces coloniaux à l'origine du port de Boston (1630). Quant à la Pennsylvanie, fondée par le quaker William Penn, elle accueille des protestants de toute secte, souvent persécutés en Europe.

Aux Antilles, la colonisation anglaise ne commence véritablement qu'avec l'acquisition de la **Jamaïque**, espagnole jusqu'en 1655.

La tentative hollandaise

Les Hollandais ont d'abord cherché à supplanter les Portugais au **Brésil**. La compagnie hollandaise des Indes occidentales, fondée en 1621, est à l'origine d'une tentative de conquête de l'Amérique du Sud. Après un premier échec en 1624, les Hollandais s'emparent en 1630 de Pernambouc. Sans remettre en cause la présence des colons portugais, la domination hollandaise permet de fructueux trafics avec l'Europe. Très vite, les heurts sont nombreux et la révolte entamée en 1644 aboutit en 1654 au rétablissement de l'autorité portugaise. Seule demeure hollandaise l'île de Curaçao, quelques Antilles et Surinam.

À partir de **1624**, les Hollandais s'installent également en **Amérique du Nord**, fondant la **Nouvelle-Amsterdam** à l'embouchure de l'Hudson. Leur domaine s'agrandit en 1655 des comptoirs suédois de la **Delaware**. La colonisation hollandaise ne résiste cependant pas à la pression anglaise. La Nouvelle-Amsterdam tombe en 1664 et devient New York. Les colons hollandais, peu nombreux, se fondent dans la dynamique Amérique anglaise.

Les Français au Canada

Parmi les premières tentatives françaises, il importe de signaler les expériences brésiliennes de la **France antarctique (1555-1567)** puis de la **France équatoriale (1594-1615)** qui ne débouchent que sur d'éphémères installations de colons. Rappelons également la tentative des huguenots en **Floride (1559-1565)** qui finit écrasée dans le sang par les Espagnols.

Au Canada, les voyages de Cartier n'ont pas débouché sur une colonisation durable et les guerres de Religion (→ fiche 14) ont freiné l'expansion maritime de la France. Au début du XVIIe siècle, quelques Français aventureux s'associent pour développer les commerces avec l'Amérique du Nord. L'installation française commence véritablement en **1608**, avec la fondation de **Québec** par **Samuel Champlain (1570?-1635)**. Malgré l'intérêt de Richelieu, qui contribue à la création d'une Compagnie dite des Cent Associés, la Nouvelle-France n'intéresse guère que les milieux dévots, qui suivent avec intérêt l'évangélisation des Hurons et des Iroquois. Ainsi la fondation de **Montréal** en **1542** témoigne-t-elle avant tout de la volonté d'affirmer la présence d'une France catholique dans une Amérique du Nord où se développe le protestantisme.

En 1663, Colbert fait de la **Nouvelle-France** une **colonie de la couronne** qui reçoit, telle une province française, un gouverneur, un intendant, une cour souveraine. Les colons, originaires de l'ouest de la France, souvent normands, affluent et l'on passe de 2000 à 12000 colons dans le Canada français vers 1700.

Les Français sont attirés par l'ouest du continent. En 1669, Louis Joliet et le père jésuite Marquette atteignent les **Grands Lacs**, puis reconnaissent en 1673 le **Mississipi**. Le grand fleuve est ensuite descendu jusqu'à son embouchure par Cavelier de La Salle qui prend possession d'un immense territoire nommé Louisiane en hommage au roi de France (1682). Aux Antilles, l'installation commence dès les années 1630. Les îles sont d'abord vouées à la culture du tabac, puis se spécialisent dans la production sucrière. Martinique et Guadeloupe constituent les deux principaux points d'implantation, avant que les colons français ne s'intéressent à Saint-Domingue, dont la France obtient la partie ouest aux dépens de l'Espagne en 1697.

Pistes bibliographiques

On dispose désormais d'une excellente base de départ avec les deux volumes de C. Bernand et S. Gruzinski, *Histoire du Nouveau Monde*, Paris, Fayard, 1991 et 1993. La colonisation proprement dite est abordée dans A. Hugon, *La grande migration, de l'Espagne à l'Amérique 1492-1700*, Paris, Vendémiaire, 2019. Sur l'empire portugais, B. Bennassar et R. Marin, *Histoire du Brésil*, coll. « Pluriel », Paris, Hachette, 2014. On pourra aussi consulter M. Bertrand, *L'Amérique ibérique*, Paris, Armand Colin, coll. « U », 2019. Pour l'Amérique du Nord, G. Havard et C. Vidal, *Histoire de l'Amérique Française*, Paris, Flammarion, coll. « Champs », 2019.

FICHE 14 Les guerres de Religion en France (1559-1598)

Une crise politique et religieuse (1559-1572)

Les protestants

Il y a sans doute plus d'**un million de réformés** dans le royaume, répartis de façon très inégale. Au nord, seule la Normandie compte un nombre non négligeable de protestants. **Au sud de la Loire se dessine en revanche un croissant protestant** qui entoure le Massif central. Les Églises protestantes sont en effet nombreuses en Poitou, Aunis et Saintonge, Guyenne et dans la vallée de la Garonne. Si Toulouse et le Haut-Languedoc restent majoritairement catholiques, le calvinisme est prépondérant dans la plaine du Bas-Languedoc et les Cévennes. De l'autre côté du Rhône, le Dauphiné et le Lyonnais forment la partie orientale de ce croissant.

Le protestantisme français a peu touché la grande masse rurale du royaume mais s'est bien implanté auprès des **élites urbaines** et de la **noblesse d'épée**. De grandes familles adhèrent à la Réforme : aussi bien un prince du sang, Louis de Bourbon, **prince de Condé**, que les Châtillon, comme **l'amiral Gaspard de Coligny** et son frère François d'Andelot. Derrière eux marchent des clientèles de petits nobles, souvent appauvris et que la fin des guerres contre l'Empire laisse sans occupation.

Une crise de la royauté

La mort de Henri II en 1559 a affaibli la monarchie. Le nouveau roi, **François II**, est un adolescent de santé fragile et sans personnalité. Il est notoirement dominé par les Guise, branche cadette de la famille ducale de Lorraine, et oncles de la reine, l'Écossaise Marie Stuart. Ces étrangers sont souvent détestés par la noblesse du royaume. L'aîné, **François de Guise (1519-1563)**, est un chef de guerre prestigieux auréolé de ses succès sous Henri II. Une première tentative des nobles huguenots pour écarter les Guise du jeune roi échoue de façon sanglante à **Amboise** en **1560**.

François II meurt le 13 décembre 1560, au moment où la réunion d'états généraux ne débouche pas sur une conciliation religieuse ; le colloque de Poissy, tenu en septembre 1561, permet de mesurer l'écart entre les deux dogmes des deux religions présentes dans le royaume.

La première guerre de Religion

L'**édit de janvier 1562** autorise sous certaines conditions le culte protestant. Il mécontente les catholiques et se trouve à l'origine du **massacre de protestants à Wassy** par des hommes de l'escorte de François de Guise **(1er mars 1562)**. Là est le point de départ de la première guerre de Religion, qui culmine avec la défaite des protestants à Dreux **(19 décembre 1562)**. Après l'assassinat de François de Guise, les deux camps cessent le combat provisoirement. L'**édit d'Amboise (13 mars 1562)** reconnaît la liberté de conscience et autorise le culte dans certains lieux.

Les hésitations de la politique de Charles IX

Le roi Charles IX (1560-1574) est une figure difficile à apprécier. Majeur en 1563, on le tient souvent pour le jouet de sa mère Catherine de Médicis, qui s'efforce de le faire reconnaître dans tout le royaume. La **deuxième guerre de Religion** prend son origine dans la faiblesse du roi : le prince de Condé, chef du parti protestant, tente de s'emparer de la personne du roi au château de Monceaux, près de Meaux (26-28 septembre 1567), entraînant une nouvelle prise d'armes. Le **10 novembre 1567** a lieu la **bataille de Saint-Denis**, où les troupes royales repoussent la tentative protestante sur Paris. Après quelques succès huguenots dans la vallée de la Loire, la paix est signée à **Longjumeau (23 mars 1568)** qui reprend les termes de l'édit d'Amboise.

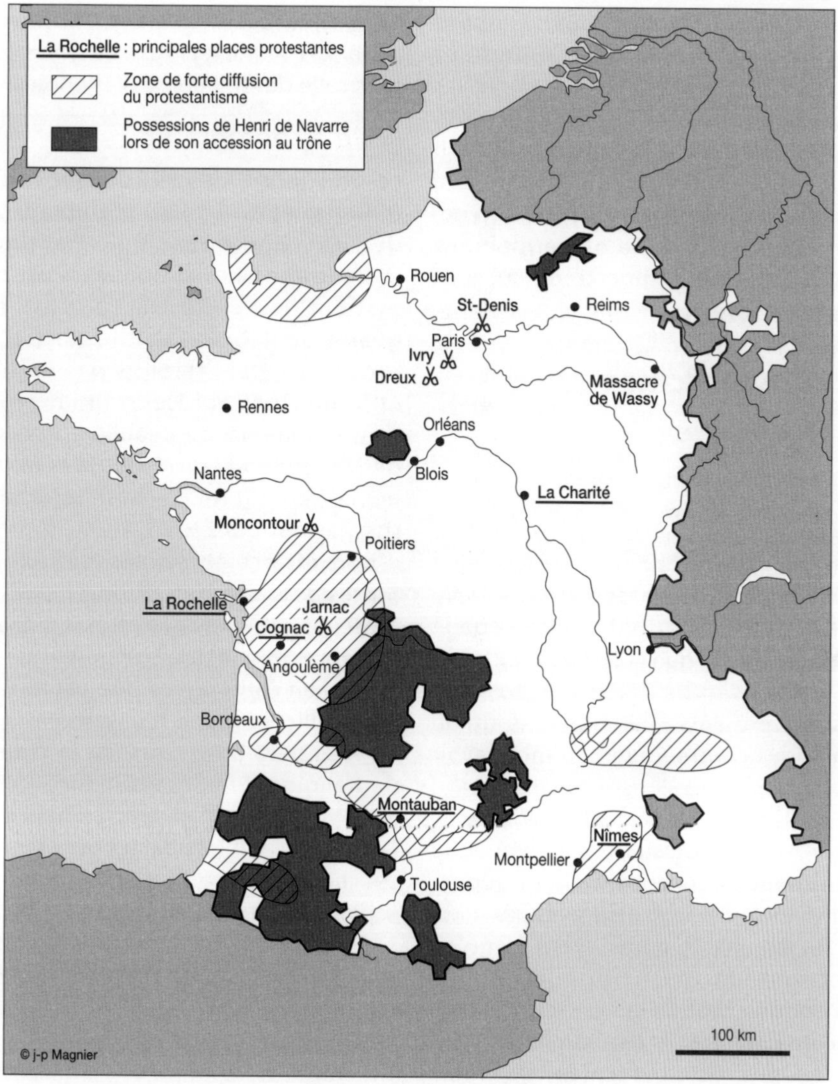

Les guerres de Religion en France

Devant un nouveau raidissement de la politique royale, les huguenots reprennent les armes : **la troisième guerre de Religion** s'ouvre en août 1568, mais culmine véritablement avec les défaites protestantes de **Jarnac (13 mars** 1569) et de **Moncontour (3 octobre 1569)**. Gaspard de Coligny, nouveau chef du parti protestant depuis la mort de Condé à Jarnac, sauve les armées huguenotes par une longue retraite où, après avoir contourné le Massif central, il remonte la vallée du Rhône et s'installe à la Charité-sur-Loire. La menace sur Paris amène, le 8 août 1568, la paix de Saint-Germain. Le pouvoir royal concède la liberté de culte et quatre places de sûreté.

Un royaume déchiré (1572-1584)

La Saint-Barthélemy

Après la paix de Saint-Germain, le roi cherche à se rapprocher des protestants. Le mariage de la sœur du roi, Marguerite de Valois, avec le protestant Henri de Navarre doit être le gage de cette nouvelle politique (18 août 1572). Il se révèle en fait le point de départ du massacre des protestants présents à Paris. Le 22 août, un attentat manqué contre Coligny semble avoir été prémédité par les Guise ; Le dimanche **24 août** 1572, jour de la Saint-Barthélemy, le meurtre des nobles protestants s'accompagne de violences populaires contre tous les huguenots de Paris. Ces violences, assumées par le roi devant le Parlement, se poursuivent jusqu'au 30 août et font entre deux et quatre mille victimes. L'**onde de choc** de la Saint-Barthélemy **se propage en province** ; le 26 août, un premier massacre a lieu à Orléans et les tueries se poursuivent dans toute la France jusqu'en octobre. La guerre reprend et ne s'achève que le 11 juillet 1573 par l'édit de Boulogne, qui accorde la liberté de conscience et une certaine liberté de culte.

Les Provinces-Unies du Midi

Après la Saint-Barthélemy, le roi a perdu sa légitimité auprès des huguenots. En décembre 1573 se tient à Millau, dans le Rouergue, une assemblée protestante qui jette les bases de **l'Union du Midi**, définitivement organisée à Nîmes en décembre 1575. Il s'agit d'une véritable république, dotée de pouvoirs comparables à ceux d'un État souverain. À partir de 1576, elle se place sous la protection de Henri de Navarre, comme les Province-Unies des Pays-Bas sous celle de Guillaume d'Orange (→ fiche 16).

Les malcontents

Le plus jeune des fils de Henri II, **François d'Alençon (1554-1584)** prend la tête du parti des « malcontents » ou **« Politiques »**, qui cherche à réconcilier huguenots et catholiques au nom de l'unité française. La **cinquième guerre de Religion** voit la prise d'armes des « malcontents », rejoints par les huguenots, et le nouveau roi **Henri III (1574-1589)** doit accepter la paix de Beaulieu, dite aussi « Paix de Monsieur », en raison du rôle joué par le jeune frère du roi. Le culte réformé est autorisé partout dans le royaume, sauf à Paris, où il doit être célébré dans les faubourgs. Les protestants obtiennent huit places de sûreté, ainsi que l'assurance d'être jugés par des chambres mi-parties, composées de magistrats aussi bien catholiques que protestants. Peu à peu, l'alliance entre « malcontents » et protestants se défait. Au cours de **la sixième guerre de Religion,** François d'Alençon combat aux côtés des troupes royales. La **paix de Bergerac (1577)** restreint les libertés des protestants. Elle est reprise par l'édit de Fleix qui met fin à la **septième guerre de Religion (1579-1580)**.

De la Ligue à l'édit de Nantes

La formation des Ligues

Les catholiques mécontents de la paix de Beaulieu organisent dès **1576** une Ligue à **Péronne**, en Picardie. Dissoute rapidement, cette ligue nobiliaire se forme de nouveau à Péronne au début du printemps 1585. Les ligueurs, dirigés par les Guise, souhaitent unifier religieusement le royaume et récusent par avance la montée sur le trône du protestant Henri de Navarre, héritier légitime depuis la mort de François d'Alençon. **Henri III rallie**

la Ligue et fait proclamer un édit réclamant des protestants, sous peine d'exil, leur abjuration **(Nemours, 15 juillet 1585)**. Sur des idéaux semblables se forme à Paris une Ligue spécifique, composée de bourgeois et dotée d'une organisation politique bien structurée.

Une crise de légitimité

La **huitième guerre de Religion** qui s'ouvre en 1585 est la crise finale. Les troupes royales se révèlent incapables de vaincre les protestants et perdent pour la première fois une bataille rangée **(Coutras, 20 octobre 1587)**. Les Parisiens, mécontents de leur roi, se révoltent **(journées des Barricades, 12-13 mai 1588)**. Un gouvernement insurrectionnel se forme à Paris alors qu'Henri III a pris la fuite. Craignant d'être détrôné par Henri de Guise, Henri III le fait assassiner au cours de la réunion des **états généraux de Blois (24 décembre 1588)** et se rapproche de Henri de Navarre. La faculté de théologie, puis le pape déposent **Henri III**, tenu pour un tyran et **assassiné par un frère dominicain (2 août 1589)**.

Henri IV, roi de raison

La ligue parisienne, devenue révolutionnaire, est reprise en mains par Mayenne, frère cadet de Henri de Guise, qui, vaincu par deux fois à Arques (27 septembre 1589) et à Ivry (14 mars 1590), cherche l'appui de l'Espagne. Les états généraux réunis par la Ligue à Paris montrent qu'il est impossible de trouver un prétendant crédible pour le trône. **L'abjuration de Henri IV (1593)** puis **son sacre (1594)** permettent de sortir de l'impasse et provoque le ralliement d'une majorité des catholiques au roi. Le 30 avril 1598, Henri IV signe à Nantes un édit proche de celui de Beaulieu, qui clôt la période des guerres de Religion.

Pistes bibliographiques

Le « Que sais-je ? » de G. Livet, *Les guerres de religion*, Paris, PUF, 1993, est une excellente initiation. Un ouvrage de référence permet désormais de faire le point sur la question : A. Jouanna (dir.), *Histoire et dictionnaire des guerres de religion*, coll. « Bouquins », Paris, Robert Laffont, 1998. Certaines monographies récentes sont particulièrement éclairantes : P. Chevallier, *Henri III*, Paris, Fayard, 1985 et J.-M. Constant, *La Ligue*, Paris, Fayard, 1996. On ajoutera N. Le Roux, *Les guerres de religion, 1559-1629*, Paris, Belin, 2014.

FICHE 15 L'Angleterre des Tudor

Henri VIII (1509-1547)

Les débuts du règne

À l'avènement de Henri VIII, la monarchie anglaise n'est équilibrée qu'en apparence. Le pouvoir royal doit compter avec le **Parlement**, composé de la **Chambre des Lords**, décimés par la guerre des Deux Roses (→ fiche 6), et la Chambre des communes, où chaque comté envoie deux députés. En pratique, le Parlement est rarement convoqué ; le roi gouverne de façon autoritaire, en s'appuyant sur son Conseil. L'administration des **comtés** est le fait de **shérifs** et de **juges** choisis par le roi, au-dessus desquels Henri VIII ajoute des **lords-lieutenants**, souvent responsables de plusieurs comtés.

Second fils de Henri VII, héritier du trône depuis la mort de son frère aîné Arthur en 1502, Henri VIII jouit à son avènement d'une grande popularité. Avec ce roi, à la fois fin lettré et impressionnant colosse, la monarchie anglaise devient soucieuse de sa majesté, tranchant ainsi avec les habitudes austères du règne précédent.

Henri VIII désire engager l'Angleterre dans une politique ambitieuse sur le continent. Allié à Ferdinand d'Aragon dont il a épousé la fille Catherine, il s'oppose à la France de Louis XII et à son allié écossais. En **1513**, les victoires de **Flodden** sur l'Écosse et de **Guinegatte** sur la France assurent la gloire du jeune roi. Le véritable artisan de la politique royale est **Thomas Wolsey (1473-1530)**, cardinal-archevêque d'York et chancelier d'Angleterre. Malgré ses efforts, l'Angleterre est alors une puissance de second plan ; ni les ambitions papales de Wolsey ni la candidature de Henri VIII au trône impérial en 1519 ne retiennent véritablement l'attention de l'Europe. Après avoir repoussé les avances de François Ier, Henri VIII se rapproche de son neveu par alliance Charles Quint et apparaît comme l'un des piliers de la domination européenne du nouvel empereur.

Cette politique de grandeur a accru les besoins financiers de la monarchie. Le Parlement convoqué en 1523 ne permet cependant pas d'augmenter suffisamment l'impôt. Dès 1527, la politique royale conduit l'État à la banqueroute. Le roi devient moins populaire et s'inquiète pour une succession encore mal assurée par une fille unique, Marie, née en 1516. Prétextant d'un passage de la Bible interdisant d'épouser la veuve de son frère, **Henri VIII décide de répudier Catherine d'Aragon** pour épouser sa maîtresse Ann Boleyn. Le refus du pape Clément VII d'accepter un tel divorce provoque une rupture majeure dans l'histoire d'Angleterre (→ fiche 4).

Les conséquences sont d'abord politiques. Wolsey, qui n'a pu obtenir l'accord du pape, est renvoyé (1529). Son successeur à la chancellerie, l'humaniste **Thomas More** (→ fiche 3), est hostile au divorce et refuse le schisme. Accusé de corruption, il est condamné à mort et **exécuté en 1535**. La monarchie prend désormais en Angleterre un caractère absolu, sinon despotique.

Une fin de règne difficile

En 1536, Henri VIII, désormais chef de l'Église d'Angleterre, sécularise les biens de l'Église qui viennent enrichir le trésor royal. Dans le Nord, attaché au catholicisme, les grands seigneurs se révoltent et sont durement réprimés. La répression ne se limite pas aux catholiques et aux familles nobles, souvent décimés : le nouveau chancelier **Thomas Cromwell (1485-1540)** essaie d'infléchir la politique anglaise vers le protestantisme, poussant le roi à épouser en quatrièmes noces Anne de Clèves ; l'échec de ce mariage entraîne la disgrâce de Cromwell, jugé et **exécuté en 1540**. Deux épouses du roi, **Ann Boleyn** et **Catherine Howard**, voient également leur disgrâce les conduire à l'échafaud.

La politique étrangère des dernières années est peu fructueuse. Henri VIII, de nouveau allié à Charles Quint, affronte l'alliance franco-écossaise comme au début de son règne. Vainqueurs des Écossais (bataille de Solway Moss, 1542), les

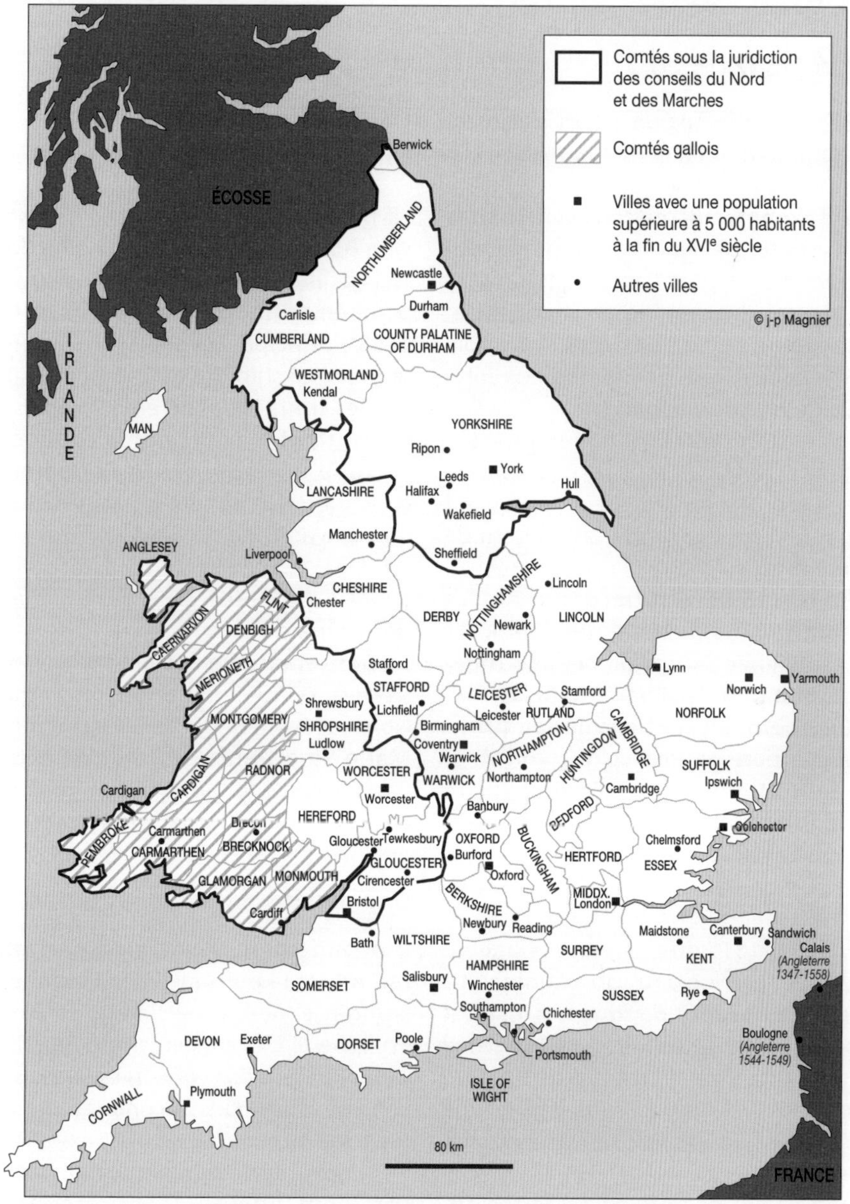

Source : F.-J. Ruggiu, *L'Angleterre des Tudors aux premiers Stuarts (1509-1660)*, SEDES, 1998.

L'Angleterre et le Pays de Galles au XVIe siècle

Anglais s'emparent également de Boulogne mais restituent la place aux Français à la paix d'Ardres en 1546.

Deux règnes de transition

Édouard VI (1547-1553)

Né en 1537, l'**unique fils de Henri VIII** n'est encore qu'un enfant à la mort de son père qui l'a fait entourer d'un Conseil de régence. Prince humaniste, il a longtemps été considéré comme faible, voire chétif, par une tradition historiographique erronée. Il n'en demeure pas moins que le jeune roi est dominé par son oncle, Édouard Seymour, duc de Somerset, véritable régent d'Angleterre, puis par l'ambitieux John Dudley, duc de Northumberland.

Le règne d'Édouard est marqué par de nombreuses difficultés internes comme externes. La frontière nord du royaume est menacée par les Écossais, tandis qu'éclatent de multiples révoltes.

En janvier 1553, Édouard donne les premiers signes de la maladie qui l'emporte finalement le 6 juillet. Northumberland organise la succession : les deux demi-sœurs du roi, Marie et Élisabeth, en sont exclues au profit de **Jane Grey**, arrière-petite-fille de Henri VII et belle-fille de Northumberland. Cette dernière règne neuf jours (10-19 juillet 1553), avant d'être renversée par Marie Tudor.

Marie Tudor (1553-1558)

Marie est née en 1516 du premier mariage de Henri VIII avec Catherine d'Aragon. Longtemps tenue à l'écart de la cour de son père, elle est restée profondément attachée au **catholicisme romain**. Populaire, il ne lui est pas difficile de rallier le peuple de Londres pour y faire une entrée triomphale après avoir renversé l'éphémère Jane Grey.

Le grand projet de la reine est la restauration du catholicisme. Elle épouse Philippe, fils de Charles Quint et futur roi d'Espagne, en **1554**. Cette politique entraîne un soulèvement protestant, dirigé par Thomas Wyat. La répression est farouche, qui voit mourir sur l'échafaud des centaines de martyrs du protestantisme anglais, parmi lesquels Northumberland, son fils et sa belle-fille, Jane Grey. La reine gagne alors le surnom de **Bloody Mary** – Marie la sanglante – et son alliance avec l'Espagne la rend définitivement impopulaire. Elle meurt sans héritier en novembre 1558.

Élisabeth (1558-1603)

La reconstruction de la monarchie

La fille de Henri VIII et de sa seconde femme, Ann Boleyn, est née en 1533. Elle doit d'abord réorganiser les pouvoirs, en s'appuyant sur une poignée de fidèles, comme **William Cecil (1520-1598)**, principal conseiller de la reine jusqu'à sa mort. La stabilité du personnel politique est un des traits les plus remarquables du règne, contrastant avec les nombreuses crises de la période précédente. Le Parlement est peu convoqué et Élisabeth gouverne en souveraine presque absolue.

Dès 1559, Élisabeth a rétabli l'Acte de Suprématie de son père, devenant ainsi le chef de l'Église d'Angleterre (→ fiche 4). Ce retour au protestantisme entraîne de violentes oppositions ; en 1569, les seigneurs catholiques du Nord se révoltent, soutenus par la reine d'Écosse **Marie Stuart** qui s'est réfugiée en Angleterre l'année précédente. Âme de plusieurs complots catholiques, elle est finalement exécutée en 1587.

Une grande puissance protestante

Profondément hostile au catholicisme et redoutant la puissance de l'Espagne, Élisabeth s'engage peu à peu dans la lutte contre Philippe II. Des corsaires comme Francis Drake s'en prennent aux convois espagnols et l'Angleterre se lance dans la conquête de l'Amérique (→ fiche 13).

L'Angleterre s'implique dans les affaires du continent, appuyant les protestants français dans les guerres de Religion (→ fiche 14) et s'opposant à la politique espagnole de reconquête des Pays-Bas. La tension avec l'Espagne ne fait que croître dans les années 1580. Après le raid de Francis Drake sur Cadix (1587), Philippe II décide de punir les Anglais. Une vaste expédition, connue sous le nom d'**Invincible Armada**, est organisée pour la conquête de l'île, mais échoue dans la Manche, vaincue aussi bien par la tempête que par les marins anglais **(1588)**. La guerre contre l'Espagne ne s'en poursuit pas moins pendant toute la fin du règne, la paix n'intervenant qu'en 1604.

La conquête de l'Irlande s'achève sous le règne d'Élisabeth. Héritière de Henri VIII, qui avait créé pour assurer sa domination sur l'Île une couronne d'Irlande (1541), la reine parvient à écraser les dernières résistances de nobles profondément attachés au catholicisme (1603).

La civilisation élisabéthaine

L'économie anglaise connaît un essor notable. La reine et ses conseillers sont adeptes du mercantilisme et soutiennent la création de manufactures et de compagnies commerciales qui se lancent dans le commerce maritime, aussi bien en direction de la Baltique que de la Méditerranée ou des Indes.

Avec le règne d'Élisabeth, l'Angleterre entre véritablement dans le mouvement européen de la Renaissance. Les influences antiques et étrangères sont multiples, qui n'empêchent pas l'essor d'une culture véritablement nationale, dont Shakespeare (1564-1616) est le représentant le plus brillant.

Pistes bibliographiques

B. Cottret, *Histoire d'Angleterre, XVIe-XVIIIe siècles*, Paris, PUF, 2003 et, du même auteur, *Henri VIII*, Paris, Payot, 1999. S. Jettot et Fr.-J. Ruggiu, *L'Angleterre à l'époque moderne*, Paris, Armand Colin, coll. « Mnémosya », nelle éd. 2021.

FICHE 16 Les Pays-Bas et la naissance des Provinces-Unies

L'héritage bourguignon

Une construction politique originale

Les ducs de Bourgogne, branche cadette de la maison de Valois, ont construit leur domaine des Pays-Bas à partir du mariage de Philippe le Hardi avec Marguerite, héritière du comté de Flandre. Charles le Téméraire (→ fiche 6), dernier duc, a considérablement développé les institutions des Pays-Bas. Maximilien de Habsbourg, gendre du Téméraire, a fait des Pays-Bas une des bases de sa puissance dont Charles Quint est l'héritier.

Le gouvernement sous Charles Quint

Le gouvernement des provinces est confié à la haute noblesse qui protège les libertés et franchises de ce monde fortement urbanisé (→ fiche 1). Charles est représenté par une régente, d'abord sa tante Marguerite d'Autriche, puis à partir de 1530, sa sœur Marie de Hongrie, veuve du roi Louis II (→ fiche 10). L'éloignement de Charles Quint est en partie à l'origine des tensions qui naissent dans les années 1530. L'empereur doit, en 1540, mater la révolte de Gand. Le climat de confiance entre les Habsbourg, héritiers des ducs de Bourgogne, se dégrade, tandis que le cercle de Bourgogne, regroupant Pays-Bas et Franche-Comté, est détaché de l'Empire pour former une partie de l'héritage du prince Philippe, futur roi d'Espagne (→ fiche 9).

La révolte des Pays-Bas

Après le traité de Cateau-Cambrésis, Philippe II a réorganisé l'Église des Pays-Bas, mécontentant la noblesse qui s'estime lésée par la redistribution des bénéfices ecclésiastiques.

En 1561, les garnisons espagnoles se retirent des Pays-Bas pour éviter les heurts avec les habitants. Les tensions n'en demeurent pas moins. Un soulèvement éclate en 1566, largement inspiré par le **calvinisme** qui se diffuse alors rapidement (→ fiche 4). Au cours de l'été, les réformés se livrent à des manifestations iconoclastes, prélude à une véritable fracture religieuse. Les insurgés sont défaits le 13 mars 1567, tandis que le **duc d'Albe** arrive aux Pays-Bas avec des troupes espagnoles.

Afin de mater la noblesse, Albe met en place le Conseil des troubles qui organise une sévère répression. Il fait exécuter le 5 juin 1568 les comtes d'Egmont et de Horne, vieux serviteurs de Charles Quint, afin d'impressionner la noblesse.

La terreur conduit à partir de 1568 à l'action des « gueux », dirigés par **Guillaume d'Orange** et son frère Louis de Nassau, pratiquant aussi bien les coups de main sur terre que la guerre de course sur mer, tout en attendant l'aide de l'Angleterre et des huguenots français.

En 1573, un nouveau gouverneur espagnol, **Luis de Requesens**, s'efforce de mener une politique moins dure que celle du duc d'Albe. Son successeur (1576), **Don Juan d'Autriche**, demi-frère naturel de Philippe, tente même de réunifier les provinces. À sa mort, en 1578, cependant, la partition apparaît inévitable. Les provinces catholiques forment l'**Union d'Arras (6 janvier 1579)**, à laquelle les protestants répondent par l'**Union d'Utrecht (23 janvier 1579)**.

Alexandre Farnèse, gouverneur à partir de 1579, reprend la plupart des places fortes du sud, ruinant Anvers en 1585. Les provinces rebelles décident alors de fermer l'Escault à la navigation. La rupture est désormais définitive. Les provinces catholiques du sud se rallient à Philippe II qui confie les Pays-Bas à sa fille Isabelle et à son mari, l'archiduc Albert d'Autriche.

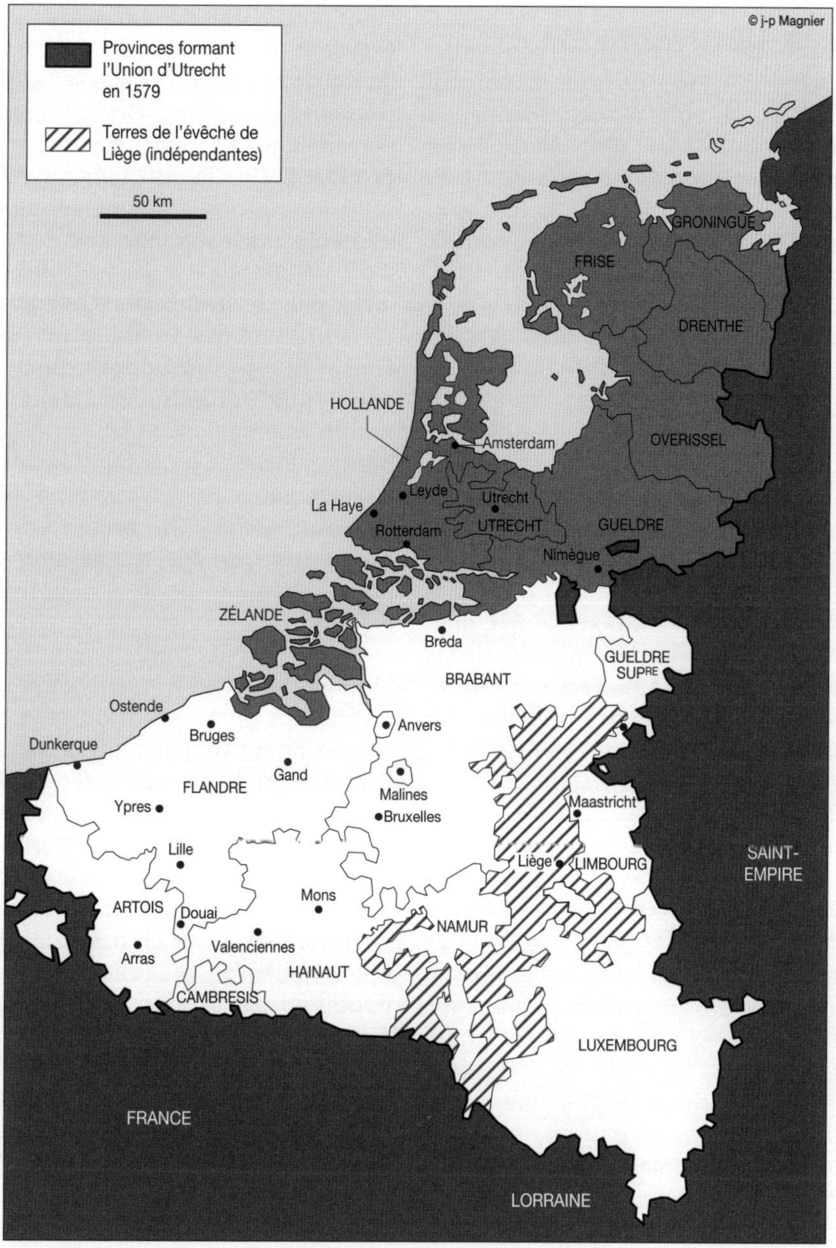

Les Pays-Bas au XVIe siècle

FICHE 16

Les Provinces-Unies au XVIIe siècle

Une structure complexe

La **Hollande** forme avec la Zélande l'ensemble le plus développé. L'ouverture sur la mer, qui est le fait des grands ports d'**Amsterdam** et de **Rotterdam**, a favorisé l'essor d'une bourgeoisie marchande prospère qui aspire à dominer l'ensemble des Provinces-Unies. Plus au sud, la province d'**Utrecht** fonde sa richesse autant sur le commerce que sur une agriculture intensive. Les quatre provinces du nord et de l'ouest, **Frise, Groningue, Overyssel et Gueldre** sont beaucoup moins développées ; le poids de la noblesse y est encore important.

L'organisation politique est de type fédéral. Chaque province réunit régulièrement des États, mais confie sa défense à un **stathouder**, gouverneur militaire. Les princes d'Orange cumulent les stathoudérats. À La Haye se tient l'assemblée des états généraux, où chaque province ne dispose que d'une seule voix, mais le Grand Pensionnaire, qui défend les droits de la Hollande, joue un rôle très important. Les états généraux s'occupent avant tout des affaires diplomatiques et militaires.

L'évolution politique

Le système engendre des tensions politiques et les querelles religieuses sur la grâce entre arminiens, plutôt souples, et gomaristes, tenants d'une prédestination absolue, recoupent souvent les antagonismes régionaux. La maison d'Orange penche plutôt pour le **gomarisme**. Le synode de **Dordrecht**, où sont présents des délégués de toute l'Europe calviniste, voit la victoire du gomarisme **(1619)**. Une stricte orthodoxie calviniste règne désormais avec les princes d'Orange, vrais maîtres des Provinces-Unies. Quand meurt **Maurice de Nassau en 1625**, son demi-frère, **Frédéric-Henri**, se révèle moins rigoureux.

Arrivé au pouvoir en 1647, Guillaume II, fils de Frédéric-Henri, est un partisan de la guerre à outrance avec l'Espagne. La paix (→ fiche 19) est cependant accueillie favorablement par les Hollandais : elle confirme l'indépendance, offre le nord de la Flandre et du Brabant (pays dit de la généralité). Les bouches de l'Escaut demeurent fermées et les conquêtes hollandaises dans les Indes portugaises ne sont pas remises en cause. Guillaume II tente alors un coup de force contre les Hollandais qui provoque la rupture entre les ceux-ci et la Maison d'Orange. Lorsqu'il meurt peu après, le stathoudérat est supprimé. Son fils posthume, Guillaume III, ne peut jouer aucun rôle : les Province-Unies entrent alors dans leur **véritable phase républicaine**.

La Hollande et quatre autres provinces n'ont plus de stathouder. Guillaume-Frédéric, de la branche cadette de la maison d'Orange, conserve les stathoudérats de Frise et de Groningue. Au début de l'année 1651, une grande assemblée des états généraux rend une bonne partie de leurs libertés aux provinces. La Hollande, grâce au Grand Pensionnaire Jean de Witt (1652-1672), connaît une période de prospérité et de liberté. Elle renforce sa flotte et devient à elle seule une grande puissance en Europe.

L'invasion française (→ fiche 23) met fin à ce régime. Les orangistes, qui complotent depuis longtemps la restauration du stathoudérat pour le prince Guillaume, profitent de la crise. Guillaume III devient d'abord capitaine général, puis stathouder de Hollande et de Zélande. Peu après, la foule massacre les frères de Witt : le système républicain n'est plus qu'une façade.

Guillaume III, âme des coalitions européennes contre la France de Louis XIV, devient un véritable souverain. Il contrôle les municipalités et exerce tous les pouvoirs militaires, étant capitaine général et amiral héréditaire. Il s'appuie sur des Grands Pensionnaires dévoués, Fagel jusqu'en 1688, puis **Heinsius** qui exerce la charge de 1689 à 1720. Devenu roi d'Angleterre (→ fiche 24), il laisse à ce dernier la réalité du pouvoir aux Provinces-Unies. À la mort de Guillaume III, son neveu Jean-Guillaume lui succède (1702-1711).

La civilisation hollandaise

La tolérance religieuse est un des traits marquants de la Hollande. Le catholicisme y survit et le protestantisme ne se limite pas à l'orthodoxie calviniste : les luthériens y côtoient les adeptes de différentes sectes et des juifs, parmi lesquels beaucoup descendent de réfugiés venus d'Espagne et du Portugal.

La Hollande est l'un des grands pôles intellectuels et artistiques de l'Europe. L'université de Leyde, fondée en 1575 par Guillaume Ier d'Orange, est un foyer d'humanisme ; Descartes en fait son lieu de séjour préféré de 1628 à 1644, tandis qu'Amsterdam est la patrie de **Spinoza (1632-1677)**. L'école hollandaise de peinture voit l'éclosion de génies tels **Vermeer de Delft (1632-1675)** et **Rembrandt (1607-1669)**.

FICHE 16

Les Pays-Bas espagnols au XVIIe siècle

Pays-Bas et Franche-Comté sont confiés en 1598 à l'**infante Isabelle**, fille de Philippe II, et à son mari, l'archiduc **Albert d'Autriche**. Après la mort d'Albert (1621) l'autorité d'Isabelle n'est plus que celle d'un simple gouverneur, et à la mort de cette dernière (1633), les provinces passent sous la tutelle pure et simple de l'Espagne. Dominées politiquement et ruinées par la guerre de Trente Ans, elles entrent, après un début de redressement sous Albert et Isabelle, dans une période de marasme.

Pistes bibliographiques

Le classique de H. Pirenne, *Histoire de la Belgique*, 1935, reste un ouvrage de référence. Les livres de G. Parker sont très utiles, en particulier *The Dutch Revolt*, London, Pelican, 1990 ; Chr. De Voogd, *Histoire des Pays-Bas*, Paris, Fayard, 2002. Sur les Provinces-Unies, le livre de J. Israel, *The Dutch Republic*, Oxford University Press, 1995. En français, la synthèse la plus récente est T. Allain, A. Nijenhuis-Bescher, R. Thomas, *Les Provinces-Unies à l'époque moderne*, Paris, Armand Colin, coll. « U », 2019.

FICHE 17 L'Europe du Nord et de l'Est au XVIe siècle

Les royaumes scandinaves

Le Danemark

Le Danemark fonde sa prospérité sur le commerce maritime et la richesse de ses productions agricoles, en particulier dans la péninsule du Jutland. Longtemps uni à la Suède, il s'en est séparé en 1521, mais conserve la Norvège et la Scanie, dont la possession le rend maître du détroit du **Sund**, essentiel aux marchands de l'Europe du Nord-Ouest comme aux royaumes de Pologne et de Suède.

Après le bain de sang de Stockholm et la chute de Christian II (→ fiche 6), un nouveau roi, **Frédéric Ier**, est proclamé au Danemark (1523) puis en Norvège (1524). Sans lutter contre le catholicisme, il laisse se propager la Réforme luthérienne dans ses États et doit faire face à une vaine tentative de restauration de Christian II, soutenu par Charles Quint (1531).

Son fils **Christian III (1533-1559)** sécularise les biens de l'Église et fait du luthéranisme la religion de l'État. Il règne en s'appuyant sur la haute noblesse, maîtresse aussi bien de la terre que des charges publiques. Par un véritable coup de force, il met fin à l'autonomie de la Norvège qui est *de facto* annexée en 1536. En 1544 est signée la paix de Spire avec Charles Quint qui permet d'assurer de bonnes relations entre son royaume et le Saint-Empire. Christian III s'engage à ne plus soutenir les princes protestants d'Allemagne contre l'empereur (→ fiche 10).

Frédéric II (1559-1588) se révèle le plus ambitieux des rois de Danemark au XVIe siècle. La couronne s'enrichit des taxes prélevées sur le passage des navires dans le Sund, et peut ainsi accroître la puissance militaire du Danemark, qui se dote d'une puissante flotte de guerre. En 1563, rêvant de rétablir à son profit l'union des trois couronnes scandinaves et allié à la Pologne, il se lance dans une coûteuse guerre contre la Suède. La paix de Stettin (1570) confirme néanmoins le *statu quo* dans la Baltique. La prospérité du royaume lui permet de se sortir de difficultés financières causées par la guerre.

Christian IV (1588-1648) n'a que onze ans à la mort de son père, mais la régence se fait sans difficulté dans un pays devenu la première puissance du Nord. Majeur en 1596, il se révèle extrêmement ambitieux, organisant de grandes expéditions coloniales vers l'Amérique et l'Inde, avant de s'engager dans la guerre de Trente Ans (→ fiche 19).

La Suède

Gustave Ier Vasa (1528-1560) organise la monarchie suédoise. Au contraire du Danemark voisin, la Suède est peu aristocratique. La couronne emploie de nombreux bourgeois et les révoltes nobiliaires sont matées. Le luthéranisme permet d'enrichir l'État par la sécularisation des biens d'Église, mais est aussi un moyen de renforcer l'identité nationale. La traduction de la Bible permet d'affirmer la langue suédoise au détriment du danois. Gustave Ier s'efforce également de développer l'économie du pays, en particulier la métallurgie. En 1556, il crée un duché de Finlande aux abondantes ressources en bois et le confie à son deuxième fils, Jean.

Éric XIV (1560-1568), fils aîné, hérite du trône et poursuit l'œuvre de son père. Devant la menace danoise, il cherche à créer une noblesse militaire dévouée à la monarchie et s'efforce de s'installer solidement dans la Baltique. Sous son règne, les Suédois prennent pied à Revel (aujourd'hui Tallinn) en Estonie (1561), inquiétant la Pologne. Cette dernière s'allie à Jean, duc de Finlande et demi-frère d'Éric XIV. Le conflit entre les deux fils de Gustave Vasa tourne finalement au profit de Jean, soutenu par une noblesse soucieuse de retrouver de plus larges privilèges. Éric XIV meurt en prison en 1569.

Le règne de **Jean III (1569-1592)** marque une rupture par rapport à la période précédente.

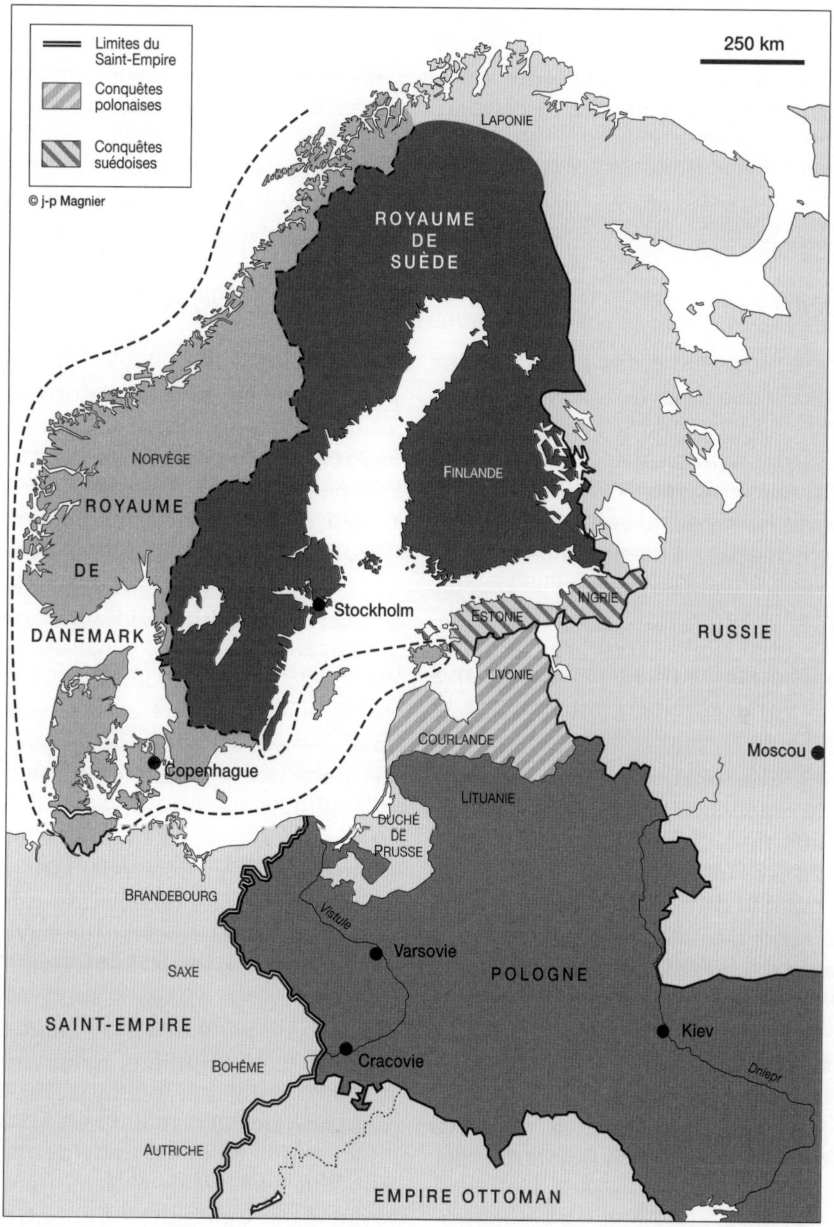

L'Europe du Nord et de l'Est à la fin du XVIe siècle

Marié à une princesse polonaise, il cherche à se rapprocher du catholicisme ; son fils et successeur Sigismond, roi de Pologne, est un catholique zélé. Il est détrôné (1599) par le plus jeune des fils de Gustave Ier, Charles, d'abord régent puis roi sous le nom de **Charles IX (1600-1604)**. Sigismond doit se contenter de la Pologne. La Suède revient alors au strict luthéranisme dont elle est le champion au siècle suivant.

La Pologne

La monarchie

La dynastie lithuanienne des Jagellon s'est aisément maintenue (→ fiche 6) ; **Sigismond Ier (1506-1548)** et **Sigismond II (1548-1572)** se succèdent sans difficultés. La noblesse freine cependant la modernisation de l'État et affaiblit la Pologne, qui conserve une armée fondée sur le service féodal à l'heure où les armées professionnelles triomphent partout en Europe.

La puissance territoriale reste intacte ; la Pologne intègre la **Livonie** et la **Prusse**, de même que la Lithuanie, qui n'avait connu qu'un simple régime d'union personnelle jusqu'en 1569. L'**union de Lublin en 1569** crée une monarchie élective avec une constitution qui fait de la Pologne une république aristocratique.

À la mort de Sigismond II, la noblesse, souvent gagnée au calvinisme, cherche un souverain capable de maintenir ses privilèges et de faire régner la tolérance religieuse. Le Français **Henri d'Anjou** est choisi en **1573**, mais il abandonne le trône dès l'année suivante pour succéder à son frère Charles IX en France (→ fiche 14). Le Hongrois **Étienne Bathòry**, déjà prince de la Transylvanie, est élu à son tour et règne jusqu'en **1587**. Il s'efforce de créer une armée moderne et tient tête à Ivan le Terrible. À sa mort, le fils du roi de Suède Jean III et d'une princesse de la famille des Jagellon, **Sigismond III Vasa**, inaugure **une nouvelle dynastie**, portée vers une politique agressive à l'égard de la Russie et de la Suède. Incapable de se maintenir en Suède, Sigismond se tourne vers les Habsbourgs et s'efforce d'ancrer la Pologne dans le camp catholique.

La société

Le poids de la noblesse est exorbitant dans tous les domaines. Elle augmente son contrôle sur la terre et impose à la paysannerie un ensemble de contraintes qui donne naissance à ce que les historiens ont appelé le « **second servage** », par analogie avec le Moyen Âge occidental. De grands domaines se constituent, qui permettent aux nobles polonais de s'enrichir dans le commerce des céréales.

La Russie

Deux grands tsars

Basile (Vassili) III (1503-1533) succède à son père Ivan III (→ fiche 6) et continue à unifier les terres russes, menant des guerres contre les Suédois, les Polonais et les Tatars, vassaux de l'Empire ottoman. À sa mort, son héritier est mineur et la régence donne lieu à de sanglants affrontements entre clans de boyards.

Ivan IV ne règne véritablement qu'à partir de **1544**. Vainqueur des Tatars, il s'empare de Kazan (1552), puis d'Astrakhan (1556) ; il mène également de longues guerres contre la Pologne. Le caractère absolu de son pouvoir vaut à Ivan IV le surnom de Terrible. La volonté de soumettre la société entraîne des tensions intérieures qui affaiblissent la Russie. S'il parvient à repousser de nouvelles incursions tatares en 1572, il doit céder face aux Polonais et aux Suédois qui occupent tout le littoral de la Baltique. **La Russie reste un pays enclavé.**

Lorsque meurt en 1584 Ivan le Terrible, qui avait lui-même assassiné son héritier Alexis, s'ouvre une **période d'incertitudes**. L'aîné des deux fils qui ont survécu, Fédor, règne de 1584 à 1599, tandis que le plus jeune, **Dimitri**, est **assassiné en 1591**.

Le temps des troubles

Fédor meurt sans postérité et un **zemski sobor,** littéralement « assemblée de la terre », sorte d'états généraux, élit un nouveau tsar, **Boris Godounov**. Sa légitimité est contestée par un aventurier, soutenu par la Pologne, qui se fait passer pour Dimitri. Le **faux Dimitri** parvient à entraîner derrière lui un véritable soulèvement :

Boris est **assassiné** et le faux **Dimitri couronné tsar en 1605**. Son catholicisme et ses liens avec la Pologne lui sont pourtant fatals. Il est à son tour mis à **mort en 1606**.

Le pays sombre alors dans l'anarchie ; des tsars sans légitimité réelle se succèdent, tandis que la Suède et la Pologne envahissent une fois encore le pays. En **1613**, un homme nouveau émerge des troubles et rétablit l'autorité impériale : **Michel Romanov**, fondateur de la dynastie qui règne sur la Russie jusqu'en 1917.

Un pays en marge de l'Europe

Les troubles politiques s'ajoutent aux hivers rigoureux pour rendre la vie de la paysannerie russe très difficile. Peu à peu, pour échapper aux seigneurs, celle-ci émigre vers les terres du Sud qu'Ivan IV s'efforce de coloniser pour endiguer la poussée des Tatars, tandis que les premières expéditions des cavaliers cosaques en Sibérie ouvrent des perspectives pour les siècles suivants.

L'ouverture sur l'Europe reste minime. Il faut cependant signaler la présence de plus en plus régulière de marchands anglais qui cherchent à pénétrer un pays aux possibilités encore très mal connues en Occident.

Pistes bibliographiques

Pour l'histoire de la Scandinavie, on aura d'abord recours à É. Schnakenbourg et J.-M. Maillefer, *La Scandinavie à l'époque moderne*, Paris, Belin, 2010. Pour les histoires nationales, on ajoutera les volumes de la collection « Nations d'Europe » : A. Helle, *Histoire du Danemark*, Paris, Hatier, 1994 et J.-P. Mousson-Lestang, *Histoire de la Suède*, Paris, Hatier, 1995. Sur la Russie, la synthèse classique de N. Valentinovitch Riasanovsky, *Histoire de la Russie*, trad. fr., Paris, Robert Laffont, 1987 est toujours valable ainsi que le très riche recueil de documents de M. Laran et J. Saussay, *La Russie ancienne*, Paris, Masson, 1975. Deux ouvrages plus récents : P. Gonneau, *Des Rhôs à la Russie, Histoire de l'Europe Orientale (730-1689)*, Paris, PUF, coll. « Nouvelle Clio », 2012 et *Histoire de la Russie, d'Ivan le Terrible à Nicolas II*, Paris, Tallandier, 2016. Du même auteur, *Ivan le Terrible ou le métier de tyran*, Paris, Tallandier, 2014. Sur la Pologne, N. Davies, *Histoire de la Pologne*, trad. fr., Paris, Fayard, 1996 et D. Beauvois, *La Pologne des origines à nos jours*, Paris, Seuil, 2014.

DEUXIÈME PARTIE

Ordre et crises : le XVIIe siècle

FICHE 18

Un siècle difficile : l'économie européenne au XVIIe siècle

Le XVIIe siècle a la réputation d'être un siècle difficile pour les économies européennes. Certaines régions du continent entrent alors dans un sommeil de plusieurs siècles, tandis que même les pays les plus dynamiques connaissent un ralentissement sensible. Cependant le XVIIe siècle jette aussi les bases de la croissance remarquable du siècle suivant, aussi bien par la multiplication des routes commerciales que par les innovations financières.

La dépression et ses facteurs

La stagnation démographique

Après la croissance du « beau XVIe siècle », le XVIIe siècle semble bien plus terne (→ fiche 1). Pour l'**Europe méditerranéenne**, cette stagnation prend parfois des allures de **régression**. Ainsi la baisse démographique que connaît l'Espagne a-t-elle des conséquences économiques désastreuses : le marché intérieur se rétracte et dans bien des régions, le sous-développement se transforme en fatalité.

Les faiblesses agricoles

Les rendements tendent à se stabiliser et empêchent une véritable croissance démographique qui tirerait les économies européennes. L'absence d'innovation entraîne le maintien du système traditionnel où alternent sur deux ou trois ans **jachère** et céréales. Toutes les surfaces sont utilisées pour ces cultures et l'élevage devient de plus en plus rare. L'alimentation de l'Européen du XVIIe siècle est moins riche et moins variée que celle de ses aïeux du début du siècle précédent.

À cet immobilisme s'ajoutent d'autres facteurs aggravants dans l'Europe méridionale : le **poids des prélèvements**, qu'ils viennent de l'État, de l'Église ou du seigneur, et les mauvaises conditions climatiques qui font parler de **« petit âge glaciaire »**. Dans les régions méditerranéennes, le gel entraîne parfois la perte irréparable de la vigne et de l'olivier.

À partir de la guerre de Trente Ans, rares sont les régions de l'Europe qui échappent aux **ravages causés par le passage des armées**. Les guerres civiles, comme la révolution d'Angleterre (→ fiche 24) ou la Fronde (→ fiche 21) frappent les riches bassins céréaliers de Londres et de Paris.

Les crises de la manufacture

L'Europe n'est pas touchée partout de la même façon, mais le marasme des campagnes implique une baisse de la demande des produits manufacturés, avant tout textiles. Dans certains cas, la crise est catastrophique : en Italie, on estime que la production textile, fleuron des économies transalpines depuis le Moyen Âge, s'effondre de 90 % entre 1600 et 1630. Seule la Hollande résiste, tout en traversant elle aussi une passe difficile au milieu du siècle.

Les éléments de renouveau

Rareté de l'innovation agricole

Les produits américains progressent. Ainsi le **maïs** se diffuse-t-il dans la France méridionale, à l'instar des **tomates** et des **pommes de terre** au Piémont et dans le Milanais. En Hollande l'introduction des plantes à bulbes, venues du Japon, provoque une spéculation effrénée (1636).

Les techniques progressent lentement. Les Hollandais conquièrent des terres nouvelles sur l'Océan et exportent leur savoir-faire, comme en France où est asséché en partie le marais poitevin au début du XVIIe siècle, mais aussi en Languedoc ou en Italie du Nord. Irrigation et drainage progressent également en Angleterre où se poursuit le mouvement des **enclosures** (→ fiche 1).

La supériorité des agricultures hollandaise et, dans une moindre mesure, anglaise, est de

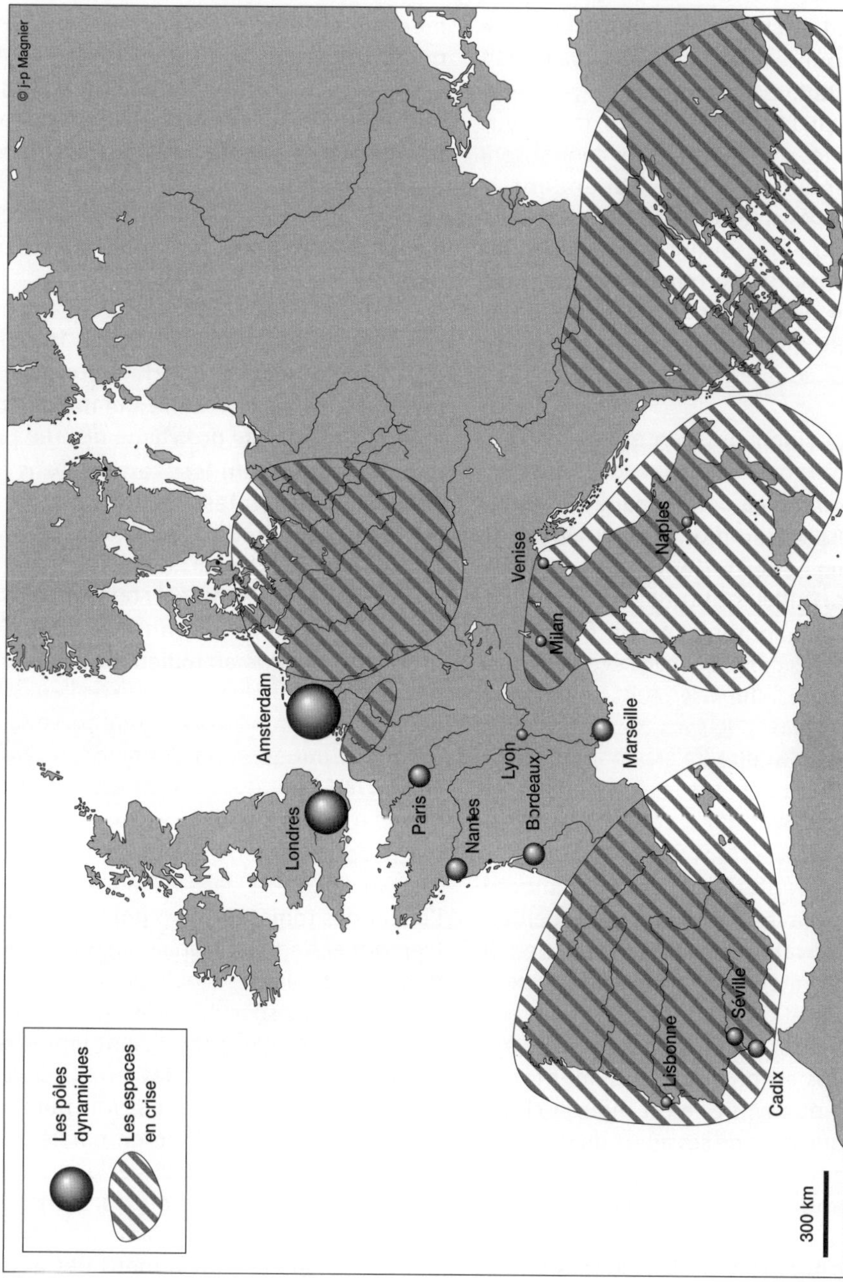

L'économie européenne au XVIIe siècle

sortir du cercle vicieux précédemment décrit. Abandonnant la pratique de la jachère, les agriculteurs de l'Europe du Nord-Ouest développent de **nouvelles cultures**, en particulier celles des plantes fourragères. L'élevage peut se développer, tandis que la quantité d'engrais d'origine animale augmente, à quoi il faut ajouter chaulage et marnage qui améliorent aussi les rendements de la terre.

Le grand commerce maritime

Les **Indes orientales** sont la grande affaire du siècle (→ fiche 26) et entraînent la naissance de compagnies à charte. La compagnie anglaise des Indes orientales est la plus ancienne (1600), mais le modèle que tous vont imiter naît en 1602 : la **VOC**, compagnie néerlandaise des Indes orientales.

Le développement des **plantations sucrières** entraîne la croissance de l'esclavage. Dans l'Atlantique, le commerce des esclaves augmente lentement au cours du siècle. Monopole portugais au XVIe siècle, la **traite négrière** devient l'affaire des Hollandais qui installent un premier comptoir sur la côte du golfe de Guinée en 1598. Dès les années 1630, la compagnie hollandaise des Indes occidentales a la haute main sur le commerce des esclaves en direction du Brésil, mais aussi de l'empire espagnol. Dans les années 1620, on estime que les Hollandais font passer 10 000 esclaves par an dans le Nouveau Monde. Le retour des Portugais au milieu du siècle stimule le commerce des esclaves ; Français et Anglais entrent dans la compétition et dès les années 1690, tout est prêt pour la grande expansion du XVIIIe siècle (→ fiche 41).

À partir de 1695, les commerces atlantiques préparent la reprise économique, surtout grâce à l'or du Brésil, convoité par l'Angleterre qui met la main sur l'empire portugais grâce au traité de Methuen de 1703.

En Europe, le commerce de la **Baltique** reprend à partir des années 1680, comme celui de la **Méditerranée**.

Banque et crédit

La banque d'**Amsterdam** ouvre en **1609**. Il s'agit d'une banque de dépôt qui permet les paiements et les virements de compte à compte, mais n'offre pas de possibilité de crédits.

La banque de **Stockholm** qui date de **1650** permet aussi dépôts et virements, mais innove par l'émission de billets en quantité supérieure à l'encaisse métallique en dépôt.

La banque d'**Angleterre** est créée par le Parlement en **1694**. Comme les deux précédentes, elle pratique dépôts et virements. Elle possède en outre le monopole de l'émission des billets et pratique aussi l'escompte. Le succès est tel que la banque doit doubler son capital dès 1697. Une banque d'Écosse est ouverte sur le même modèle en 1695.

Pistes bibliographiques

On se reportera aux ouvrages classiques cités dans les pistes bibliographiques de la fiche 2.

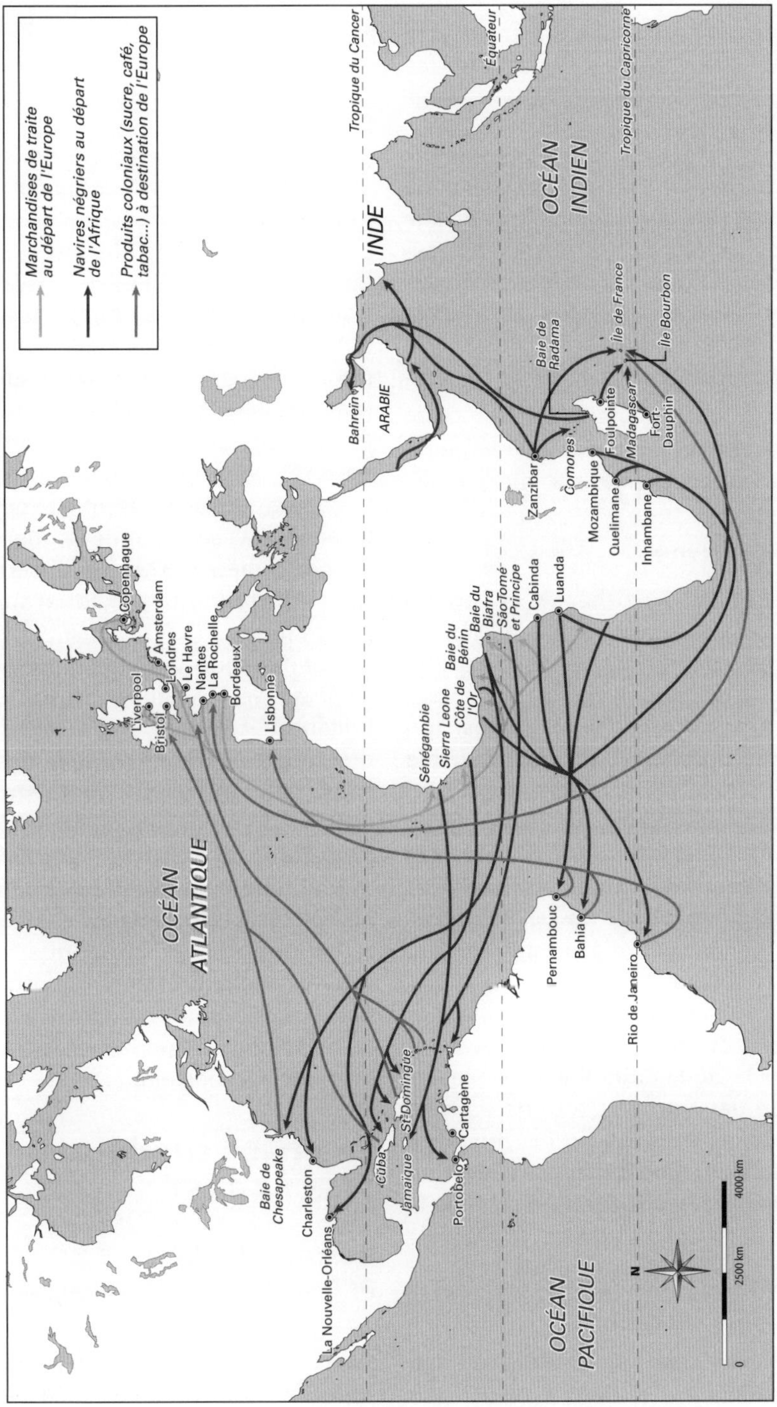

Les circuits du commerce négrier

FICHE 19 La guerre de Trente Ans

La guerre de Trente Ans n'est pas un simple conflit entre puissances pour la suprématie en Europe. Il s'agit d'affrontements qui mêlent rivalités religieuses, querelles dynastiques et ambitions territoriales. Le théâtre principal est l'Allemagne pour qui la période représente un véritable séisme.

Une crise dans le Saint-Empire (1618-1629)

L'affaire de Bohême

L'empereur **Mathias** (→ fiche 10) est également **roi de Bohême**. La couronne de Bohême doit passer à sa mort sur la tête de son cousin Ferdinand. Cette dévolution déplaît aux nobles tchèques, majoritairement calvinistes, qui considèrent que la **Bohême** est une **monarchie élective** et refusent un roi ouvertement partisan de la reconquête catholique. **Le 23 mai 1618, les envoyés de l'empereur sont défenestrés à Prague** et l'année suivante, les Tchèques choisissent comme roi non le nouvel empereur Ferdinand II, mais un prince protestant d'Allemagne, l'Électeur palatin Frédéric V.

Deux camps se constituent en Allemagne; face aux États protestants de l'Union évangélique se dresse la **Ligue Catholique** dirigée par Maximilien de Bavière. À la tête de l'armée catholique, le général brabançon Tilly remporte la bataille de **la Montagne Blanche (8 novembre 1620).** Ce premier grand revers protestant de la guerre ouvre aussi une ère de trois siècles de soumission des pays tchèques à l'Autriche.

Une reconquête religieuse

Vaincu en Bohême, l'Électeur palatin continue la lutte en Allemagne et perd le Haut et le Bas-Palatinat. À l'heure où le nouveau roi d'Espagne Philippe IV (1621-1665) intervient (→ fiche 20), le cours de la guerre semble favoriser le camp catholique, qui fait du **duc de Bavière un nouvel Électeur (1623)**, mettant ainsi fin à l'organisation du collège électoral établie en 1356.

Les protestants allemands se cherchent des alliés hors de l'Empire. Devant les hésitations de la France à s'engager contre la maison d'Autriche, une alliance se constitue à **La Haye (1625)** entre les **protestants allemands, les Provinces-Unies, l'Angleterre et le Danemark**. La conduite de la guerre est confiée à l'ambitieux roi de Danemark, Christian IV (→ fiche 17). Les opérations se révèlent vite défavorables et le Danemark se retire de la guerre, signant la **paix de Lübeck (1629)** qui lui permet de maintenir un *statu quo* territorial sur ses propres possessions.

Le Tchèque Wallenstein (1583-1634) est l'artisan de la victoire contre le Danemark. Brillant chef de guerre, il est le principal soutien de l'empereur, mais cherche également à se constituer une principauté. Ferdinand II est désormais en position de force. **L'édit impérial de restitution (6 mars 1629)** semble marquer le triomphe de la reconquête catholique dans l'Empire : les protestants sont contraints de restituer à l'Église catholique tous les biens sécularisés depuis la paix d'Augsbourg de 1555. Certains catholiques commencent à s'inquiéter de la politique impériale et redoutent la puissance de Wallenstein.

La phase suédoise (1631-1635)

Gustave Adolphe et les affaires d'Allemagne

La puissance suédoise (→ fiche 17) est largement sous-estimée par l'Europe d'alors. Le roi **Gustave II Adolphe (1609-1632)** se révèle pourtant un chef de guerre redoutable. Vainqueur des Russes en 1617, il a acquis l'Ingrie et la Carélie. Sa lutte, plus difficile, contre la Pologne s'est pour le moment interrompu, mais les ambitions de faire de la Baltique un lac

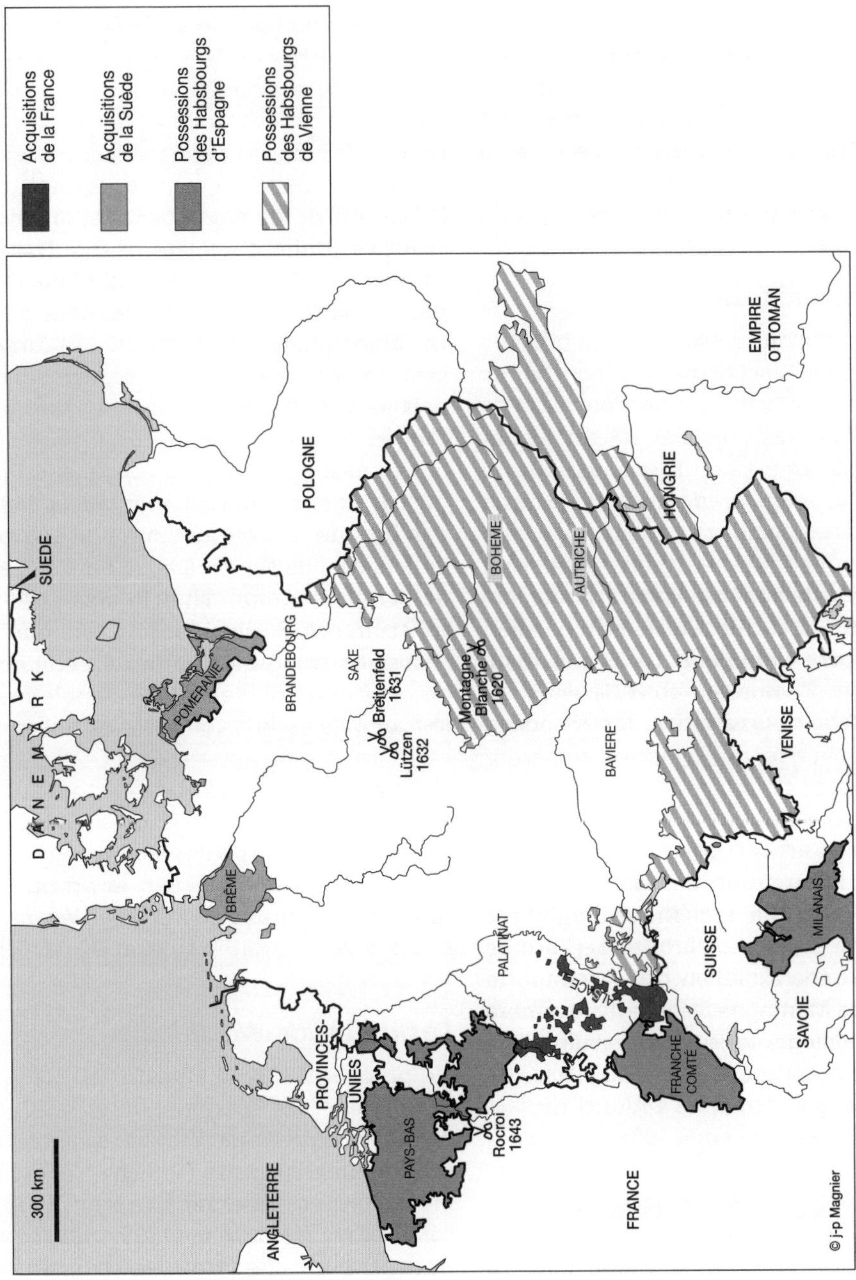

L'Europe centrale en 1648

suédois demeurent. Peu à peu les protestants d'Allemagne se tournent vers ce roi luthérien qui semble leur dernière chance de salut.

La Suède est aussi une aubaine pour la **France**, qui peut, en signant le **traité secret de Bärwald (23 janvier 1631)**, soutenir financièrement les efforts de guerre contre la maison d'Autriche. C'est pourquoi, malgré la déclaration de Stockholm (Pentecôte 1630) qui place son intervention sous le signe de la défense du protestantisme, le roi de Suède a donné à son allié français des garanties sur le maintien du culte catholique en Allemagne.

Les victoires suédoises

Les massacres qui ont accompagné la **prise de Magdebourg par Tilly (20 mai 1631)** ont soudé les protestants qui se placent derrière le roi de Suède. Le 17 septembre 1631, Allemands et Suédois réunis remportent la grande victoire de Breitenfeld. Les succès de Gustave Adolphe s'enchaînent et partout le protestantisme semble triompher. Pour l'arrêter, l'empereur rappelle Wallenstein, un moment disgracié, qui reconstitue les forces catholiques et impériales. Le **16 novembre 1632**, la victoire de **Lützen** est cependant de nouveau protestante, mais Gustave Adolphe meurt à la tête de ses troupes.

La défaite suédoise

Privé d'un chef de guerre génial qui était en grande partie l'artisan des victoires protestantes, la coalition groupée derrière la Suède rencontre désormais des difficultés. La défaite de **Nordlingen (5-6 septembre 1634)** précipite la rupture ; la Saxe, une des principales principautés protestantes, traite avec l'Empire. La France doit s'engager directement ; au début de l'année 1635, elle signe deux alliances ouvertes avec la Suède et les Provinces-Unies et déclare la **guerre à l'Espagne (19 mai 1635)**.

La France contre la maison d'Autriche

Les difficultés de la guerre ouverte

La première phase de la guerre est faite de déconvenues pour la France qui doit repousser en **1636** une **invasion espagnole** qui arrive jusqu'à **Corbie** sur la Somme. Le redressement est plutôt l'œuvre des alliés de la France : la Suède reconstitue une armée, les Provinces-Unies s'imposent sur mer et le chef de guerre protestant **Bernard de Saxe-Weimar**, principal allié à l'intérieur de l'Allemagne, se rend maître de la **vallée du Rhin**.

La victoire franco-suédoise

Les Français entreprennent la **conquête de l'Artois (1640)** et interviennent dans la **Catalogne révoltée** (→ fiche 20), tandis que les Suédois sont de nouveau victorieux. Le 14 mai 1643, le jeune duc d'Enghien est vainqueur à Rocroi. Le retentissement de la bataille est immense ; pour la première fois, une armée française a battu les tercios espagnols dans une bataille rangée.

À l'heure où l'on négocie déjà la fin de la guerre, une armée franco-suédoise, commandée par **Turenne** et **Wrangel**, remporte la victoire de **Zusmarshausen (1648)**. La Bavière se retire de la lutte et désormais la Bohême elle-même est menacée. Prague n'est sauvée que par la signature de la paix.

Règlements et bilans

De délicates négociations

Dès 1640, des pourparlers se sont engagés entre les puissances en guerre. À la fin de l'année 1644, des congrès s'ouvrent en Westphalie, à Munster pour les catholiques et Osnabrück pour les protestants.

Les traités de Westphalie

Un premier traité de Munster est signé entre **l'Espagne et les Provinces-Unies le 30 janvier 1648** et aboutit à une reconnaissance définitive de l'indépendance par l'Espagne (→ fiche 16).

Le second traité de Munster (24 octobre 1648) est un triomphe pour la France. Il consacre la mainmise sur les **trois évêchés** (→ fiche 7) et offre la souveraineté sur la Haute-Alsace. En Basse-Alsace, la France reçoit les dix villes qui formaient la ligue de la décapole et des droits encore mal définis. En Italie, la place de

Pignerol sur le versant italien, prise à la Savoie en 1631, est comme le tremplin d'une nouvelle expansion dans la Péninsule.

Le traité d'Osnabrück, signé le même jour, réorganise l'Empire sous le contrôle de la Suède et de ses alliés, dont la France. Sur le plan religieux, les positions des Églises catholiques et luthériennes sont maintenues, la grande nouveauté résidant dans **la tolérance désormais accordée aux sujets calvinistes** au sein des différents États de l'Empire. Les règlements politiques traduisent le même souci d'équilibre : le fils de Frédéric V recouvre le Bas-Palatinat et la dignité électorale, tandis que son cousin de Bavière demeure Électeur et conserve le Haut-Palatinat. **La Suède est le principal bénéficiaire** sur le plan territorial, recevant une partie de la Poméranie avec Stettin et Wismar et les évêchés sécularisés de Brême et Werden.

Une nouvelle Europe

L'Empire devient de plus en plus une **construction politique séculière** et perd son caractère exclusivement catholique, au grand dam du pape Innocent X (→ fiche 5) qui condamne aussitôt les traités de Westphalie.

La maison d'Autriche se considère désormais comme **maîtresse héréditaire**, et non plus élective, de tous ses États : les Tchèques, à l'origine de la guerre, ne sont pas partie prenante des traités et la Bohême est devenue pour l'Europe le patrimoine des Habsbourg.

L'Allemagne a été ravagée par la guerre. Elle est désormais le jouet de puissances extérieures qui, comme la France et la Suède, ont dorénavant un droit de regard sur ses affaires intérieures. Pour ces deux pays, l'ordre de Westphalie est la garantie de leur puissance et elles luttent pour son maintien jusqu'à la Révolution française.

Pistes bibliographiques

Le « Que-sais-je ? » de G. Livet, *La guerre de Trente Ans*, Paris, PUF, n^{elle} édition 1991, est une excellente introduction. On lira aussi avec profit le déjà très ancien G. Pagès, *La guerre de Trente Ans*, rééd. Paris, Payot, 1991. Les ouvrages de G. Parker sont fondamentaux : *La guerre de Trente Ans*, Paris, trad. fr., Aubier, 1992, et aussi *La révolution militaire : la guerre et l'essor de l'Occident*, trad. fr., Paris, Gallimard, coll. « Folio-histoire », 2013. Des synthèses récentes : Y. Krumenacker, *La guerre de Trente Ans*, Paris, Ellipses, 2008 et M. Wrede, *La guerre de Trente Ans*, Paris, Armand Colin, coll. « Cursus », 2021. Sur certains épisodes, O. Chaline, *La bataille de la Montagne Blanche*, Paris, Noesis, 2000 ; L. Bély, *L'Europe des traités de Westphalie*, Paris, PUF, 2000.

FICHE 20 Le déclin de la Méditerranée au XVIIe siècle

Dans son livre, encore classique aujourd'hui, *La Méditerranée et le monde méditerranéen à l'époque de Philippe II*, Fernand Braudel soulignait le déclin des régions riveraines de la Méditerranée dès le second XVIe siècle. Au-delà des crises économiques et politiques, c'est la menace de la décadence politique qui se fait partout sentir au XVIIe siècle, dans des États naguère puissants.

La crise de la puissance espagnole

Les déséquilibres économiques et sociaux

Outre le déclin démographique (→ fiche 1), l'Espagne traverse une phase de stagnation économique au XVIIe siècle, sans doute moins grave que les historiens ne l'ont longtemps cru. L'agriculture voit, malgré les efforts du pouvoir royal, le triomphe de l'élevage extensif au détriment des labours, tandis que l'industrie, surtout textile, est de moins en moins compétitive. L'exploitation de l'empire américain se poursuit.

La société est dominée par la grande aristocratie qui jouit de droits encore fort étendus. Au-dessous, la piétaille des cadets et des petits nobles s'appauvrit et les fonctionnaires royaux ne connaissent pas le dynamisme des officiers en France, tandis que le clergé est sans doute maître d'un tiers du sol.

Philippe III (1598-1621)

Ce règne ouvre le siècle de lent déclin de la monarchie des Habsbourg. En paix avec la France depuis le traité de Vervins de 1598, l'Espagne renonce, par la paix de 1604, à lutter contre l'Angleterre. Malgré les succès de Spinola à la tête de l'armée des Pays-Bas, une trêve de douze ans est négociée avec les Provinces-Unies (1609), afin de permettre à l'Espagne de reconstituer ses finances. On qualifie parfois cette période de **pax hispanica**.

Dans la péninsule Ibérique, l'événement le plus marquant du règne est sans nul doute l'**expulsion des Morisques (1609-1614)**, descendants des musulmans qu'on avait contraints à la conversion au début du XVIe siècle. Leur départ est préjudiciable à l'économie espagnole, qui perd avec eux une main-d'œuvre dont les compétences étaient souvent nécessaires à l'agriculture et à l'artisanat.

Philippe IV (1621-1665)

L'Espagne doit désormais faire face autant à la guerre extérieure qu'à des troubles qui remettent en cause l'unité de la péninsule Ibérique. Dès le début de son règne, Gaspar de Guzmán, comte d'**Olivares (1587-1645)**, est le principal ministre. Son programme vise à renforcer le pouvoir royal, au besoin par une guerre. La trêve avec les Hollandais n'est pas reconduite et la guerre s'annonce d'abord heureuse pour les Espagnols qui prennent en 1625 la forteresse de Breda. Mais les années suivantes sont difficiles et conduisent à des revers aux Pays-Bas.

Le 19 mai 1635, la France entre ouvertement en guerre contre l'Espagne. Après avoir repoussé les tentatives d'invasion espagnole, les Français prennent l'offensive, s'emparant d'Arras en 1640. Cette même année éclate la **grande révolte des Catalans**. Leur sécession ouvre les portes du royaume à la France, qui s'empare du Roussillon en 1642.

Le **Portugal** tente au même moment de recouvrer son indépendance, perdue en 1580 (→ fiche 9). La reprise de la guerre avec les Hollandais a entraîné l'empire portugais dans un conflit dans lequel la population ne se sent pas impliquée. La pression fiscale qu'implique la politique d'Olivares provoque un mécontentement qui débouche sur une insurrection nationale, soutenue par la France. Un véritable coup d'État fait du duc de Bragance, descendant de Jean Ier issu d'une branche bâtarde, le nouveau roi, sous le nom de **Jean IV (1640)**. Dès

La succession d'Espagne

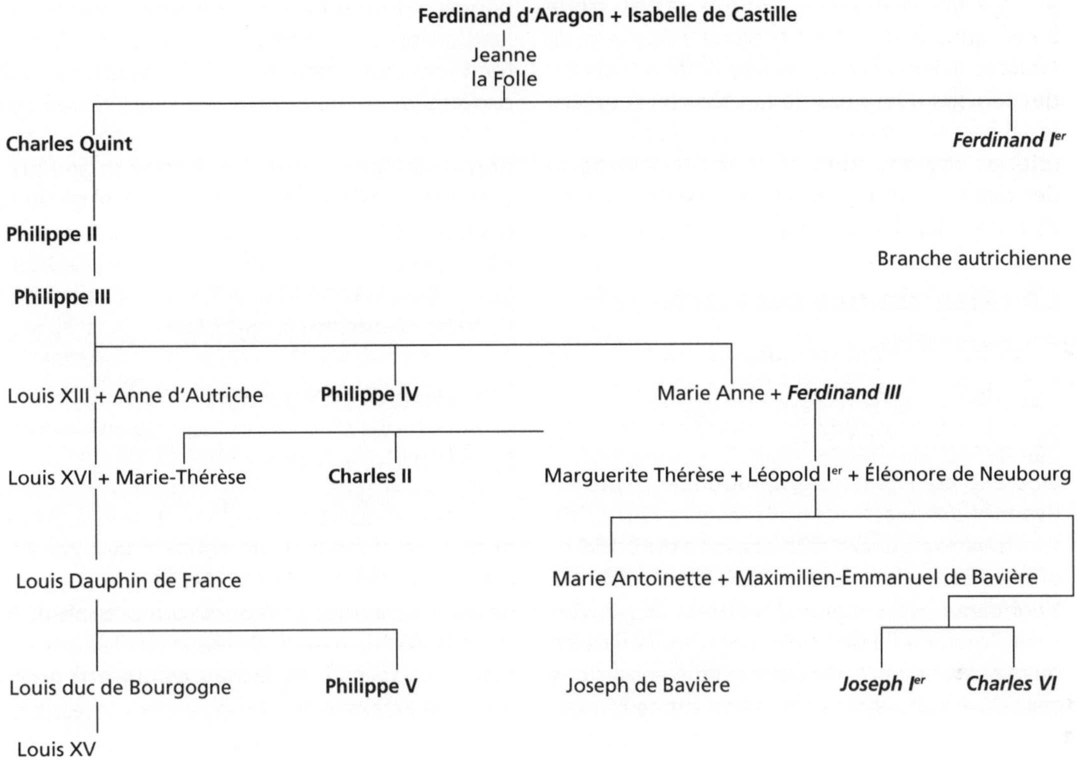

Légende :

Philippe V : Roi d'Espagne
Joseph Ier : Empereur germanique
Louis XIV : Roi de France

1641, le Brésil et l'Inde portugaise acclament leur souverain. Une longue guerre s'ouvre entre le Portugal et l'Espagne. Les Portugais résistent victorieusement à toutes les tentatives espagnoles de reconquête et obtiennent leur **indépendance** par le **traité de Lisbonne de 1668**.

- Le **traité des Pyrénées**, signé le **7 septembre 1659**, marque la fin de la suprématie espagnole en Europe. La France retrouve l'Artois et commence à repousser vers le nord sa frontière, tandis qu'elle se voit confirmer en Roussillon et en Cerdagne.

Charles II (1665-1700)

La période est traditionnellement considérée comme catastrophique. Le recul territorial est confirmé par la perte de la Franche-Comté en 1678. Surtout, la question de la succession se pose presque immédiatement, en raison de la débilité physique et mentale du roi, et préoccupe l'ensemble des puissances européennes. Les prétendants au trône d'Espagne sont multiples :

– en France, le roi Louis XIV, comme son frère Philippe d'Orléans, fils de l'infante Anne d'Autriche, peuvent prétendre au trône d'Espagne. Le dauphin est par sa mère, Marie-Thérèse, petit-fils de Philippe IV et a trois fils qui peuvent à leur tour faire valoir leurs droits ;

– l'empereur Léopold Ier et son fils l'archiduc Charles représentent la branche viennoise des Habsbourg. Ils descendent également de Philippe II par les femmes (→ fiche 23).

La renaissance du Portugal

Le roi Jean IV a été reconnu par les *Cortès* en 1640, puis peu à peu par l'ensemble de l'empire. À sa mort, **Alphonse VI (1656-1668)** n'est âgé que de treize ans. Souverain incapable, il ne prend aucune part à l'indépendance définitive en 1668. Il est écarté du trône au profit de son frère Pierre, d'abord **régent (1668-1683)**, puis roi sous le nom de **Pierre II de 1683 à 1706**.

Le retour à l'indépendance masque mal une certaine décadence. L'empire est devenu fragile et le Portugal ne doit en fait sa survie qu'à la protection de l'Angleterre, qui remplace l'ancienne alliance française. La découverte de l'or brésilien bouleverse la donne à la fin du siècle. En 1699, le précieux métal commence à arriver. Au début de la guerre de succession d'Espagne, **Lord Methuen**, ambassadeur d'Angleterre négocie le **traité** qui porte son nom et offre à son pays le contrôle des richesses de l'empire portugais **(1703)**.

L'Italie

Les domaines espagnols

Si le Milanais est stable et prospère, il n'en va pas de même des possessions méridionales. À **Naples**, des troubles conduisent en **1647** à la proclamation d'une **éphémère république**, tandis que la Sicile connaît une brève période d'indépendance sous protection française.

Les États indépendants

Beaucoup de **petits États** demeurent sous la **protection espagnole**, comme **Gênes, Lucques** ou la **Toscane**. La **France** contrôle pour sa part **Mantoue, Montferrat, Parme et Plaisance.**

Venise défend jalousement son indépendance, luttant tout à tour contre le Saint-Siège, les Habsbourg et surtout les Turcs, menant en Méditerranée orientale la longue guerre dite de Candie.

La **Savoie** a été **amputée en 1601** de la **Bresse**, du **Bugey** et du **Val Romey** (à peu près actuel département de l'Ain) au profit de la France. Désormais plus italienne, elle cherche à se rapprocher de la France, avant de participer aux **coalitions contre Louis XIV** à partir du règne de **Victor-Amédée (1675-1732).**

L'Empire ottoman

L'évolution interne

Le premier quart du siècle voit la succession de sultans incapables de redresser la puissance ottomane. **Mourad IV (1623-1640)**, musulman rigoureux, essaie comme son fils **Ibrahim Ier (1640-1648)** de mettre au pas les janissaires. Au milieu du XVIIe siècle, la monarchie ottomane est ainsi affaiblie par les querelles intestines. Souverain faible, **Mehmet IV (1648-1687)** laisse la réalité du pouvoir à son vizir **Mehmet Köprülü,** fondateur d'une **véritable dynastie ministérielle** qui domine l'empire **jusqu'en 1710**.

Les tentatives de conquête

Sous l'influence du deuxième vizir Köprülü, l'empire semble alors se ressaisir. En **1661, l'invasion de la Hongrie** est un succès et, malgré la défaite ottomane du **Saint-Gottardt en 1664,** le traité de **Vasvar** est plutôt avantageux pour la Porte. En **1668**, malgré l'assistance fournie par Louis XIV, **la capitulation de Candie** marque l'abandon de la Crète par les Vénitiens.

Le gouvernement de **Kara Mustafâ**, gendre de Köprülü II se révèle désastreux. Une grande expédition militaire conduit les Turcs devant **Vienne**, mais le roi de Pologne, **Jean Sobieski,** force la **levée d'un siège** qui avait provoqué les plus vives inquiétudes en Europe **(1683).**

Une coalition chrétienne rassemble alors l'Autriche, le pape, Venise, la Pologne, mais aussi la Russie.

Malgré quelques succès, qui permettent de contenir les Vénitiens en Grèce, les troupes ottomanes s'inclinent. Les Autrichiens, commandés par le prince **Eugène de Savoie**, remportent une victoire décisive à **Zenta** en **1697**. Moins de deux ans plus tard, la **paix de Karlowitz** souligne le déclin de l'Empire ottoman, qui passe du statut de conquérant redouté à celui d'objet de convoitises pour les puissances chrétiennes **(26 janvier 1699)**. Pour la première fois, la Porte a traité sur un pied d'égalité avec les autres États. La Hongrie et la Transylvanie sont définitivement cédées aux Autrichiens, tandis que les Vénitiens conservent Corinthe et la Morée, ainsi que des places fortes en Dalmatie et en Bosnie. Le traité consacre également l'arrivée dans la région de la Russie qui obtient Azov en Crimée et une partie de l'Ukraine.

Pistes bibliographiques

Outre les histoires nationales déjà signalées pour le XVIe siècle, on lira avec profit les ouvrages de J. Elliott sur l'Espagne au XVIIe siècle, dont le désormais classique *Olivarès*, trad. fr., coll. « Bouquins », Paris, Robert Lafont, 1992 ; A. Hugon, *L'Espagne du XVIe au XVIIIe siècle*, Paris, Armand Colin, coll. « Cursus », 2019.

FICHE 21 # La monarchie française (1598-1661)

Henri IV après l'édit de Nantes (1598-1610)

Le renouveau du pouvoir royal

Après l'édit de Nantes s'ouvre une véritable **période de restauration** pour la monarchie française. Henri IV, sans modifier les institutions héritées de la dynastie précédente des Valois, s'entoure d'une équipe restreinte avec laquelle il gouverne l'État de façon autoritaire, contrairement à la tradition erronée qui veut en faire le libéral « bon roi Henri ».

Les gouverneurs de provinces sont souvent d'anciens ligueurs (→ fiche 14) avec qui il avait fallu traiter, ou simplement de grands seigneurs jaloux de leur indépendance dans leurs provinces. Sans les destituer, le roi les fait doubler par des officiers entièrement dévoués qui assurent de plus en plus la mainmise de la monarchie sur le territoire du royaume.

Les Parlements, qui ont un moment refusé d'enregistrer l'édit de Nantes, doivent se soumettre à l'autorité de Henri IV. Les villes, également objet de méfiance, sont mises au pas sur le modèle d'Amiens, qui perd la plupart de ses libertés municipales après s'être un temps donnée aux Espagnols (1597).

Le ministériat de Sully

Malgré son autoritarisme, Henri IV se repose sur un principal ministre. **Maximilien de Béthune, baron de Rosny** est né en 1559. Petit noble protestant, il sert le roi depuis son plus jeune âge et a été plusieurs fois blessé pendant les guerres de Religion. En 1596, il entre au conseil des Finances, avant de recevoir, en 1599, le titre de surintendant. Cumulant les charges, il est grand-maître de l'artillerie, surintendant des fortifications et s'occupe du renouveau du réseau routier en tant que grand voyer de France. Il devient l'un des grands du royaume : gouverneur de Poitou en 1603, il est fait **duc de Sully en 1605**.

Sans être Premier ministre en titre, Sully concentre entre ses mains une grande partie des pouvoirs et s'efforce de rétablir les finances de la monarchie. Dans les généralités, il envoie des commissaires, nommés intendants de justice, de police et des finances pour superviser l'action des officiers. Le résultat de l'action de Sully n'est pas négligeable sur le plan financier. Il réussit à éponger la dette héritée des guerres civiles et entame la reconstruction du royaume. Outre de grands chantiers à Paris (Pont Neuf, place Dauphine, place Royale aujourd'hui place des Vosges), Sully favorise quelques améliorations agricoles, en particulier dans le domaine du drainage.

Les contestations

Des complots nobiliaires marquent le règne de Henri IV qui doit faire exécuter son vieux compagnon le maréchal de Biron, afin de montrer la fermeté retrouvée de la monarchie en France. En revanche, le pardon est accordé à un grand seigneur protestant révolté : le duc de Bouillon.

L'opposition des anciens ligueurs, devenus des catholiques dévots ne se dément pas. Le 14 mai 1610 un catholique fanatique, François Ravaillac, agissant probablement de sa propre initiative et sans complicité, poignarde à mort Henri IV.

La régence de Marie de Médicis et ses prolongements (1610-1624)

Les pouvoirs

Le jeune roi Louis XIII n'a que 9 ans ; un Conseil de régence s'organise autour de la reine mère, qui comprend aussi bien d'anciens ministres de Henri VI (les barbons), que des favoris italiens de la reine, Léonora Galigaï et son mari Concino

Les âges de la Fronde		
Vieille Fronde ou **Fronde parlementaire** : le parlement de Paris est l'âme d'une contestation qui, par-delà Mazarin, vise la monarchie absolue.	1648 1649	**janvier** : agitation antifiscale à Paris. **13 mai** : arrêt d'union, par lequel les parlementaires parisiens appellent les autres magistrats à défendre leurs gages. **1-9 juillet** : réunis dans la chambre Saint-Louis, les magistrats proposent des réformes qui remettent en cause l'édifice de la monarchie absolue. **31 juillet** : déclaration royale acceptant les réformes. **26, 27 et 28 août** : tentative de coup d'État de Mazarin. Deux parlementaires, Broussel et Blancmesnil, sont arrêtés : Journée des Barricades. Les Parisiens se soulèvent pour défendre le Parlement. Libération de Broussel et de Blancmesnil. **6 janvier** : Mazarin quitte Paris avec le jeune roi et la régente. Le Prince de Condé commence le siège de Paris. **11 mars** : Paix de Rueil. Le Parlement obtient la confirmation des déclarations de l'année précédente.
Fronde des Princes : derrière le prince de Condé, une partie de la noblesse se soulève contre Mazarin, désormais allié au Parlement.	 1650	**septembre** : rupture entre Condé et le Parlement. **janvier** : Mazarin s'allie aux chefs de la Vieille Fronde contre Condé. **18 janvier** : arrestation de Condé, de son jeune frère Conti et de leur beau-frère, le duc de Longueville. **février-décembre** : Troubles en province. Échec militaire des révoltés.
Union des Frondes : le Parlement se rapproche des Princes et s'oppose de nouveau à Mazarin.	1651	**janvier** : union entre le parti des princes et la Vieille Fonde. **février** : libération des princes qui font un retour triomphal à Paris. Mazarin quitte le royaume. **avril-juin** : Condé maître du gouvernement, s'éloigne de la Vieille Fronde. **août** : rupture entre la régente et Condé.
Guerre condéenne : Condé et sa clientèle, alliés à l'Espagne, sont désormais seuls face à Mazarin.	1652	**septembre** : Condé quitte Paris pour organiser un soulèvement en province, tout particulièrement dans le Sud-Ouest. **avril-octobre** : nouveau siège de Paris. Condé installe un pouvoir d'exception dans la capitale. **12 août** : le roi écarte Mazarin pour rétablir la paix. **21 octobre** : entrée du roi dans Paris **26 octobre** : rappel de Mazarin. Exil du prince de Condé.
	1653	**juillet-août** : fin des troubles dans le Sud-Ouest.

Concini, bientôt maréchal d'Ancre. Devant la montée des oppositions, Marie doit accorder des états généraux. L'assemblée tenue à Paris d'octobre 1614 à février 1615 ne donne pas de résultats concrets.

Les rébellions nobiliaires se multiplient et la régente dilapide le trésor en pensions pour calmer les Grands. Le 24 avril 1617, le jeune roi fait assassiner Concini. S'ouvre alors une période d'affrontement entre Louis XIII et sa mère, les **guerres de la mère et du fils (1619-1620)**.

Le réveil de la question protestante

Les huguenots craignaient que la mort du roi ne mît fin au régime de l'édit de Nantes. La régente doit confirmer l'édit le 22 mai 1610, renouvelant l'autorisation du culte à Charenton pour les protestants de la capitale. L'année suivante se tient à Saumur une assemblée où dominent nobles et pasteurs. Deux tendances se font jour: pour le duc de Bouillon, devenu l'homme de la régente, il importe de se montrer conciliant; en revanche, les gentilshommes de moindre importance se retrouvent dans l'intransigeance d'Agrippa d'Aubigné. Un parti nobiliaire issu de l'ouest et du sud du royaume caresse des rêves presque républicains. La prudence l'emporte et les protestants signent la paix avec la régente.

Le Béarn est à l'origine de la reprise des guerres religieuses dans la France du jeune Louis XIII. Le 25 juin 1617, un arrêt royal rétablit le culte catholique qu'avait supprimé Jeanne d'Albret, mère de Henri IV, dans la Province. Dès janvier 1619, l'assemblée générale protestante de La Rochelle envisage le recours à la guerre. Lorsque la reine mère se soulève quelques mois plus tard, Rohan et Soubise sont dans son camp. Vainqueur de sa mère, le roi pardonne, mais marche sur le Béarn, où il rétablit le culte catholique.

Le 10 mai 1621, l'assemblée générale protestante vote le Règlement général des milices et des finances, organisant une république fédérale dans les provinces protestantes, sur le modèle des Provinces-Unies ou de l'Union du Midi protestant pendant les guerres de religion du siècle précédent (→ fiche 14). La première phase de l'affrontement est incertaine. La résistance de Montauban et de Montpellier face aux troupes royales montre la ténacité des huguenots du Midi. Un chef se distingue, Soubise, qui organise les protestants de l'Aunis et de la Saintonge. Une première paix est signée le 19 octobre 1622: l'édit de Nantes est maintenu, mais la dimension politique et militaire du protestantisme français est désormais réduite.

Louis XIII et Richelieu

L'ascension de Richelieu

Armand du Plessis de Richelieu est né en 1585, fils d'un gentilhomme poitevin, officier de Henri III. Nommé évêque de Luçon par Henri IV en 1606, il s'acquitte avec zèle d'une tâche difficile de prélat catholique en pays protestant. Favorable à la diffusion du concile de Trente en France, il se fait remarquer aux états généraux de 1614. En 1616, désormais favori de Marie de Médicis, il est secrétaire d'État aux Affaires étrangères et à la Guerre. La disgrâce de la reine l'éloigne du pouvoir, mais il revient à force d'intrigues et, devenu cardinal, est nommé principal ministre et chef du Conseil du roi en 1624.

Les débuts (1624-1630)

Richelieu doit ménager les dévots comme le cardinal de Bérulle, favorable à un rapprochement avec l'Espagne. Les dévots ne sont pas simplement engagés dans une lutte contre la politique étrangère de la France dans la guerre de Trente Ans. Ils visent à une réorganisation de la société sur des fondements entièrement chrétiens et critiquent une politique qui conduit à l'appauvrissement.

En 1630 se situe le grand tournant. La **journée des Dupes (11 novembre 1630)** permet la liquidation du parti dévot. Le système du ministériat s'impose, qui permet à Richelieu de peupler l'État de ses « créatures », parents ou clients.

Les oppositions

Le tour de vis fiscal nécessaire à la conduite de la guerre entraîne de multiples révoltes paysannes. Deux grands soulèvements marquent le ministériat de Richelieu: **en 1635,**

les croquants se soulèvent dans le Sud-Ouest, plus particulièrement en Guyenne, Angoumois et Périgord ; **en 1639, la révolte des Nu-pieds** en Normandie se propage aux villes et entraîne une très dure répression.

Les nobles multiplient les **complots**, utilisant souvent l'aide de l'Espagne. Ils sont sévèrement réprimés. En 1632, le gouverneur de Languedoc, Montmorency, est décapité à Toulouse. à la fin du règne, deux grands complots manquent de réussir, celui du comte de Soissons qui meurt accidentellement après sa victoire sur les troupes royales (1641), puis celui de Cinq-Mars, exécuté en 1642, peu avant la mort de Richelieu.

Après une nouvelle prise d'armes sans grandes conséquences à La Rochelle et en Languedoc à la fin de l'année 1626, la question protestante prend une tournure dramatique avec l'intervention de l'Angleterre qui tente de s'installer à l'île de Ré. Après le siège et la chute de La Rochelle (novembre 1629), le dernier acte est languedocien, qui voit la défaite définitive du parti protestant : Rohan doit concéder une paix à **Alès le 27 juin 1629** : contrairement aux vœux des dévots, les protestants bénéficient d'une amnistie totale, l'édit de Nantes est maintenu pour les clauses religieuses, judiciaires et civiles. En revanche, la disparition des assemblées politiques et des garanties militaires met définitivement fin au parti protestant.

La régence d'Anne d'Autriche avant la Fronde

Quand meurt Louis XIII, le roi Louis XIV, né en 1638, est mineur. Un Conseil de régence est organisé autour d'**Anne d'Autriche**, reine d'origine espagnole, ce qui inspire la méfiance à l'heure de la lutte contre les Habsbourg. **Mazarin** s'impose comme l'homme fort du Conseil de régence. Né Giulio Mazzarino en 1602, il appartient à la noblesse romaine et a commencé sa carrière diplomatique au service du Saint-Siège. Nonce extraordinaire (ambassadeur) du pape Urbain VIII auprès du roi de France à partir de 1634, il gagne la confiance de Richelieu. Naturalisé, il revient en France en 1640 ; après quelques contestations à la mort de Louis XIII, il est désormais le principal représentant du pouvoir royal jusqu'en 1661.

Pistes bibliographiques

Le manuel de Robert Descimon et Christian Jouhaud, *La France au premier XVIIe siècle*, Paris, Belin, 2000, est la meilleure introduction à la période. À compléter avec N. Le Roux, *Les guerres de religion, 1559-1629*, Paris, Belin, 2014. Parmi les nombreuses biographies de Henri IV, on préférera celle de J.-P. Babelon, *Henri IV*, Paris, Fayard, 2009. Sont également fort utilisables B. Barbiche et S. de Daimville-Barbiche, *Sully*, Paris, Fayard, 1998 ; P. Chevallier, *Louis XIII*, Paris, Fayard, 1982 et P. Goubert, *Mazarin*, Paris, Fayard, 1990.

FICHE 22 L'absolutisme de Louis XIV

La notion de règne personnel de Louis XIV est aujourd'hui fort contestée. S'il est certain que la mort de Mazarin et l'élimination de Fouquet mettent fin aux ministres tout-puissants, le gouvernement de la France ne saurait reposer sur le roi seul. On assiste en revanche à une bureaucratisation de l'État, rendue nécessaire par la complexification des affaires.

Le règne personnel (1661-1715)

La prise de pouvoir

À la mort de Mazarin, le roi, alors âgé de 21 ans, met fin à la combinaison ministérielle que lui a légué le cardinal. **Nicolas Fouquet (1615-1680)**, surintendant des Finances, est arrêté (5 septembre 1661). Après un procès peu équitable, il est envoyé en détention à Pignerol où il finit ses jours. L'ascension de **Jean-Baptiste Colbert (1619-1683)**, commence, qui triomphe à la fin de la décennie.

Les grandes phases du règne

Après la suppression de la surintendance des Finances, le gouvernement est formé d'une triade : **Michel Le Tellier (1603-1685)**, puis son fils **Louvois (1639-1691)**, à la guerre, **Hugues de Lionne (1611-1671)** aux Affaires étrangères et **Colbert** qui met la main entre autres sur la Marine et le contrôle général des Finances.

De 1669 à 1683, le gouvernement est tiraillé entre deux tendances représentées par les Le Tellier, à la fois dévots et bellicistes et les Colbert, moins marqués religieusement et favorables à la paix.

Le règne véritablement personnel commence à l'extrême fin du XVIIe siècle. Louis XIV devient un roi bureaucrate, assumant souvent à partir de 1700 une partie des affaires d'Espagne où règne son petit-fils Philippe V (→ fiche 23).

L'État louis-quatorzien

Les Conseils

Au sommet, le **Conseil d'en Haut** où siègent les ministres. C'est un organe très restreint où le roi décide en compagnie de trois à cinq personnes qu'il a lui-même choisies.

Vient ensuite, le **Conseil des Finances** qui, institué en 1661, remplace la surintendance depuis l'arrestation de Fouquet. Le **contrôleur général** est le personnage central, en charges des dépenses de la monarchie. Au-dessous, différentes commissions comme les Petite et Grande Directions, sont des rouages essentiels.

Le Conseil de conscience ne rassemble plus guère que le roi et son confesseur, par tradition un père jésuite.

Le Conseil des dépêches règle de multiples affaires relatives aux provinces.

Le Conseil du commerce enfin, qui ne fonctionne que de 1664 à 1676, sans grand résultat.

Les grands départements

Le secrétariat d'État à la Guerre est le plus puissant. La direction des armées échappe à la noblesse traditionnelle et relève d'une lourde bureaucratie dominée par les gens de robe et la dynastie ministérielle des Le Tellier de 1643 à 1701. Le secrétariat est composé d'un nombre croissant de bureaux, dirigés par des commis entièrement dévoués aux ministres. La puissance militaire française s'impose comme la première d'Europe et est avant tout fondée sur l'abondance des effectifs. Si les mercenaires étrangers représentent parfois jusqu'à 25 % des troupes, le royaume, alors largement le plus peuplé d'Europe, offre d'abondantes ressources en hommes. La milice est sans doute l'innovation la plus importante en matière de recrutement. Créée en 1688, elle prévoit un tirage au sort dans toutes les paroisses qui fournissent ainsi une troupe bien supérieure à

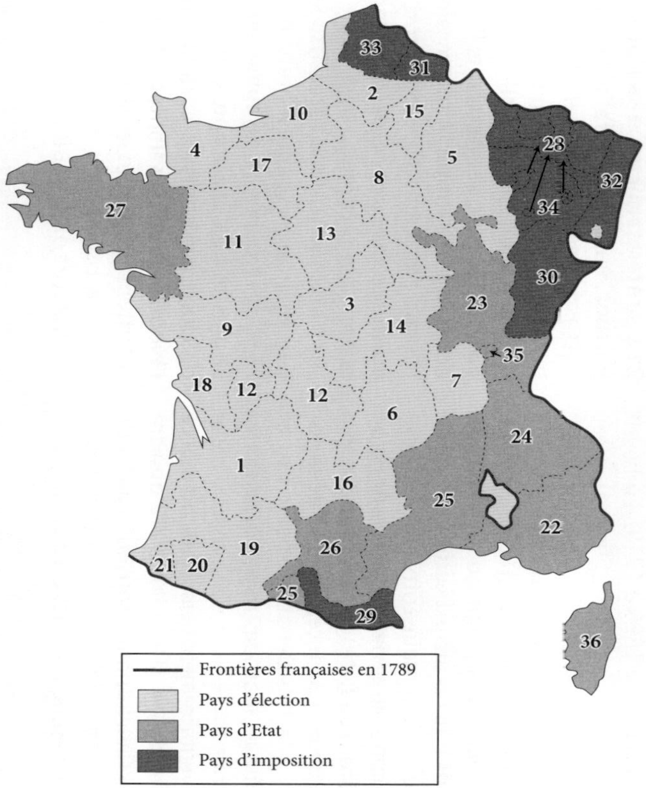

	Pays d'élections (Généralité et intendance)		Pays d'État (Intendance)		Pays d'imposition (intendance)	
1452	Agen puis Bordeaux	1	Aix	22		
	Amiens	2	Dijon	23		
	Bourges	3	Grenoble	24		
	Caen	4	Montpellier	25		
	Chalons	5	Toulouse	26		
	Issoire puis Riom	6				
	Lyon	7				
	Paris	8				
	Poitiers	9				
	Rouen	10				
	Tours	11				
1552			Nantes	27	Metz	28
1558	Limoges	12				
	Orléans	13				
1587	Moulins	14				
1595	Soissons	15				
1635	Montauban	16				
1636	Alençon	17				
1660					Perpignan	29
1676					Besançon	30
1678					Valenciennes	31
1689					Strasbourg	32
1691					Lille	33
1694	La Rochelle	18				
1737					Nancy	34
1762					Trévoux	35
1768					Bastia	36
1776	Auch-Pau	19				
1784	Bayonne	20				
	Pau	21				

Source: G. Cabourdin, G. Viard, Lexique historique de la France d'Ancien Régime, A. Colin, 3e éd. 2002, p.159.

Carte administrative des généralités

la médiocre idée qui en est d'abord conçue par les chefs militaires. Outre les armées, le secrétariat à la Guerre supervise l'administration des provinces frontières.

Le secrétariat d'État à la Marine n'est créé qu'en 1669 par Colbert et reste entre les mains de son clan pendant toute la période. Il n'a pas seulement en charge la marine de guerre, mais aussi les colonies et toutes les affaires ayant trait à la mer, aux ports et aux littoraux. Il s'agit ainsi d'un ministère autant économique que militaire. Sous Colbert, secrétaire d'État à la Marine de 1669 à 1683, puis sous l'administration de son fils, le très efficace Seignelay, de 1683 à 1690, la marine française devient l'une des premières d'Europe, capable de rivaliser avec les flottes de guerre anglaise ou hollandaise. Leurs successeurs, Louis Phélypeaux, comte de Ponchartrain, de 1690 à 1699, puis son fils Jérôme, de 1699 à 1715, et enfin son petit-fils, le comte de Maurepas, de 1715 à 1748, forment une véritable dynastie ministérielle.

Le secrétariat aux Affaires étrangères est ancien, mais se développe véritablement sous le règne de Louis XIV. Hugues de Lionne, de 1663 à 1671, puis Simon Arnauld de Pomponne, de 1672 à 1679 sont les héritiers de Mazarin. Avec Colbert de Croissy, de 1680 à 1696 et son fils Colbert de Torcy, de 1696 à 1715, il devient également une administration plus structurée qui se dote de bureaux.

Le secrétariat à la Maison du Roi est tenu systématiquement par le détenteur du département de la Marine à partir de 1669. Moins prestigieux que les trois précédents, il a en charge la cour et la politique culturelle. On peut citer pour finir le **secrétariat d'État à la Religion prétendue réformée (RPR)**, en théorie chargée du protestantisme, qui en pratique lui échappe largement.

Le contrôle général est un véritable ministère des Finances. À la mort de Colbert il passe à Claude Le Peletier, puis, de 1689 à 1699, à Louis Phelypeaux. De 1699 à 1708, il est entre les mains de Michel Chamillart qui, à partir de 1701, cumule avec la Guerre, avant d'échoir à Nicolas Desmarets. Sa première tâche, très difficile, est de gérer un budget toujours déséquilibré à partir de 1673.

L'ordre dans le royaume

De grandes ordonnances réorganisent le royaume, parmi lesquels on retiendra :

- l'ordonnance de Saint-Germain-en-Laye ou Code Louis (1667), précisant le droit civil français ;
- l'ordonnance des eaux et forêts (1669) ;
- l'ordonnance criminelle (1670) sur la justice ;
- l'ordonnance commerciale (1673) ;
- l'ordonnance maritime (1681) ;
- le Code noir (1685) définissant le régime de l'esclavage dans les colonies.

Les Parlements ne sont plus des cours souveraines, mais simplement supérieures à partir de 1665. Seul le Parlement de Bretagne manifeste quelque opposition au moment des troubles de 1675, mais il est vite mis au pas. De nouveaux parlements sont créés au fur et à mesure des conquêtes, comme l'avait été celui de Metz pour les Trois Évêchés en 1633. Il s'agit de Douai (1668) et de Dole (1674), transféré deux ans plus tard à Besançon.

Les intendants, présents sous Richelieu et Mazarin, mais récusés après la Fronde (→ fiche 21), sont rétablis en 1664 et sont présents partout dans les généralités (→ carte p. 95) à partir de 1670, sauf en Bretagne et en Béarn où ils arrivent plus tardivement. Intendants de justice, ils peuvent présider tous les tribunaux de leur généralité ; intendants de police, ils ont en charge les routes, l'approvisionnement et le contrôle des villes ; intendants de Finances enfin, ils s'occupent de la répartition de la taille.

La fin du règne

Le destin des protestants occupe une place de choix dans l'historiographie du règne. En **révoquant l'édit de Nantes**, après plus de vingt ans d'une politique de plus en plus rigoureuse pour les huguenots, l'édit de Fontainebleau du 22 octobre 1685 crée une situation inédite. Malgré le départ de près de 150 à 200 000 protestants vers les pays du Refuge, la majorité, soit de 500 à 600 000 Français, vit désormais sous un régime très contraignant.

Même si elle ne porte pas sur le même nombre de sujets de Louis XIV, la lutte contre les **jansénistes**, entamée pour des raisons religieuses dès le règne de Louis XIII, provoque une crispation politique lorsque, rompant avec les traditions gallicanes, la monarchie française essaie d'imposer l'ordre religieux par l'intermédiaire d'une **bulle** pontificale, ***Unigenitus*, en 1713**. L'esprit de résistance à l'autorité réapparaît dans le royaume, animé en premier lieu par le Parlement de Paris.

Beaucoup de nobles se prennent à rêver d'un régime moins centralisé, plaçant leurs espoirs dans le petit-fils et héritier du roi, le duc de Bourgogne (1682-1712), puis, après la mort de ce dernier, dans une régence. Un programme, rédigé par l'archevêque de Cambrai, **Fénelon (1651-1715)**, connu sous le nom de **tables de Chaulnes (1711)**, prévoit le passage à un régime moins belliqueux, où le roi devrait composer avec des assemblées provinciales dominées par la noblesse et le clergé.

Pistes bibliographiques

Le premier instrument de travail sur la période est F. Bluche, *Dictionnaire du grand siècle*, Paris, Fayard, 1990. Il se complète avec L. Bély, *Dictionnaire Louis XIV*, Paris, Laffont, 2015. Pour tous les aspects institutionnels, on se reportera en priorité à L. Bély, (dir.), *Dictionnaire de l'Ancien Régime*, Paris, PUF, 1996, ainsi qu'au très commode B. Barbiche, *Les institutions de la France* d'Ancien *Régime*, Paris, PUF, 1999. Sur le roi et son règne, retenons F. Bluche, *Louis XIV*, Paris, Fayard, 1986 et dans une perspective différente, J.-C. Petitfils, *Louis XIV*, Paris, coll. « Tempus », Perrin, 2008, ainsi que O. Chaline, *Le règne de Louis XIV*, Paris, Flammarion, 2005.

FICHE 23 Les guerres de Louis XIV

Lorsqu'à la mort de Mazarin (→ fiche 23) le jeune roi prend directement en main la politique étrangère du royaume, il hérite d'une position prééminente en Europe. La volonté de rendre celle-ci écrasante, tant par des acquisitions territoriales que par la soumission de puissances subalternes, rassemble contre Louis XIV des coalitions de plus en plus importantes, animées par les anciens alliés protestants de la France, l'Angleterre et les Provinces-Unies.

L'affirmation de la puissance (1659-1678)

La paix des Pyrénées

Couronnement des efforts de Mazarin pour abaisser la puissance de l'Espagne, le traité, signé le **7 novembre 1659**, permet à la France d'acquérir la majeure partie de l'Artois, le Roussillon et la Cerdagne, ainsi qu'une série de places à la frontière nord-est. Le mariage de Louis XIV avec l'infante Marie-Thérèse d'Autriche, fille du roi Philippe IV, rapproche la maison de Bourbon des Habsbourg, tout en ouvrant la route à une éventuelle succession française sur le trône d'Espagne.

La guerre dite du droit de Dévolution

Louis XIV cherche à éprouver la puissance de l'Espagne. Le prétexte en est trouvé à la mort du roi d'Espagne Philippe IV (1665) ; les juristes français invoquent un point de droit brabançon qui privilégie les filles nées d'un premier lit aux fils issus d'un mariage postérieur. L'invasion des Pays-Bas commence au printemps de **1667**. La France peut alors compter sur le soutien du Portugal, de l'Angleterre et des Provinces-Unies. Les conquêtes françaises dans les Pays-Bas constituent cependant une menace pour l'Angleterre et les Provinces-Unies, tandis que l'occupation de la Franche-Comté espagnole à partir de 1668 n'est que temporaire : à la **paix d'Aix-la-Chapelle**, elle est restituée, tandis que la France continue à repousser vers le nord sa frontière aux dépens de l'Espagne.

La guerre de Hollande (1672-1678)

Le conflit a pour origine immédiate une **guerre de tarifs douaniers** entre la France et la Hollande, mais les causes sont en réalité plus complexes : la conquête des Pays-Bas espagnols ne peut se faire sans la neutralisation des Provinces-Unies qui n'acceptent pas l'idée d'une frontière commune avec la France ; mais il s'agit surtout de **l'opposition entre deux modèles politique et religieux** que tout sépare : la France catholique et absolutiste ne peut tolérer la république protestante des Provinces-Unies. Il importe également de casser la Triple Alliance conclue à La Haye entre les trois principales puissances protestantes du moment : Angleterre, Suède, Provinces-Unies.

En juin 1672, l'armée française se met en marche vers les Provinces-Unies ; les succès initiaux rendent la France très exigeante dans les premiers pourparlers de paix. La volonté de résister l'emporte alors en Hollande, où une révolution porte au pouvoir l'intransigeant Guillaume d'Orange (→ fiche 17). La guerre prend un visage nouveau. En Hollande, l'**ouverture des digues** rend difficile la progression des troupes françaises, tandis que se forme une véritable coalition contre la France. Le traité de **La Haye, signé le 30 août 1673** par **les Provinces-Unies, l'Espagne, l'Empire et la Lorraine**, transforme la guerre franco-hollandaise en confrontation générale en Europe.

Les efforts français changent de direction ; les possessions espagnoles se révèlent des proies faciles : la rapide **conquête de la Franche-Comté en 1674** est accompagnée de la **prise des principales places des Pays-Bas**. En Méditerranée, la flotte française appuie la **révolte des Siciliens** contre la tutelle espagnole et remporte une série de succès, tandis qu'au nord-est se déroulent des batailles plus difficiles, en

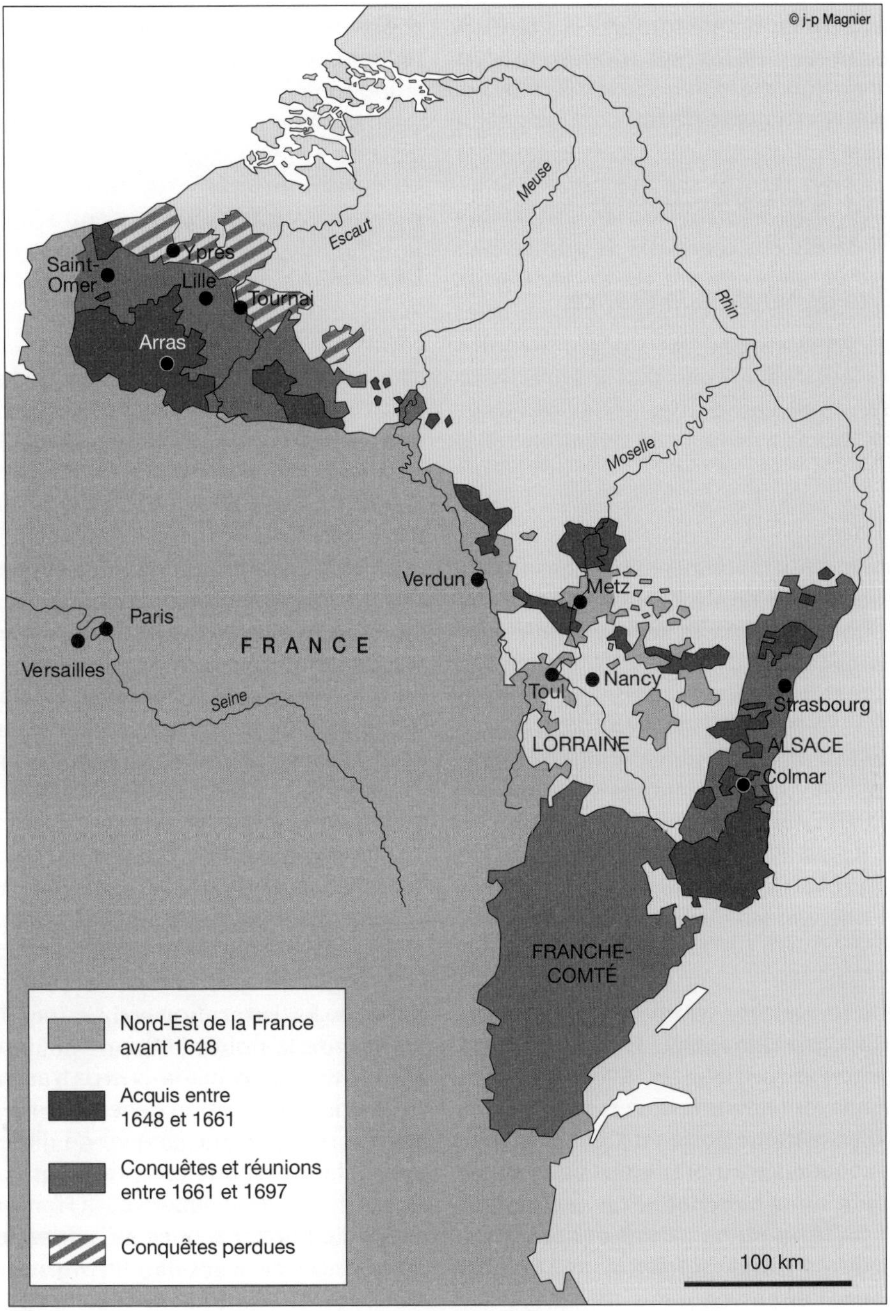

Les conquêtes de Louis XIV

particulier en **Alsace** où le plus prestigieux des chefs français, **Turenne**, trouve la mort (1675).

Un **Congrès européen**, ouvert à **Nimègue depuis 1675**, permet de mettre fin à la guerre. La paix signée entre la France et les Provinces-Unies consacre un simple retour à la situation d'avant-guerre ; l'Espagne abandonne en revanche à Louis XIV la Franche-Comté et des places dans les Pays-Bas **(1678)**.

Face à l'Europe coalisée (1678-1697)

L'hostilité générale à la France

Peu à peu une vaste coalition s'organise contre la France qui fait preuve d'une agressivité manifeste : multiples petites annexions à ses frontières, bombardement de Gênes en 1685, revendications dans le Palatinat, conflit avec le pape qui conduit en octobre 1688 à l'occupation d'Avignon. Au moment où les princes protestants d'Allemagne commencent à s'organiser pour faire face à l'invasion française, la Révolution d'Angleterre lie le royaume avec les Provinces-Unies.

La guerre de la Ligue d'Augsbourg

Sur le continent, la puissance militaire de la France est telle que les **victoires** s'enchaînent sur les différents théâtres de la guerre : dans les Pays-Bas, victoires du maréchal de Luxembourg à Fleurus (1690), Steinkerque (1692) et Neerwinden (1693) ; en Italie, victoire du général Catinat à la Marsaille sur le duc de Savoie (1693).

La guerre maritime semble également bien engagée, et Tourville remporte un important succès sur la flotte anglaise en 1690, qui permet le passage en Irlande d'un corps expéditionnaire envoyé soutenir Jacques II et ses partisans. La victoire de Guillaume d'Orange à la bataille de la Boyne ruine cependant les espérances jacobites (→ fiche 24), et la nouvelle tentative de passage en Irlande s'achève en 1692 par le désastre naval de La Hougue.

La guerre tend à devenir une **guerre d'usure à partir de 1694**. Les coalisés doivent se résoudre à traiter avec la France. Le duc de Savoie cède le premier en 1696 ; Guillaume d'Orange préfère alors négocier avec Louis XIV, qui fait de larges concessions aux Hollandais, abandonnant toutes les places conquises dans les Pays-Bas depuis la paix de Nimègue, le Luxembourg et accordant des avantages commerciaux aux Hollandais. Surtout, le roi de France reconnaît la légitimité du nouveau roi d'Angleterre et s'engage à ne plus aider les partisans des Stuart **(paix de Ryswick, 1697)**.

La grande épreuve (1700-1713)

La succession d'Espagne

La mort sans héritier de Charles II d'Espagne (→ fiche 20) est attendue dans toutes les capitales européennes. Un partage de l'empire espagnol semble convenir aussi bien à la France qu'à l'Angleterre et aux Provinces-Unies. Des plans sont élaborés avant l'ouverture du testament de Charles II qui meurt le 1er novembre 1700 ; celui-ci témoigne en fait de la volonté de ne pas démembrer l'empire espagnol : **Philippe d'Anjou**, second petit-fils de Louis XIV, est désigné comme le **nouveau roi d'Espagne** ou, à défaut, son frère puîné, Charles de Berri. En cas de refus français, on passerait à l'archiduc Charles, puis au duc de Savoie, Charles-Emmanuel II.

Le 16 novembre 1700, après quelques jours de réflexion, Louis XIV accepte la succession. Il apparaît très vite que le jeune roi Philippe V ne saurait rien refuser à son grand-père. La France installe des troupes dans les Pays-Bas. Dans les colonies, les Français cherchent également à profiter de la nouvelle donne politique pour évincer tous leurs concurrents. L'Europe craint enfin que Philippe V, qui n'a pas renoncé à ses droits sur la couronne de France, ne soit un jour placé à la tête d'un État franco-espagnol trop puissant.

La coalition qui se forme contre la France rassemble de nouveau l'**Angleterre, les Provinces-Unies et l'empereur**. Trois hommes la dominent à partir de la mort de Guillaume d'Orange (1702) : **Heinsius**, Grand Pensionnaire de Hollande, **Eugène de Savoie**, général des armées impériales et l'Anglais **Marlborough**. En 1703, la coalition s'étoffe par l'arrivée de la Savoie, puis du Portugal, grâce au traité négocié par Lord Methuen.

La première phase de la guerre

Les premières années sont calamiteuses pour l'alliance franco-espagnole. Après quelques succès, les Français sont défaits à Blenheim par Marlborough et le prince Eugène. L'Allemagne devient inaccessible et l'allié bavarois, isolé, doit subir une dure occupation (1705). Le maréchal de Villeroi est à son tour vaincu à Ramillies en 1706, perdant ainsi les Pays-Bas. En Espagne, les revers s'accumulent également : les Anglais s'emparent de Gibraltar en 1704, puis de Barcelone l'année suivante. L'archiduc autrichien Charles s'installe dans la capitale catalane et se fait reconnaître roi sous le nom de Charles III. Il parvient même à occuper Madrid en 1706, mais il en est chassé par une émeute des partisans de Philippe V.

Le redressement

Les propositions faites à Louis XIV par les alliés en 1709 sont inacceptables, supposant une abdication de Philippe V. À **Malplaquet**, l'armée française arrête Marlborough **(1709)**. En Espagne, la victoire du duc de Vendôme à **Villaviciosa** assure le trône de Philippe V **(1710)**. Charles III quitte l'Espagne l'année suivante.

Les négociations générales commencent à Utrecht en janvier 1712, mais achoppent très vite. Le sort de la guerre dépend en réalité de la France et de l'Angleterre. À **Denain**, le maréchal de Villars brise la nouvelle offensive des Hollandais et des Impériaux **(1712)**. L'Europe est prête pour la paix générale (→ fiche 30).

Pistes bibliographiques

R. Mandrou, *Louis XIV en son temps*, Paris, PUF, 1978 ; A. Corvisier, *Histoire militaire de la France, t. 1 : Des origines à 1715*, Paris, PUF, 1992 ; L. Bély, *Les relations internationales* XVIIe-XVIIIe *siècles*, Paris, PUF, 2007 ; J. Cornette, *Le roi de guerre*, Paris, Payot, coll. « Petit Bibliothèque Payot », 2010 ; J.J. Lynn, *Les guerres de Louis XIV*, trad. fr., Paris, Perrin, 2010 ; O. Chaline, *Les armées du roi. Le grand chantier* XVIIe-XVIIIe *siècle*, Paris, Armand Colin, 2016. Sur la dernière guerre du règne, C. Oury, *La Guerre de Succession d'Espagne*, Paris, Tallandier, 2020.

FICHE 24 L'Angleterre des révolutions

Les îles Britanniques au début du XVIIe SIÈCLE

La diversité politique

L'autorité royale s'étend aussi bien à l'**Angleterre** qu'au **Pays de Galles**, désormais étroitement lié à la couronne, même si un conseil autonome subsiste jusqu'en 1689. L'échec de l'anglicanisme en **Irlande** montre cependant les limites de l'influence royale dans une île encore largement dominée par la noblesse locale que son catholicisme tourne vers l'Espagne. Entamée en 1599, la **conquête**, difficile, de l'ensemble de l'île, est **achevée en 1603**. Avec le règne de Jacques Ier se renforce la politique des plantations : on installe en Ulster des colons protestants, anglais ou écossais, dont la présence provoque une **révolte en 1641**.

L'Écosse constitue un royaume entièrement indépendant, qui s'est rapproché de l'Angleterre au début du règne de **Jacques VI (1589-1625)**, qui devient en Angleterre Jacques Ier en 1603. La monarchie écossaise s'efforce d'établir une Église sur le modèle de l'anglicanisme, alors que le courant dominant du protestantisme écossais est plus proche de l'orthodoxie calvinienne et tient au modèle presbytérien, qui suppose l'indépendance de l'Église par rapport à l'État.

Les contrastes économiques

La relative prospérité de l'Angleterre tranche avec le sous-développement du reste des îles Britanniques, mais n'en fait pas un pays très différent de ceux du continent. L'extraction du charbon dans le Northumberland n'a finalement joué qu'un rôle marginal et l'évident dynamisme économique de l'époque a plus à voir avec les productions textiles de l'est du royaume et les activités commerciales. De la même façon, les mutations agricoles, commencées au XVe siècle avec les enclosures (→ fiche 1) ne permettent pas de parler de révolution agricole. La vraie révolution est plutôt du côté des prix, dont la hausse, corollaire inévitable de la croissance démographique, a sans doute déstabilisé la société.

Le trait finalement le plus marquant de l'Angleterre pré-révolutionnaire est **l'expansion de Londres** : la population passe de 200 000 à 400 000 habitants entre 1600 et 1650. Dès cette époque, la capitale écrase par sa taille les autres villes du royaume. Le commerce maritime est la principale cause de cette croissance. Les armateurs anglais, d'abord présents en Baltique et en Méditerranée, se lancent par la suite dans les négoces coloniaux, aussi bien en Amérique du Nord qu'aux Antilles ou aux Indes orientales.

La première révolution

Le règne de Jacques Ier (1603-1625)

Jacques VI d'Écosse est appelé pour succéder à Élisabeth en 1603. Il inaugure un régime d'**union personnelle entre l'Écosse et l'Angleterre**. Le nouveau souverain est partisan d'une monarchie sans frein : Jacques Ier oublie de convoquer le Parlement de 1610 à 1621. Les sessions de la fin du règne ne parviennent pas à dissiper les soupçons d'absolutisme qui pèsent sur le roi.

En matière religieuse, il en tient pour la suprématie de l'Église anglicane dont il est le chef. Ainsi s'oppose-t-il aussi bien aux catholiques qu'à de nombreux protestants. Le **catholicisme anglais**, quoique très minoritaire, est encore vigoureux. La Contre-Réforme touche aussi l'Angleterre protestante et le nombre des catholiques passe de 35 à 60 000 entre 1604 et 1640, principalement dans les comtés du nord comme le **Northumberland** ou le **Lancashire**. En 1605, un complot papiste contre Jacques Ier, **la Conspiration des poudres**, est déjoué, qui empêche toute réconciliation entre le roi et les catholiques.

Rien n'est moins clair que la notion de **puritanisme** dans l'Angleterre du début du

Rois d'Angleterre et rois d'Écosse

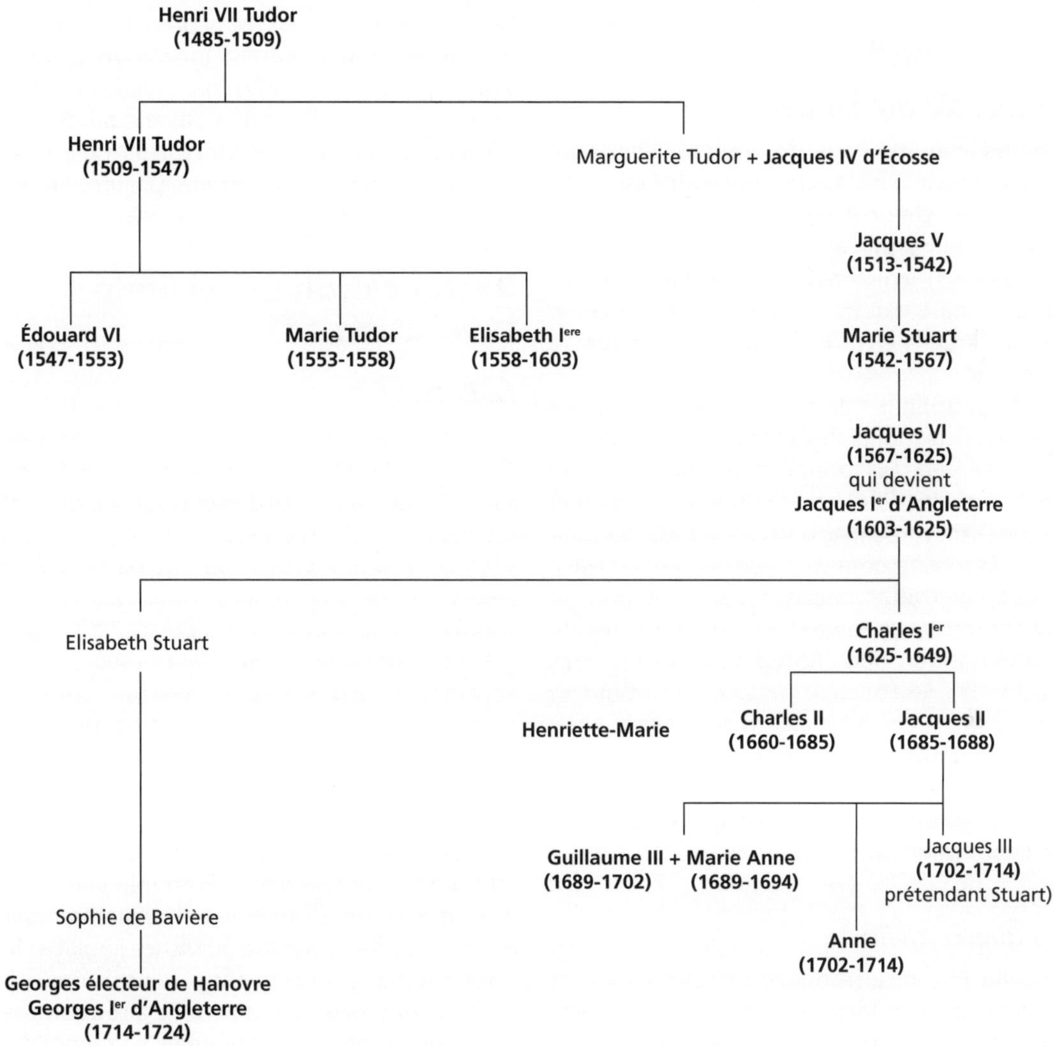

XVIIe siècle. Il s'agit avant tout d'une attitude religieuse, et non d'un parti. Sans rejeter systématiquement l'Église anglicane, les puritains aspirent à la voir s'orienter vers un plus grand respect de l'orthodoxie calviniste et s'inquiètent de tout rapprochement avec le catholicisme. Certains, les **dissidents**, rêvent d'une Église sur le modèle presbytérien (→ fiche 4), détachée du pouvoir royal.

La montée des tensions

Charles Ier monte sur le trône en 1625 et gâche très vite les atouts que lui conférait une réelle popularité. Une crise religieuse s'ouvre, liée à l'action de l'archevêque de Canterbury, **Laud (1573-1645)**, très hostile aux dissidents. On soupçonne le roi qui a épousé **Henriette de France**, sœur de Louis XIII, de pencher vers le papisme.

La pétition des droits de 1628, qui rappelle au roi que la monarchie d'Angleterre doit être tempérée par le Parlement, a peu d'écho ; le roi renvoie les Chambres et gouverne avec une poignée de conseillers de **1629 à 1640**, période connue sous le nom de tyrannie dans l'historiographie traditionnelle. À partir de 1637, la résistance du Parlement à la pression fiscale grandit, tandis que l'Écosse se révolte. Après l'échec d'une conciliation avec un nouveau Parlement, le **Court Parlement de 1640**, un **Long Parlement hostile au roi siège de 1640 à 1653** ; il adresse en vain la Grande Remontrance de 1641, contre les papistes, les évêques anglicans et l'entourage du roi, véritable manifeste des débuts de la première révolution.

La guerre civile

Charles Ier pense résoudre le conflit avec le Parlement par la force ; il quitte Londres et lève une armée en 1642. Après trois années d'une lutte incertaine, la victoire des parlementaires à Naseby en 1645, puis la prise d'Oxford, quartier général royaliste, l'année suivante, mettent fin à la guerre civile. Prisonnier, le roi est jugé par un Parlement désormais aux ordres du nouveau maître de l'Angleterre, **Cromwell (1599-1658)**, petit noble puritain sorti de l'anonymat pendant la guerre civile ; Charles Ier est finalement **condamné à mort et exécuté le 9 janvier 1649**.

La dictature républicaine

Le Parlement déclare en juin que l'Angleterre est désormais une **République (Commonwealth)**. Le nouveau régime se transforme en véritable dictature à partir de 1653. Cromwell, qui a vaincu successivement les Irlandais, les Écossais et les partisans de Charles II, fils du défunt roi, se proclame Lord Protector d'Angleterre, d'Écosse et Irlande. Le régime, profondément religieux, prône l'austérité et l'obéissance.

Restauration et seconde révolution

La Restauration

Le Commonwealth ne survit pas à la **mort de Cromwell**. Le régime était avant tout fondé sur la capacité du Lord Protector à ménager radicaux et conservateurs. Richard Cromwell, son fils, se révèle vite incapable de faire face aux oppositions. Le **général Monck** marche sur Londres où se réunit un nouveau Parlement, le **Parlement Convention** en **avril 1660**. Celui-ci accepte le retour à la monarchie, tout en demandant le maintien de certains acquis de la Révolution.

Le règne de Charles II n'est cependant pas la synthèse que beaucoup espéraient. Un nouveau Parlement, appelé Parlement Cavalier, est soumis à la monarchie qui rétablit peu à peu son autorité. Les atermoiements diplomatiques de Charles affaiblissent la puissance anglaise : le roi se tourne vers Louis XIV par le traité secret de Douvres (1670) où il s'engage à restaurer le catholicisme romain en Angleterre. La politique d'indulgence en matière religieuse mécontente le Parlement, qui impose en 1673 le **Bill of Test**, écartant les catholiques de tout emploi public. Le roi semble céder et se rapproche même de la Hollande calviniste (1674), mariant sa fille Marie au prince d'Orange (→ fiche 16).

Les rumeurs de complot papiste provoquent en 1678 à Londres une brève hystérie anticatholique. Deux camps se forment alors, : les **whigs**, souvent puritains ou dissidents, qui veulent empêcher l'arrivée sur le trône du duc d'York, frère catholique du roi, font face aux **tories**, anglicans attachés aux prérogatives royales. Dans un climat d'agitation et de complots, Charles II gouverne sans Parlement, s'appuyant sur une armée permanente. Il meurt après s'être finalement converti au catholicisme.

Le règne de Jacques II (1685-1689) est dominé par la question religieuse. Roi catholique, il ne parvient pas à se concilier des sujets qui sont impressionnés par la Révocation de l'édit de Nantes (→ fiche 22) en France. Pour sauver la religion protestante, whigs comme tories pensent à Guillaume d'Orange, gendre de Charles, dont l'orthodoxie calviniste est irréprochable.

La « glorieuse révolution »

Guillaume débarque à Torbay dans le Devon avec une armée principalement hollandaise qui ne rencontre aucune résistance (décembre 1688). Il devient roi d'Angleterre, conjointement avec la reine Mary, accepte par le **Bill of Rights** une monarchie contractuelle. Les partisans des Stuart, désormais appelés jacobites, sont d'abord vaincus en Écosse. En Irlande, Jacques II cherche à s'appuyer sur les catholiques et reçoit des renforts français. La victoire de Guillaume d'Orange à la Boyne met fin à ses espérances et ouvre une longue période d'oppression du catholicisme dans l'île (1690).

L'Act of settlement (1701) organise la succession à la couronne en réservant celle-ci à un prince protestant, à qui un mariage catholique est interdit. La question de l'Écosse est réglée par une **union autoritaire** entre les deux royaumes **(1707)** qui met fin à l'indépendance écossaise.

Pistes bibliographiques

En français, on utilisera d'abord S. Jettot et Fr.-J. Ruggiu, *L'Angleterre à l'époque moderne*, Paris, Armand Colin, coll. « Mnémosya », 2021. On y ajoutera, B. Cottret, *Histoire d'Angleterre, XVIe-XVIIIe siècles*, Paris, PUF, 1996 ainsi que ses deux livres plus récents : *La glorieuse révolution d'Angleterre*, Paris, Gallimard, coll. « Folio-histoire », 2013 et *La Révolution anglaise*, Paris, Perrin, 2015. M. Duchein, *50 années qui ébranlèrent l'Angleterre : les deux Révolutions du XVIIe siècle*, Paris, Fayard, 2010. La 2e édition du livre de B. Coward, *The Stuart Age*, Londres et New York, Longman, 2011, offre un bon aperçu du renouvellement de la question chez les historiens britanniques à la fin du XXe siècle. M. Duchein, *Jacques Ier Stuart*, Paris, Fayard, 2003 ; B. Cottret, *Cromwell*, Paris, Fayard, 1992.

FICHE 25 L'Europe du Nord et de l'Est au XVIIe siècle

Les États

La Suède

La monarchie suédoise est en théorie tempérée par deux assemblées, le **Riksdag, la Diète** et le **Riksråd**, conseil royal composé de nobles. Le XVIIe siècle voit en réalité un pouvoir renforcé du roi et de la noblesse sur l'ensemble de la société. Le roi **Charles IX (1607-1611)**, troisième fils de Gustave Vasa, a su écarter son neveu, le catholique roi de Pologne Sigismond, et ancrer le pays dans le protestantisme. Son fils, **Gustave II Adolphe (1611-1632)**, est le plus grand des rois de Suède, tant sur le plan intérieur que dans sa politique extérieure (→ fiche 19). Après son règne s'ouvre une période d'incertitudes. La minorité de la **reine Christine**, âgée de six ans à la mort de son père Gustave Adolphe, donne le pouvoir au chancelier Oxenstierna. Celui-ci modifie les institutions en affaiblissant le Riksdag, soumis désormais à un Riksrad de cinq membres. Ce renforcement de la puissance monarchique est cependant menacé par le bref, mais chaotique règne personnel de **Christine (1644-1654)**. Après son abdication, **Charles X (1654-1660)**, petit-fils de Charles IX par sa mère, doit renforcer l'autorité de la monarchie sur les nobles dont on saisit une partie du patrimoine.

• Après une difficile période de minorité, **Charles XI (1660-1697)** mène lui aussi une politique fort hardie à l'égard de la noblesse, dont il confisque une partie des biens. Les réformes militaires conduisent à la constitution d'une véritable armée nationale, composée de soldats paysans. En 1697, le jeune roi Charles XII hérite ainsi d'une monarchie forte, dont l'autorité ne résiste cependant pas à la défaite militaire. La mort de Charles XII met **fin à la période de la grandeur de la Suède et ouvre l'ère de la liberté**.

Le Danemark

Il s'agit en principe d'une monarchie élective. Les rois sont en fait tous issus de la **Maison d'Oldenbourg** (→ fiche 6), mais leur autorité est tempérée, comme en Suède, par le **Rigsraad** et le **Rigsdag**. La défaite militaire dans la guerre de Trente Ans conduit le roi **Christian IV** à se tourner vers les réformes internes, qui échouent en grande partie à cause des résistances de la noblesse. Son fils **Frédéric III (1648-1670)** parvient cependant, devant les périls extérieurs à rendre la monarchie héréditaire et à mettre fin aux tensions sociales. Le modèle suédois influence largement le voisin danois. **Christian V (1670-1699)** et **Frédéric IV (1699-1730)** tentent de maintenir la puissance de l'État, renforçant le prestige de la royauté par une vie de cour brillante et créant, comme Charles XI, une armée paysanne après avoir aboli le servage.

La Pologne

La République royale fondée par l'Union de Lublin (→ fiche 17) entre au XVIIe SIÈCLE DANS UNE PÉRIODE DE DIFFICULTÉS DE TOUTES SORTES. L'ÉCONOMIE, FONDÉE SUR l'agriculture, est placée sous la coupe des grands propriétaires qui concentrent entre leurs mains de plus en plus de terres. Le servage progresse et la noblesse refuse tout renforcement du pouvoir royal, représenté par des rois issus d'une branche catholique de la maison de Vasa, successeurs de l'énergique **Sigismond III (1587-1632)**, les peu capables **Ladislas IV (1632-1648)** et **Casimir V (1648-1668)**, cardinal sécularisé dont le règne est un véritable désastre. Dans les assemblées provinciales, la noblesse domine et envoie à la Diète des représentants soucieux de défendre avant tout les libertés nobiliaires. Le système du ***liberum veto***, inauguré en **1652**, permet à un seul opposant d'empêcher toute résolution. La République glisse ainsi vers l'anarchie, tandis que les factions sont facilement dominées par les grands nobles et les puissances étrangères. Le pays est en outre miné par la question d'Ukraine, où les cosaques zaporogues

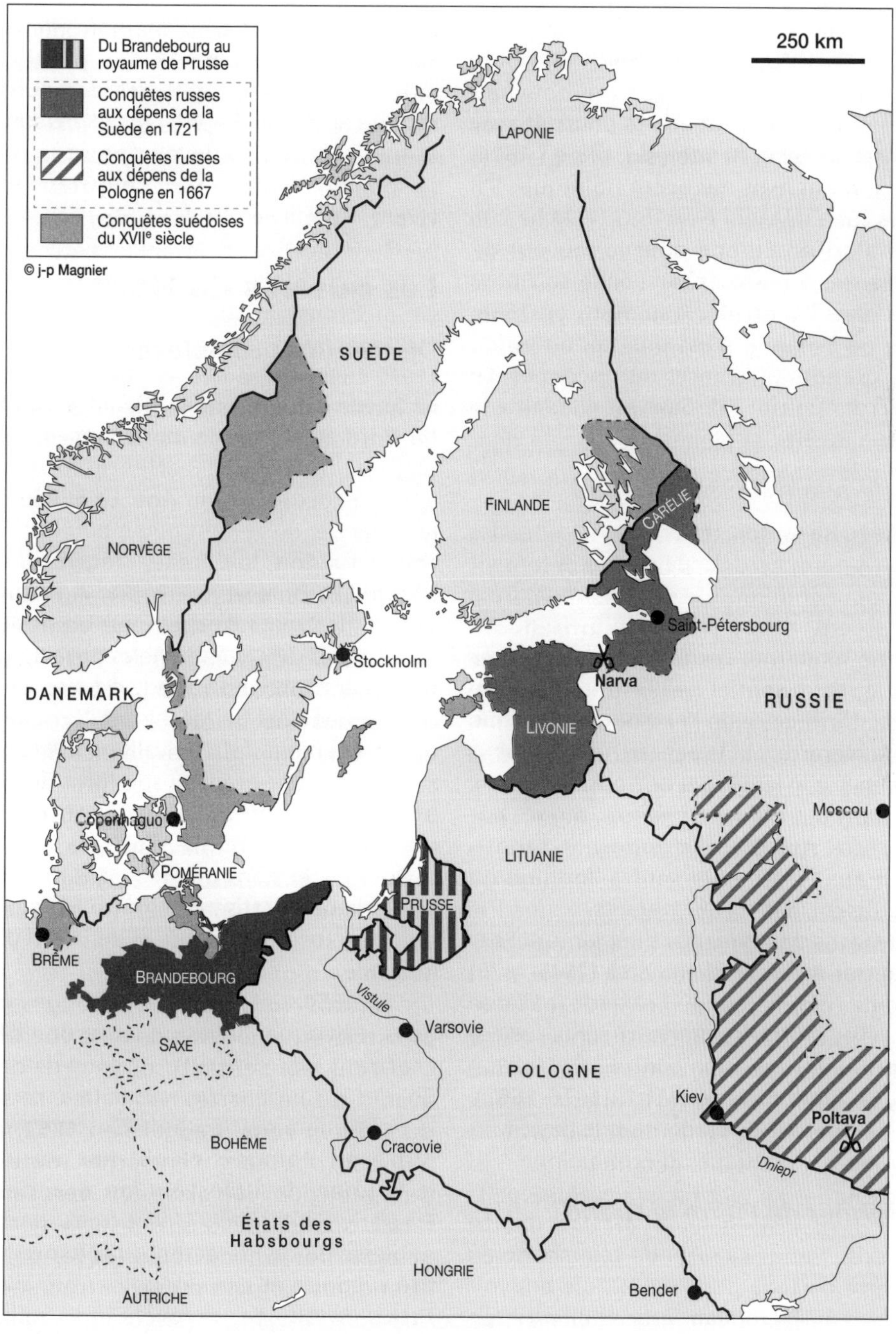

L'Europe du Nord et de l'Est en 1721

forment une véritable république, dirigée par un hetman élu.

Au bord du gouffre au moment des invasions suédoise et russe, la Pologne échappe à la catastrophe grâce à un redressement militaire inattendu, mais les concessions territoriales sont immenses. En 1669, la Diète choisit un noble polonais, **Michel Korybut**, comme nouveau roi. Cette réaction patriotique se poursuit avec son successeur, **Jean III Sobieski**, élu en 1674, brillant général mais médiocre politique. S'il écarte les Turcs de Vienne en 1683 (→ fiche 20), et passe alors en Europe pour le sauveur de la chrétienté, il laisse en revanche son pays sombrer dans l'anarchie. À sa mort, en 1696, le trône de Pologne n'est plus qu'un enjeu pour les grandes puissances européennes. Le nouveau roi Auguste II de Saxe est en réalité le client de la Russie.

La Russie avant Pierre le Grand

La société russe est fort différente de celles des autres pays européens. La paysannerie connaît un sort souvent misérable et le servage, lié à l'endettement, est de plus en plus fréquent à l'époque moderne. Les **tensions religieuses** sont un aspect essentiel de l'histoire russe au XVIIe siècle. L'influence de l'orthodoxie grecque domine la hiérarchie et le **patriarche Nikon** veut imposer en Russie les usages de Constantinople. Les partisans des vieilles croyances, dirigés par l'archiprêtre **Avvakum,** s'opposent fanatiquement aux réformes et sont à l'origine du schisme, **raskol**, des Vieux Croyants.

La dynastie des Romanov s'implante solidement. Le tsar **Alexis Mikhaïlovitch (1645-1676)** est le grand réformateur du XVIIe siècle. L'État se développe et affirme sa primauté sur la société et élabore une législation contraignante. Son successeur, **Fiodor Alexeïevitch (1676-1682),** s'efforce à son tour de moderniser le pays, tant du point de vue politique qu'économique.

Les réformes de Pierre le Grand

Fils d'Alexis Ier et de sa seconde femme, né en 1672, Pierre partage jusqu'en 1689 le pouvoir avec son demi-frère Ivan V, qu'il élimine en 1689, laissant le gouvernement à sa mère. Son règne personnel commence véritablement en 1694. Vainqueur des Turcs, Pierre s'installe à Azov et cultive désormais des ambitions maritimes, renforcées par ses voyages en Hollande et en Angleterre. Des réformes imposent une occidentalisation très partielle : costumes, calendrier, fondation d'une nouvelle capitale, Saint-Pétersbourg, en 1715... mais la guerre mobilise son énergie. Pierre demeure avant tout un autocrate impitoyable. Sous son règne, la bureaucratie se développe et la noblesse se soumet. Salué du titre de « Grand » de son vivant, il meurt en 1725.

Les guerres du Nord

Des tensions complexes

La Suède est la grande puissance de l'Europe du Nord au XVIIe siècle, dominant un **véritable empire**, fruit d'une patiente construction, entamée dès le Moyen Âge. La Suède domine la Finlande, où se sont peu à peu installés des colons suédois, la Carélie, l'Ingrie, la ville de Narva, l'Estonie et la Livonie. À l'issue de la guerre de Trente Ans, elle est en position de force sur les rives méridionales de la Baltique et de la mer du Nord. La Suède est ainsi au centre d'affrontements qui déchirent l'Europe et ont des causes multiples. La rivalité entre la branche polonaise et la branche suédoise des Vasa se double d'un conflit religieux entre catholicisme et protestantisme. Enfin, la faiblesse de la Pologne et dans une moindre mesure celle du Danemark, attisent en outre les convoitises des puissances ascendantes de la Suède et de la Russie.

En 1654, la révolte des cosaques zaporogues provoque l'invasion russe de l'Ukraine. Profitant des difficultés polonaises, le roi Charles X, soucieux de reprendre à son compte la politique ambitieuse de Gustave-Adolphe, entre en Pologne et obtient au passage le soutien de l'Électeur de Brandebourg, Frédéric-Guillaume. Une bonne part de la noblesse polonaise accepte facilement l'autorité suédoise et l'armée polonaise, alliée aux Tatars de Crimée, se révèle indisciplinée. La puissance suédoise inquiète et une coalition se forme, où la Pologne peut compter sur le

Danemark et le Brandebourg, dont le retournement est assuré par la promesse d'une entière souveraineté, prélude à l'ascension à venir de la Prusse. Lorsque survient la mort inattendue de Charles X, la diplomatie française parvient à sauver la puissance de son allié suédois. À la **paix d'Oliva (1660)**, la Suède conserve son empire dans la Baltique ; un traité signé peu après à Copenhague confirme la supériorité suédoise sur le Danemark qui perd la Scanie. Désormais les Suédois contrôlent l'une des rives du Sund. Les affrontements se poursuivent et en 1675, la Suède subit à **Fehrbellin** une grave défaite face au Brandebourg. Elle perd la ville de Stettin et ne doit son salut qu'à l'intervention de Louis XIV contre le Brandebourg et le Danemark en 1679.

Charles XII

À la mort de Charles XI, la Suède se débat encore dans un conflit avec les pays voisins. Le jeune roi Charles XII, âgé de seulement de dix-sept ans, étonne alors l'Europe entière par son audace. Après avoir imposé la paix aux Danois, il se tourne vers la Russie. À **Narva, le 30 novembre 1700**, une petite armée suédoise défait des troupes russes, bien supérieures en nombre. Charles XII se tourne alors vers la Pologne. Les succès suédois y sont tout aussi fulgurants et permettent d'imposer un **nouveau roi, Stanislas Leszczynski**, à la place du Saxon Auguste II.

Les ambitions de Charles XII deviennent démesurées. Maître de la Pologne comme de la Saxe, il veut une victoire décisive sur la Russie et prend la route méridionale pour Moscou, à travers l'Ukraine. Après un dur hivernage, l'armée suédoise se brise sur la résistance des Russes à **Poltava le 7 juillet 1709**, tournant décisif dans l'histoire européenne. Pour la première fois, en effet, la Russie remporte une grande victoire sur une puissance militaire européenne. Charles XII se réfugie à Bender en territoire turc. Pendant quatre ans il multiplie les intrigues et finit par entraîner la Turquie dans la guerre contre la Russie. Il regagne la Suède en 1714 et se tourne contre le Danemark.

Les ultimes années de la guerre sont encore dominées par les ambitions de Charles XII, qui est tué en Norvège au **siège de Fredrikshall (1718)**. **La paix de Nystadt (1721)** offre Estonie, Ingrie et Livonie à la Russie. La Suède, qui a perdu Brême et Verden au profit du Hanovre et la Poméranie, cédée à la Prusse précédemment, n'est plus une grande puissance.

Pistes bibliographiques

Aux titres cités dans la fiche 17 sur le XVIe siècle, on ajoutera R. K. Massie, *Pierre le Grand*, trad. fr., Paris, Fayard, 1985 et F.-D. Lichtenhan, *Pierre le Grand, premier empereur de toutes les Russies*, Paris, Tallandier, 2015.

FICHE 26 L'Asie au XVIIe siècle

Les empires asiatiques

L'Inde des Moghols

À l'aube de l'époque moderne, l'Inde est divisée, politiquement et religieusement. Fondé au XIIe siècle, le **sultanat de Delhi** a pendant deux siècles consolidé la domination musulmane sur le nord du sous-continent indien. Le raid du conquérant turc Tamerlan lui a porté un coup terrible en 1398 et son autorité s'efface au XVe siècle au profit de **grands seigneurs afghans**, incapables d'unité. Seuls les **Rajpouts** du Rajahstan et au sud l'empire de **Vijayanagar** sont des puissances politiques hindoues de quelque importance.

Babour, fondateur de l'empire moghol, apparaît en Inde en 1517. Descendant de Tamerlan, ce prince turc originaire du pays de Ferghana s'est rendu maître d'un royaume en Afghanistan dès 1504. Passé en Inde, il écrase le sultan afghan de Delhi, Ibrahim, au cours de la **bataille décisive de Panipat le 21 avril 1526**. Après avoir défait les Rajpouts l'année suivante, Babour met la main sur un vaste empire qui s'étend du Penjab aux frontières du Bengale.

Le successeur de Babour, son fils **Houmayoun**, se révèle un souverain peu énergique. Il est écarté du pouvoir par un **usurpateur afghan**, **Sher Shah**, qui organise l'administration avant de mourir en 1545 pendant une campagne contre les Rajpouts. La période de troubles qui s'ouvre alors s'achève par la restauration de Houmayoun en 1555.

Le fils de Houmayoun, **Akbar**, n'est âgé que de treize ans en 1556. Son règne est marqué par une série de conquêtes qui lui permettent d'établir un empire parmi les plus étendus et solides de l'histoire de l'Inde. Après avoir vaincu les Rajpouts en 1569 et occupé le Gujarat en 1572, Akbar s'empare du Bengale en 1576, du Cachemire en 1586 et consolide la domination moghole sur le nord. Dans le Deccan, l'empire de Vijayanagar est défait dès 1565. Les royaumes indépendants tombent l'un après l'autre. L'œuvre impériale d'Akbar est immense. Contrairement aux précédents maîtres musulmans de l'Inde, Akbar prend soin d'associer les Hindous à son pouvoir et s'appuie sur l'aristocratie des Rajpouts. Sa cour, particulièrement brillante, mêle des dignitaires issus des deux communautés à un grand nombre d'étrangers. Se détachant de l'orthodoxie islamique, Akbar développe un syncrétisme religieux où le culte de sa personne occupe une place centrale.

Lettré et tolérant, le fils d'Akbar, **Jahangir (1605-1627)**, rencontre de grandes difficultés politiques et meurt en captivité après avoir été déposé. Son fils **Shah Jahan (1628-1658)** est un souverain fastueux, qui fait élever le **Taj Mahal d'Agra**, mais se fait renverser par son fils Aurangzeb. Le règne d'**Aurangzeb (1658-1707)**, qui se débat dans des guerres incessantes est déjà celui d'une certaine décadence. Bien moins tolérant que ses prédécesseurs, il impose le retour à l'orthodoxie islamique. À sa mort s'ouvre un siècle de crises qui sont fatales à l'empire moghol, désormais proie pour les Européens.

La Chine

La dynastie des Ming, issue du soulèvement national contre les Mongols, règne de **1368 à 1644**. Le XVe siècle voit la constitution d'un empire centralisé autour de la nouvelle capitale, Pékin. La Chine jouit alors de la prospérité économique et de la stabilité politique. L'empire ne parvient cependant pas à créer un système fiscal satisfaisant, et les derniers empereurs Ming, dominés par des factions rivales, sont trop faibles pour faire face à la montée des révoltes antifiscales.

Les invasions mandchoues sont à l'origine d'une nouvelle dynastie, les **Qing**, en 1644. L'empereur **Kangxi (1661-1722)** est le plus important souverain mandchou. Il met fin aux rébellions provinciales, soumet Mongols et Tibétains et s'empare de Taïwan. Ses réformes administratives conduisent à une réduction des

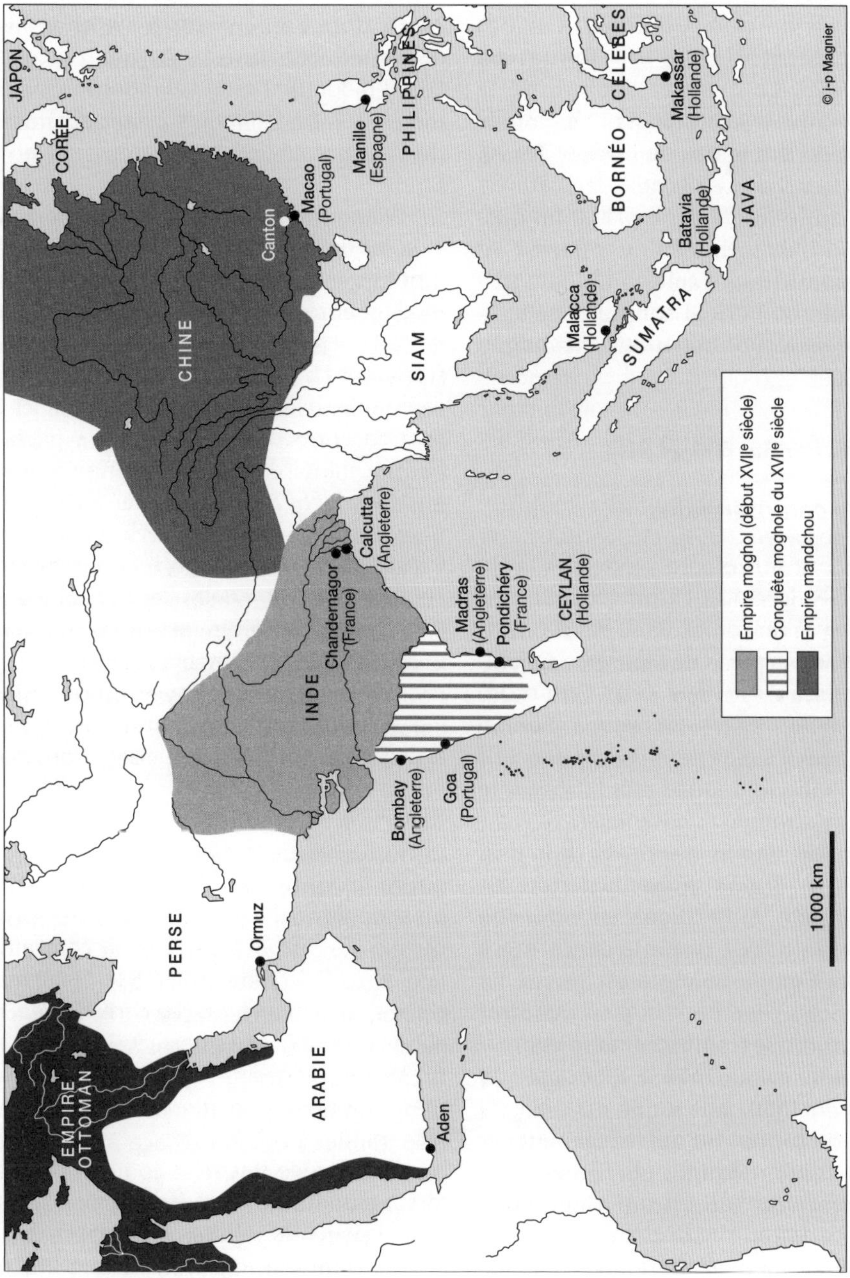

L'Asie au XVIIe siècle

impôts. L'empire s'ouvre à l'extérieur et établit des relations avec la Russie.

Le Japon

Après deux siècles de guerres civiles qui opposaient les chefs de clan – daimyo – avides d'autonomie territoriale, **l'ère Tokugawa** s'ouvre en 1603. Le premier **shogun** de la dynastie, **Tokugawa Ieyasu (1603-1616)**, installe sa capitale à Edo, sur le site de l'actuel Tokyo. L'organisation politique alors mise en place est particulièrement efficace et ne prend fin qu'à la révolution du Meiji en 1867. L'empereur et la noblesse impériale sont cantonnés à un rôle avant tout cérémoniel. La soumission de la noblesse féodale assure le pouvoir du shogun sur l'archipel.

Les Européens en Asie

Les rivalités commerciales

Les Portugais ont pris pied en Inde dès la fin du XVe siècle (→ fiche 12). La prise de **Goa** en **1510** leur a assuré un comptoir au nord-ouest; **Malacca (1511)** est la porte de l'Extrême-Orient. L'empire portugais est cependant tributaire du destin de la métropole. Le régime d'union personnelle avec l'Espagne instauré à partir de 1580 par Philippe II laisse aux lisboètes le contrôle sur les commerces coloniaux.

Les Hollandais, depuis la création de la VOC en 1602 (→ fiche 18), sont présents partout en Asie et supplantent les Portugais en Indonésie à partir de 1642. Ils font face à la concurrence de l'East India Company anglaise fondée en 1599. Les Français cherchent aussi à pénétrer les marchés asiatiques. Une première compagnie a obtenu du roi en 1604 le monopole du commerce sur les Indes orientales, mais elle ne parvient pas à organiser un commerce régulier avec l'Asie. Le projet est repris par Richelieu en 1626, sans plus de succès. L'installation d'une colonie à Madagascar en 1642 est un premier pas timide vers l'océan Indien; mais c'est la création de la Compagnie française des Indes orientales par Colbert (1664) qui dynamise l'expansion, concrétisée par la fondation de Pondichéry (1674) et de Chandernagor (1686).

Les missions

L'évangélisation de l'Inde est tentée par les Portugais dès la première moitié du XVIe siècle. Goa devient un évêché en 1534 où arrive **François-Xavier (1506-1552)** en 1542. Apôtre de l'Asie, dont l'œuvre suscite l'enthousiasme de l'Europe catholique, ce dernier parcourt aussi bien l'Inde que l'archipel indonésien et atteint même le Japon. Il meurt à Sancian, île au large de Canton, en 1552, sans réussir à entrer en Chine.

Macao, fondée en 1557 par les Portugais, est le point de départ des missions qui parviennent à pénétrer dans l'empire chinois. Le **P. Matteo Ricci** est autorisé à s'installer dans le sud du pays en **1582**; il passe ensuite à Nankin, puis s'installe finalement à Pékin en 1601. Parlant et écrivant couramment le chinois, Ricci convertit les Chinois tout en s'efforçant de bâtir une synthèse de la pensée chinoise et du christianisme. À sa mort en 1610, il n'y a que quelques milliers de chrétiens; un demi-siècle plus tard, quand l'empereur Kangxi monte sur le trône, il y a plus de cent mille chrétiens chinois, fidèles des 159 églises jésuites. Le nouveau souverain favorise les missionnaires qui poursuivent l'œuvre du P. Ricci.

Lorsque François Xavier quitte le **Japon**, il y a à peine cinq cents chrétiens. Par la suite arrivent les jésuites qui réalisent dans l'archipel une œuvre missionnaire considérable. À la fin du XVIe siècle, le Japon compte 300 000 chrétiens et l'influence de la nouvelle religion est grande parmi les élites. Le christianisme passe alors pour un signe d'indépendance chez les daimyo du sud. Le retour à un pouvoir centralisé sous la dictature de Hideyoshi (1536-1598) met fin à cette spectaculaire percée chrétienne. En 1614 commence la grande persécution des chrétiens du Japon; vingt ans plus tard, le christianisme n'est plus qu'une religion secrète dans l'empire nippon.

La **querelle des rites** commence dès 1631, lorsque dominicains et franciscains découvrent à quel point les jésuites ont adapté à la Chine le christianisme, organisant une liturgie qui mêle culte catholique et cérémonies traditionnelles chinoises. Le pape condamne ces pratiques en 1645, mais les jésuites font appel et obtiennent gain de cause en 1668. La querelle des rites ne fait que commencer : les dominicains s'acharnent et le débat agite de nombreux théologiens. Pris entre la volonté de l'empire chinois de maintenir les traditions et le rejet final de toute pratique superstitieuse, les jésuites ont de plus en plus de mal à poursuivre l'évangélisation de la Chine. Le pape Benoît XIV, par la bulle *Ex quo singulari*, interdit en 1742 tous les rites chinois. Peu après, les persécutions contre les chrétiens reprennent. La Compagnie de Jésus se maintient cependant jusqu'en 1775, dans une Chine où la querelle des rites a ruiné toute possibilité d'une véritable expansion du christianisme.

Pistes bibliographiques

A. Danielou, *Histoire de l'Inde*, Paris, Fayard, 1974 ; Cl. Markovits, *Histoire de l'Inde moderne (1480-1950)*, Paris, Fayard, 1994 et du même avec J.-L. Margolin, *Les Indes et l'Europe, histoire connectée*, Paris, Gallimard, coll. « Folio-histoire », 2015. J. Gernet, *Le monde chinois*, Paris, Armand Colin, n^{elle} éd. 2006. T. Brook, *Sous l'œil des dragons*, trad. fr., Paris, Payot, 2012. Sur les jésuites, M. Fontana, *Matteo Ricci, un jésuite à la cour des Ming, 1552-1610*, trad. fr., Paris, Tallandier, coll. « Texto », 2019.

FICHE 27 Les contradictions culturelles du XVIIe siècle

Art du mouvement, le baroque est d'abord la manifestation esthétique de la Contre-Réforme, mais il est aussi l'art d'une Europe en crise au premier XVIIe siècle.

L'âge baroque

Le foyer romain

L'achèvement de la basilique Saint-Pierre en 1612 par Carlo Maderna ouvre véritablement l'âge baroque. **Le Bernin (1598-1680)** est l'artiste de référence du baroque romain; le décor intérieur de Saint-Pierre et la fontaine de la Piazza Navona sont sans doute ses principaux chefs-d'œuvre, qui lui valent une gloire universelle.

La diffusion

D'Italie, le baroque gagne l'**Espagne**, où tous les domaines artistiques sont concernés. Le Siècle d'or de la culture espagnole peut ainsi être considéré comme en partie baroque. Le Portugal, puis l'**Amérique latine** sont touchés à leur tour. Le mouvement rayonne tout particulièrement dans les régions où le catholicisme doit montrer une ferveur exemplaire contre le protestantisme. C'est pourquoi les **Pays-Bas espagnols** en sont un foyer essentiel face aux Provinces-Unies calvinistes, comme le sont également l'**Autriche** et la **Bohême** en Europe centrale.

Les résistances

La France constitue un cas particulier. Le goût pour le baroque et les cultures de l'Europe méridionale y est indéniable, mais il ne s'impose jamais totalement dans un pays qui cherche à trouver des voies nationales, y compris dans les domaines artistiques et religieux. La littérature est sans doute la plus touchée, à l'heure où les œuvres italiennes et espagnoles sont abondamment lues, traduites et souvent plagiées.

Le baroque est un art dominant, mais pas universel. Les plus grands peintres de la période, le Français **Poussin (1594-1665)**, l'Espagnol **Velázquez (1599-1660)** et le Hollandais **Rembrandt (1606-1669)** demeurent étrangers au baroque.

Les révolutions scientifiques

Les fondateurs

Le renouveau culturel du XVIe siècle a finalement peu touché le domaine scientifique, à l'exception de la publication en 1543 du *De revolutionibus orbis terrarum* du Polonais **Copernic**, qui rejette le géocentrisme hérité de l'Antiquité au profit de l'héliocentrisme.

L'Anglais Francis Bacon (1561-1626) est le premier d'une longue série de savants à ébranler les dogmes aristotéliciens que le Moyen Âge avait conservés. Son *Novum Organum* (1620) propose de recourir systématiquement à l'expérience plutôt qu'à l'autorité. Il s'agit là d'un des premiers jalons d'une révolution scientifique.

L'Italien Galilée (1564-1542) pratique à la fois les mathématiques et l'astronomie. Grâce à la lunette qu'il met au point en 1609, il peut démontrer par l'expérience l'hypothèse formulée par Copernic en 1543 contre la cosmologie admise jusqu'alors, prolongeant ainsi les travaux de l'astronome allemand **Kepler (1571-1630)**. Considéré comme hérétique, Galilée doit se rétracter, mais peut poursuivre ses travaux grâce à la protection du pape Urbain VIII.

Le Français René Descartes (1596-1655) publie en 1637 son *Discours de la méthode*, qui pose les règles de la recherche scientifique: doute méthodique et recours à la raison fondent le cartésianisme, d'abord fortement combattu par l'Église et la science établie.

Les grandes nouveautés

L'Écossais **Neper (1550-1617)** invente les logarithmes que Kepler perfectionne à son tour. La France est l'un des foyers essentiels de la

Source : M. Denis, N. Blayau, *Le XVIIIe siècle*, A. Colin, 2002, p. 72.

L'expansion du modèle classique français

science mathématique au XVIIe siècle. Outre Descartes, il importe de souligner le rôle des travaux de **Pascal (1623-1662)** et de **Fermat (1601-1655)**.

En Italie, la physique est révolutionnée par Galilée qui, dès 1604, établit les lois de la chute des corps. **Toricelli (1608-1647)** est son principal disciple, qui travaille également sur la mécanique des fluides, imité en France par Pascal.

Même si les sciences naturelles progressent moins vite et que la médecine reste encombrée par des savoirs dogmatiques hérités de l'Antiquité, la découverte de la circulation du sang par l'Anglais **William Harvey (1578-1658)** peut être considérée à l'égal des progrès effectués à la même époque dans le domaine des sciences exactes.

L'ordre classique

Naissance du classicisme

La France du premier XVIIe siècle, sans être à proprement parler baroque, connaît un grand bouillonnement des idées et des courants culturels. Le jansénisme offre aux élites une religion personnelle qui apparaît très vite comme hétérodoxe à l'Église, tandis qu'à l'opposé le libertinage prend ses distances avec la religion et frôle parfois le matérialisme et l'athéisme.

À l'heure de la reprise en mains du royaume par la monarchie (→ fiches 21 et 22), l'ordre doit régner partout. L'Académie française, créée à l'initiative de Richelieu en 1635, s'efforce d'imposer une norme précise pour la langue. Ce goût pour la clarté favorise un poète comme Malherbe, pensionné par Henri IV puis par Louis XIII, première grande figure du XVIIe siècle littéraire français.

La génération de 1660 ?

L'idée d'une cohérence de la génération artistique qui s'épanouit au moment où commence le règne personnel de Louis XIV (→ fiche 23) est aujourd'hui largement remise en question. Il n'en demeure pas moins que l'apogée versaillais du siècle est finalement très bref. À la fin des années 1670, le goût change et le classicisme littéraire tel que le décrit **Boileau** en 1674 dans son *Art poétique* est sans doute déjà dépassé.

La diffusion européenne

La langue française s'affirme en même temps que les modèles littéraires et artistiques. Paradoxalement, le traité d'Utrecht de 1713, qui concrétise le déclin de la puissance française en Europe est le premier à être entièrement rédigé en français.

Le modèle littéraire français est imité ou objet d'inspiration dans toute l'Europe, tout particulièrement dans le monde germanique et les pays latins. L'architecture est également fortement influencée par la France, comme en Angleterre à l'heure où, après le grand incendie de Londres de 1666, le francophile Charles II voit se reconstruire une nouvelle capitale qui emprunte beaucoup aux modes continentales.

La « crise de la conscience européenne » (Paul Hazard)

De nouvelles révolutions scientifiques

Des progrès décisifs sont effectués dans le domaine des mathématiques avec le Hollandais **Huyghens (1629-1695)**, l'Allemand **Leibnitz (1646-1716)** et l'Anglais **Newton (1642-1727)** (→ fiche 29). Après les mathématiques, l'idée d'infini s'impose peu à peu dans tous les autres domaines et implique aussi celle de la diversité des mondes. L'horizon des Européens ne peut plus se limiter à l'Europe chrétienne ; l'heure des grandes remises en cause a sonné et l'esprit critique triomphe partout.

Un ébranlement religieux

Les travaux du philosophe hollandais **Spinoza (1632-1677)** provoquent une remise en cause de la tradition biblique telle que l'Occident n'en avait jamais connu. Juif d'origine portugaise, Spinoza a été chassé de la synagogue pour son attitude trop hétérodoxe. Le *Traité théologico-politique* (1670) a sans doute plus d'importance au XVIIe siècle que l'*Éthique* (1677). Le philosophe place l'Écriture sainte dans une perspective historique qui conduit à relativiser le message biblique.

Dans une même perspective, en 1678, l'oratorien français **Richard Simon** publie son *Histoire critique du vieux testament*. Le livre fait aussitôt scandale par son approche philologique de l'Écriture. Le doute sur la tradition s'installe. Le protestant français **Pierre Bayle (1647-1706)** publie depuis la Hollande de nombreux ouvrages où il en appelle à la raison et à la tolérance dans le domaine religieux.

Une crise esthétique

La France de la fin du XVIIe siècle remet en cause les modèles antiques qui ont fondé le classicisme. Ouverte en 1687, la **querelle des anciens et des modernes** rebondit en 1713 : en récusant l'autorité esthétique de l'antiquité gréco-latine au profit de la nouveauté, les tenants des modernes effectuent une révolution de type cartésien.

Dans le domaine des arts plastiques, une querelle semblable oppose poussinistes, tenant de la composition, aux rubénistes, qui s'inspirent du maître flamand et favorisent la couleur ; un goût nouveau, qui emprunte au baroque, remplace peu à peu la rigueur classique. Une synthèse s'annonce, qui est déjà celle du XVIIIe siècle.

Pistes bibliographiques

Deux ouvrages anciens, sans cesse réédités, constituent toujours une excellente introduction à l'histoire culturelle du XVIIe siècle : V.-L. Tapié, *Baroque et classicisme*, Paris, Le Livre de poche, 1986 et, pour l'histoire des sciences, A. Koyré, *Du monde clos à l'univers infini*, Paris, Gallimard, coll. « Tel », 1988 auquel on pourra adjoindre B. Belhoste, *Histoire de la science moderne*, Paris, Armand Colin, coll. « Cursus », 2016.

TROISIÈME PARTIE

Des Lumières à la Révolution

FICHE 28 Croissance démographique et urbanisation

La révolution démographique

Nouvelles conditions, nouveaux comportements

Les progrès de la médecine au XVIIIe siècle ne sont pas négligeables, mais il est douteux qu'ils aient eu une influence notable sur la démographie. Il faut cependant souligner que vers la fin du siècle les comportements commencent à se modifier lentement. L'attention portée à l'obstétrique et aux jeunes enfants fait reculer la mortalité. L'amélioration de l'alimentation reste cependant le principal facteur positif de la période. Ajoutons que l'âge au mariage recule sans cesse, faisant baisser le nombre d'enfants par femme.

Une transition démographique ?

La notion de transition démographique a été établie au XXe siècle. Elle caractérise une population dont la croissance est limitée par la baisse simultanée de la mortalité et de la natalité. À la fin de l'époque moderne, il existe en fait deux modèles, de toute façon imparfaits, de transition démographique ; ils ne sont vraiment visibles qu'à partir du XIXe siècle :

En France, le taux de natalité baisse rapidement, passant de 38,6 ‰ en 1770 à 31,8 ‰ en 1815. Parallèlement, et malgré la crise révolutionnaire et les guerres, le taux de mortalité diminue encore plus vite à la même période : 34,4 ‰ à 26,9 ‰. Il est difficile de donner une explication simple à un phénomène qui singularise la France jusque tard dans le XXe siècle. La chute du taux de natalité a beaucoup intrigué ; sans qu'il soit possible d'être formel sur ce point, il semble que les Français ont, plus tôt que les autres, pratiqué le contrôle des naissances.

Les conséquences se voient facilement dans les chiffres de l'évolution globale de la population. La croissance démographique française ralentit, mais la tourmente des années 1792-1815 ne parvient pas à l'entamer. La vitalité démographique de la France est encore telle qu'elle peut supporter la saignée de la Révolution (600 000 morts, parmi lesquels sans doute près de 150 000 civils) et des guerres de l'Empire (entre 700 et 800 000 morts).

La population française au XVIIIe siècle	
Année	Millions d'habitants
1700	21,5
1720	22,3
1740	24,6
1760	25, 7
1780	27,5
1790	28,1
1800	29,1
1810	30
1815	30,3

• L'évolution de l'**Angleterre** tranche sur celle du grand voisin continental. Traditionnellement peu peuplée, elle émerge du XVIIIe siècle avec une population qui a doublé en cent ans. Cette évolution inquiète certains observateurs; le révérend **Malthus (1766-1834)** publie en 1798 le très pessimiste *Essai sur le principe de population*. Il y prédit une catastrophe de grande ampleur pour le royaume, la population augmentant beaucoup plus vite que la croissance économique. Il préconise le contrôle des naissances.

La population de l'Angleterre et du Pays de Galles	
Année	**Millions d'habitants**
1700	5,8
1720	6
1740	5,9
1760	6,56
1780	7,53
1790	8,24
1801	8,9
1821	12
1841	15,9

Croissance démographique des pays européens au XVIIIe siècle

	1700	1800
France	21,5	29,1
Angleterre Pays de Galles	5,8	8,9
Italie (limites actuelles)	13	18
Espagne	7,5	10,5
Portugal	2	3
Provinces-Unies	1,9	2
Pays-Bas	1,8	3
Allemagne (limites actuelles)	13	18
Autriche Hongrie Bohême	7, 5	14
Russie	20	35
Suède Finlande	1,7	3,1
Danemark Norvège	1,2	1,8

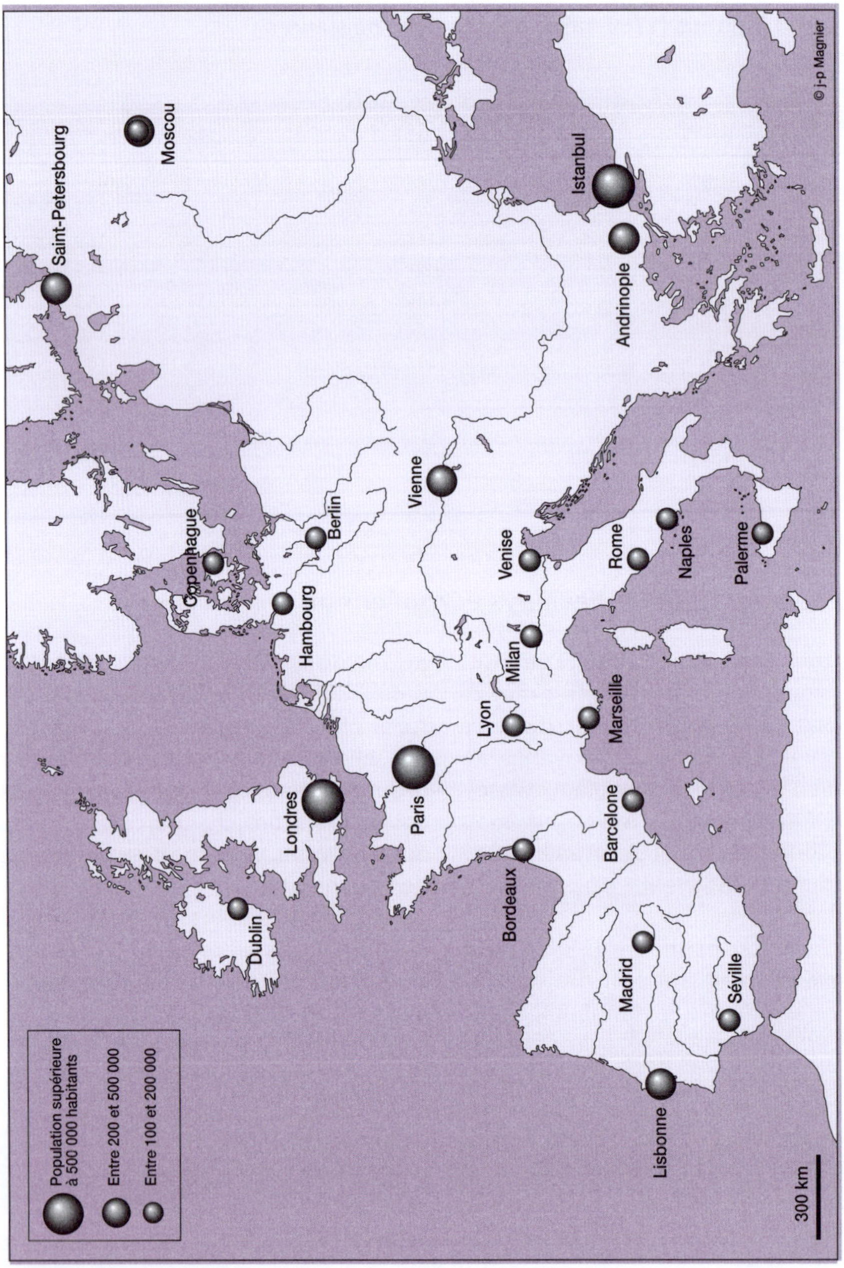

Les villes européennes au XVIIIe siècle

Une civilisation des villes

Les grandes villes européennes au XVIIIe siècle		
	1700	1800
Londres	550	861
Paris	530	547
Naples	207	430
Moscou	130	238
Lisbonne	188	237
Vienne	105	231
Amsterdam	172	201
Berlin	24	172
Madrid	110	169
Dublin	80	165
Rome	149	153
Venise	144	146
Palerme	113	143
Milan	124	134
Hambourg	70	130
Barcelone	73	120
Lyon	71	111
Marseille	88	110
Copenhague	62	100
Bordeaux	42	97

Les fonctions politiques ont largement contribué à l'apparition d'importantes métropoles en Europe continentale. Si la croissance de Paris se révèle finalement décevante au XVIIIe siècle, il n'en va pas de même d'autres capitales. Vienne, Berlin, Saint-Pétersbourg, mais aussi Dresde, Turin, Madrid ou même Versailles émergent comme de nouveaux pôles urbains de premier plan.

L'économie a été cependant le plus puissant moteur de la croissance urbaine : les villes industrielles comme Birmingham, Leeds et Manchester, mais aussi les grands ports atlantiques : Bristol, Liverpool, Bordeaux, Cadix sont parmi les plus dynamiques. L'exode rural modifie peu à peu la structure sociale des villes. En Europe occidentale, la part des groupes sociaux les plus défavorisés, dont celui des ouvriers, devient toujours plus importante dans les villes. À Lyon, il représente la moitié de la population.

Les villes tendent à être pensées de façon de plus en plus rationnelle. À Paris, on cherche à aérer la cité par de vastes perspectives dont la place Louis XV (actuelle place de la Concorde) est le modèle le plus achevé.

Pistes bibliographiques

Le second volume de J.-P. Bardet et J. Dupâquier, *Histoire des populations de l'Europe, t. 1 : Des origines aux prémices de la révolution démographique*, Paris, Fayard, 1998, couvre la période 1750-1914.

FICHE 29 La diffusion des Lumières

La notion de « Siècle des Lumières » cache la complexité culturelle du XVIIIe siècle. L'immense renom de Voltaire et des encyclopédistes français ne doit en effet pas faire oublier les évolutions multiples et parfois contradictoires de l'Europe à la fin de l'époque moderne. Il importe de ne pas négliger la diversité des influences, et d'abord l'apport du spinozisme venu de Hollande, à l'origine sans doute de courants bien plus radicaux dans leur contestation de toute autorité que les « Lumières françaises ».

Le foyer anglais

Les fondements

Dès la fin du XVIIe SIÈCLE, L'ANGLETERRE EST, À L'HEURE DES BOULEVERSEMENTS POLITIQUES (→ fiche 24), le théâtre d'une intense activité intellectuelle. Deux personnages majeurs sont au centre de cette révolution culturelle :

John Locke (1632-1674) donne aux sens un rôle primordial dans la connaissance (*Essai sur l'entendement humain*, 1690). Il est aussi un théoricien politique de première grandeur, partisan de la « glorieuse révolution ». Dans son *Traité de gouvernement*, il développe l'idée d'une politique fondée sur les droits naturels de l'homme. Longtemps exilé sur le continent à l'époque de Charles II, Locke est vite reconnu par l'Europe entière comme l'une de ses principales figures intellectuelles.

Isaac Newton (1642-1727) ébranle le système cartésien en établissant les lois de la gravitation universelle. Dès 1686, ses *Principes de la philosophie* sont le fondement d'une révolution qui jette les bases de la science pour deux siècles.

Une riche vie culturelle

Dès le début du siècle, l'Angleterre se signale par une intense vie littéraire, comparable en bien des points à celle de la France, dont **Pope (1688-1744)**, l'écrivain anglais le plus représentatif du moment, est l'imitateur. L'influence de la littérature britannique s'intensifie sur le continent et les romans de **Richardson (1689-1761)** remportent un succès européen. Préfigurant en poésie le **romantisme**, la littérature anglaise devient à partir de 1760 l'un des points de ralliement de ceux qui contestent le modèle français. L'Angleterre des Lumières présente également de riches écoles artistiques et Londres est la rivale de Paris dans bien des domaines : le musicien allemand **Händel (1689-1759)** s'y installe à partir de 1710 tandis que les frères Adam développent une architecture inspirée par l'antique et qu'en peinture s'illustrent **Reynolds (1723-1792)** et **Gainsborough (1727-1788)**.

Les Lumières françaises

Le cadre

La mort de Louis XIV permet à Paris à redevenir la capitale culturelle incontestée de la France, mais aussi de tout le continent européen. Cafés et salons tenus par des dames de la noblesse ou de la haute bourgeoisie permettent le brassage des hommes et des idées. En province, les académies jouent un rôle de premier plan dans la diffusion des Lumières, tout comme les loges maçonniques. À l'étranger, le prestige de la langue française est tel qu'elle devient commune à toutes les élites de l'Europe.

Les trois générations des Lumières

La première génération s'épanouit avant 1750. **Montesquieu (1689-1755)** se fait d'abord connaître par une œuvre littéraire fort caractéristique de la période de la Régence, les *Lettres persanes* (1721), où sont décrits de nombreux travers de la société française. Parmi les multiples voyages qu'il effectue en Europe, celui d'Angleterre le marque de façon décisive et l'oriente vers la philosophie politique. En 1748 paraît *De l'esprit des lois*, où il se déclare pour une monarchie tempérée par l'équilibre des pouvoirs. **Voltaire (1694-1778)** appartient à la même génération. Poète et dramaturge précoce, mais aussi auteur de récits comme *Candide* (1759), il est séduit par l'Angleterre où il séjourne de 1726 à 1729. Les *Lettres philosophiques*, publiées en 1734 font l'éloge du gouvernement anglais et de la tolérance. Célèbre dans l'Europe entière et protégé un temps par le roi de Prusse Frédéric II, Voltaire lutte contre le fanatisme et se fait parfois l'adversaire de la religion. Plus qu'aucune autre figure du siècle, Voltaire symbolise la France des Lumières et son rayonnement en Europe.

Vers le milieu du siècle, de nouveaux noms s'imposent. La plupart collaborent à ***l'Encyclopédie,*** animée par le fort polygraphe **Diderot (1713-1784)** et le mathématicien **d'Alembert (1717-1783)**. Bien qu'isolé, le Genevois **Rousseau (1712-1778)** est sans doute le penseur le plus important de la période. D'abord musicien, il s'essaie tardivement à la philosophie, avec le *Discours sur les sciences et les arts* (1750), puis le *Discours sur l'origine et le fondement de l'inégalité parmi les hommes* (1754), où il va à l'encontre de la pensée alors dominante en critiquant l'idée de progrès. Trois œuvres capitales le placent sur le devant de la scène intellectuelle : un roman, *La Nouvelle Héloïse* (1761), dont la sentimentalité influence la mentalité de l'époque, *Émile ou de l'éducation* (1762) et le *Contrat social* (1762), où Rousseau évoque la souveraineté populaire.

La fin du siècle, dominée par la pensée de Rousseau, voit la floraison de philosophes dans la lignée de Locke comme Condillac ou **Helvétius (1715-1771)**, mais aussi de matérialistes tel le baron **d'Holbach (1723-1789)**. Dernier grand penseur du siècle, le mathématicien **Condorcet (1743-1794)** rédige avant de se suicider sous la Terreur une *Esquisse historique des progrès de l'esprit humain* qui couronne le siècle français des Lumières. La période est également marquée chez beaucoup par un rejet du rationnel qui annonce déjà le romantisme.

L'Encyclopédie	
1745	Le libraire parisien Le Breton conçoit le projet d'une Encyclopédie, imitation d'un ouvrage anglais à succès paru en 1728. La réalisation en est confiée à Diderot.
1750	D'Alembert rédige le prospectus proposant de souscrire à *l'Encyclopédie ou Dictionnaire raisonné des Sciences et des Arts par une société de gens de lettres.*
1752	Condamnation par la Sorbonne des deux premiers volumes.
1759	Condamnation par le Parlement de Paris, qui ne suspend cependant pas la publication.
1772	Parution des derniers volumes de textes. Diderot ne collabore plus à une entreprise qui ne s'achève qu'en 1780 par la publication d'une Table générale.

Une floraison artistique

Par bien des aspects, le XVIIIe siècle est le second âge classique de la culture française. L'Académie royale organise des salons où triomphent les peintres **Boucher (1703-1770)**, **Chardin (1699-1779)** ou **Fragonard (1732-1806)** dont le renom est considérable en Europe, à l'égal des sculpteurs **Pigalle (1714-1785)** ou **Falconet (1716-1791)**, auteur aussi bien de la statue de Pierre le Grand à Saint-Pétersbourg que de celle de Louis XV à Paris. L'architecture, enfin, est représentée par la dynastie des **Gabriel** qui travaille tant à Paris qu'à Versailles ou en province, et **Soufflot (1713-1780)**, architecte de l'église Sainte-Geneviève, futur Panthéon.

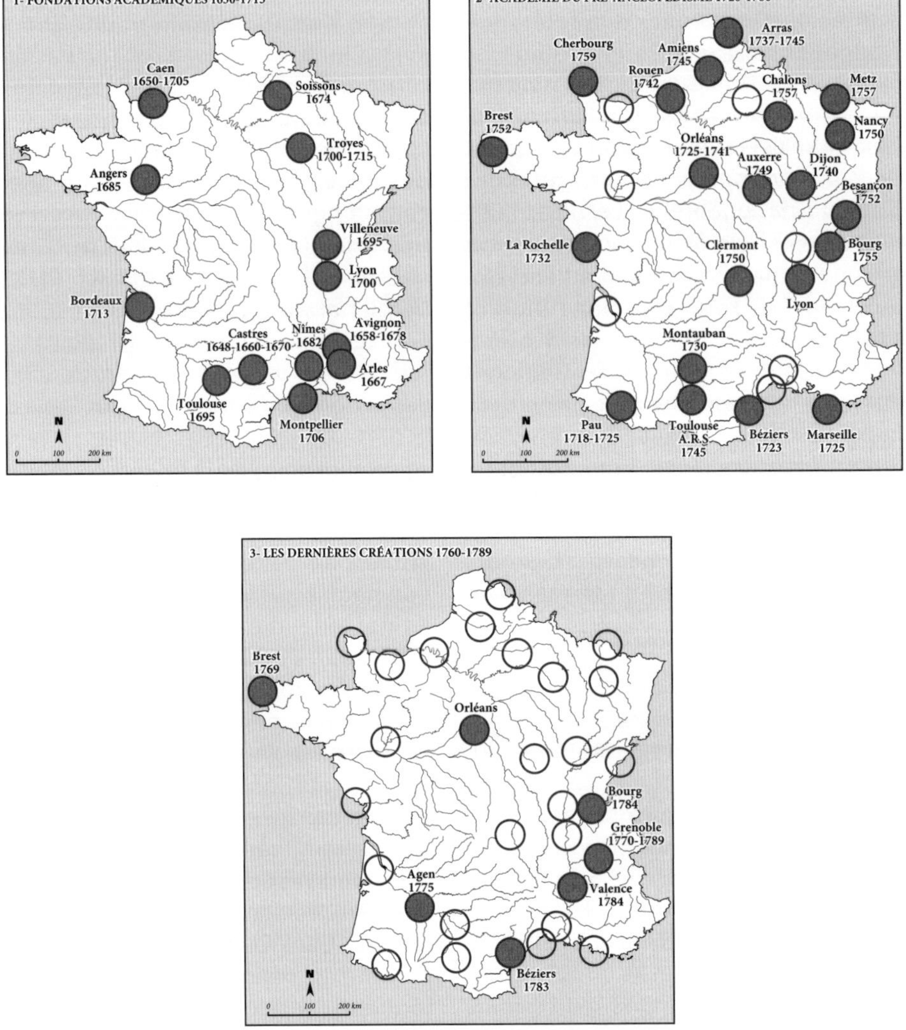

D'après P. Goubert, D. Roche, *Les Français et l'Ancien Régime*, t. 2, A. Colin, 3e éd., 2003, p. 252.

Les académies provinciales en France

La diversité culturelle européenne

Les littératures nationales

Les Lumières – **Aufklärung** – tiennent également un rôle essentiel dans l'histoire culturelle de l'**Allemagne** et l'œuvre de Kant est l'une des contributions capitales à la pensée européenne de ce siècle. Après avoir été placée sous l'influence française pendant une bonne partie du siècle, la littérature s'émancipe et prône une inspiration plus nationale avec **Lessing (1729-1781)** et **Herder (1744-1803)**. Dans les années 1770, de jeunes écrivains comme **Goethe (1749-1832)** et **Schiller (1759-1805)** préfigurent déjà le romantisme.

Dans l'Europe latine, la culture française conserve pendant tout le siècle un poids considérable ; des réactions cependant se dessinent en **Espagne** contre les tenants des Lumières, appelés par dérision les *afrancesados*. En **Italie**, la volonté d'émanciper les lettres de la tutelle française accompagne l'émergence d'un sentiment national nouveau chez les représentants des élites.

La vie musicale et artistique

La musique qui triomphe au XVIIIe siècle est avant tout italienne et trouve son expression la plus aboutie dans le genre de l'opéra. À Paris, qui tend à devenir la capitale européenne de la musique, deux grandes querelles opposant tenants de la musique française et partisans des Italiens, au milieu du siècle, puis dans les années 1770, passionnent les milieux cultivés.

Le monde germanique joue un rôle croissant, grâce au mécénat des nombreuses cours princières. Le Saxon **Bach (1685-1750)** est le musicien le plus important de la première moitié du siècle, tandis que la seconde moitié est davantage dominée par les Autrichiens, parmi lesquels **Haydn (1732-1809)** et **Mozart (1756-1791)**.

Dans bien des domaines artistiques, le classicisme français et Versailles ont pesé sur toute l'Europe du XVIIIe siècle, et seule l'Angleterre offre véritablement un autre modèle original. La vitalité de l'**Italie** décroît et les artistes qui font le voyage s'émerveillent désormais plus des vestiges d'un glorieux passé que de l'art contemporain. Seule Venise conserve encore un certain prestige, avec des peintres comme **Giambattista Tiepolo (1696-1770)** et son fils Giandomenico (1727-1804).

La vitalité religieuse

Il est difficile de mesurer l'importance du catholicisme dans l'Europe des Lumières. Un pape comme **Benoît XIV (1740-1758)** est loin d'être hostile aux idées nouvelles. L'Église doit cependant faire face aux multiples attaques contre les jésuites qui conduisent à la suppression de la Compagnie par le pape en 1773. Dans l'Europe latine, la religion populaire est toujours très vivace et les dévotions au Sacré-Cœur et à la Vierge sont fort caractéristiques d'un XVIIIe siècle souvent plus religieux qu'on ne l'imagine de prime abord.

Le **protestantisme** est en plein renouveau. En Angleterre, puis en Amérique du Nord, le mouvement méthodiste animé par le prédicateur **John Wesley (1703-1791)** touche, par sa religiosité démonstrative, les milieux populaires urbains. Dans le monde germanique le luthéranisme est revigoré par le piétisme, courant fondé sur une pratique plus personnelle et intériorisée de la religion.

Pistes bibliographiques

On utilisera avec profit M. Delon (dir.), *Dictionnaire européen des Lumières*, Paris, PUF, coll. « Quadrige Dicos poche », 2007. P.-Y. Beaurepaire, *Le mythe de l'Europe française au XVIIIe siècle*, Paris, Autrement, 2008. D. Pestre, *Histoire des sciences et des savoirs, t. 1 : De la Renaissance aux Lumières*, Paris, Points-Histoire, 2019.

FICHE 30

L'Europe (1713-1756)

L'Europe de la paix d'Utrecht (1713-1738)

Les traités

À Utrecht sont signés plusieurs traités en 1713. Le premier concerne les Provinces-Unies. Ces dernières, épuisées, ne peuvent guère obtenir que quelques garnisons dans les Pays-Bas. Les petites puissances alliées de l'Angleterre se voient ensuite récompensées. La Prusse obtient une partie de la Gueldre et la principauté de Neuchâtel ; la Savoie reçoit pour sa part la Sicile. L'Électeur de Brandebourg et le duc de Savoie se voient décerner le titre de roi. Le premier est désormais roi en Prusse et le second roi de Sicile. Les Bourbons ont sauvé l'essentiel : Philippe V demeure roi d'Espagne, tout en abandonnant Minorque et Gibraltar, ainsi que des avantages commerciaux dans l'empire espagnol ; la France conserve ses frontières d'avant la guerre de Succession d'Espagne.

À Rastatt, le 6 mars 1714, l'empereur Charles VI obtient le retrait français de toutes les places de la rive droite du Rhin, ainsi que les Pays-Bas espagnols, le Milanais, Naples et la Sardaigne, qui est échangée contre la Sicile avec le roi de Piémont-Savoie en 1720. Les **Habsbourg d'Autriche** détiennent désormais un patrimoine considérable et semblent devenus une **puissance incontournable en Europe**.

Après la **paix de Nystadt de** 1721, la Scandinavie est marquée par le **déclin de la Suède**. La monarchie y est affaiblie : à Charles XII succède sa sœur, Ulrique-Éléonore, puis, après son abdication, son mari, **Frédéric Ier (1720-1751)**. Ce règne est dominé par la lutte entre les factions des « bonnets » anglophiles et des « chapeaux » pro-français et nostalgiques de la grandeur. Arrivés au pouvoir en 1738, les « chapeaux » engagent le pays dans une guerre désastreuse contre la Russie (1741-1743). Plus paisible, le Danemark est sous la protection de l'Angleterre.

La suprématie anglaise

Les Anglais ont obtenu avec le partage de la succession d'Espagne l'équilibre européen qu'ils souhaitaient. Le rapprochement avec la France débouche sur la signature à La Haye d'une **Triple Alliance** à laquelle participent les Provinces-Unies **(4 janvier 1717)**. L'Espagne se lance alors dans une politique de reconquête en Italie, s'emparant de la Sardaigne en octobre 1717 et débarquant des troupes en Sicile l'année suivante. Charles VI d'Autriche se joint aux puissances de la Triple Alliance pour contrer les ambitions espagnoles en Italie. Vaincu par une coalition bien supérieure, Philippe V ne peut que se soumettre et adhérer en **1720** à la **Quadruple Alliance**, mais parvient à renverser de nouveau les équilibres en se rapprochant de Charles VI par le traité austro-espagnol de 1725. Une crise nouvelle s'annonce, que désamorce le cardinal de Fleury, Premier ministre français.

L'époque de Fleury et Walpole

La Pragmatique Sanction est un édit de **1713** de l'empereur Charles VI qui organise la succession du patrimoine des Habsbourg : Autriche, Hongrie, Bohême, Pays-Bas et possessions italiennes. Elle ne peut modifier la succession impériale, qui demeure élective, bien que les Habsbourg l'aient monopolisée depuis plusieurs siècles. Le texte prévoit que s'il n'y a pas d'héritier mâle, le patrimoine héréditaire passera à une fille de Charles VI, au détriment des deux filles de son frère, le précédent empereur Joseph Ier, Marie-Josèphe de Saxe et Marie-Amélie de Bavière. Née en 1717, **Marie-Thérèse** devient donc l'héritière désignée de Charles VI. La reconnaissance de cette Pragmatique Sanction est la clef de la politique autrichienne, et conduit Charles VI à de nombreuses concessions.

L'entente franco-anglaise, symbolisée par les deux Premiers ministres, garantit la stabilité européenne. Une série de traités règle les questions les plus difficiles du moment. L'Espagne,

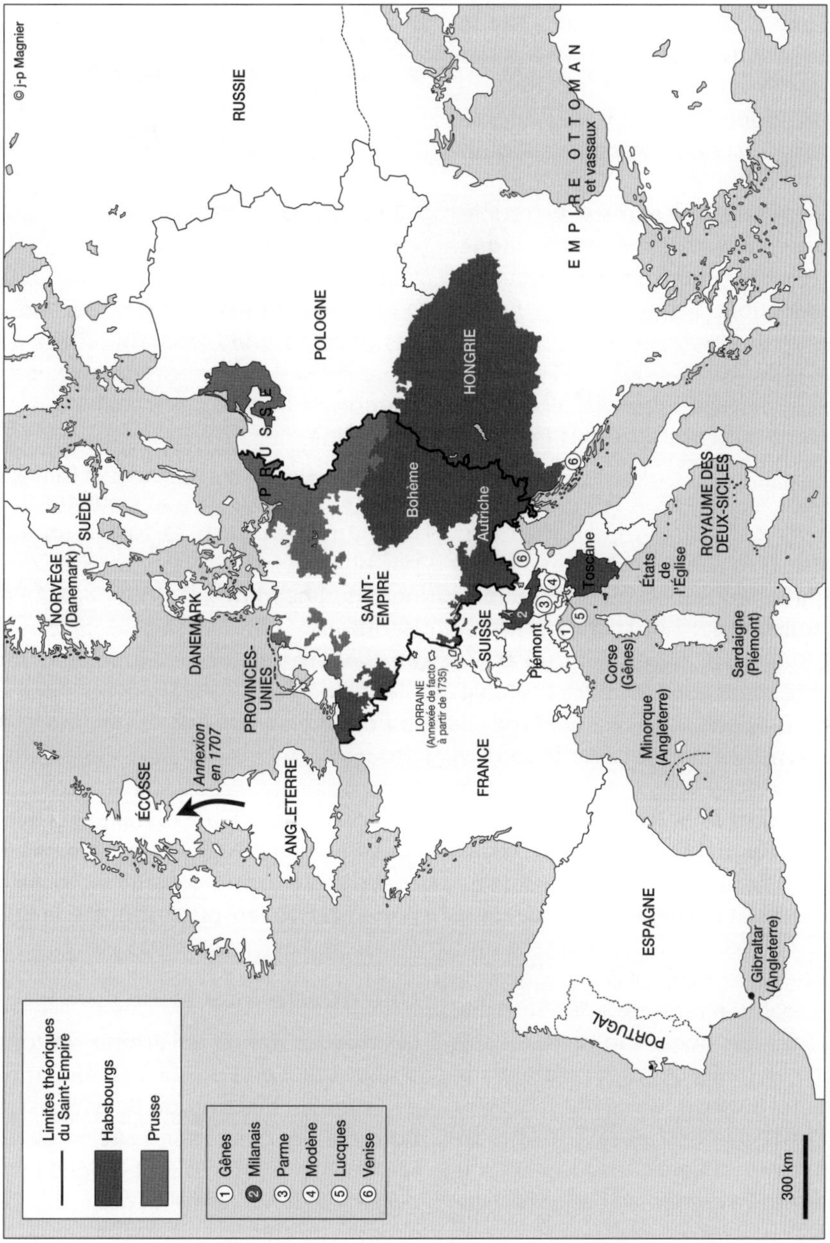

L'Europe en 1748

se pense renforcée par la présence à ses côtés de l'Autriche, mais aussi d'autres puissances comme la Russie. Elle se lance dans la confrontation avec la France et surtout l'Angleterre pour d'abord récupérer **Gibraltar**. La maîtrise anglaise des mers sauve le rocher assiégé. En 1729, elle signe avec la France la Grande-Bretagne et les Provinces-Unies le traité de Séville. Elle abandonne Gibraltar aux Anglais, mais par l'accès au trône de Parme de l'infant Don Carlos, fils de Philippe V, l'Espagne peut s'estimer en partie satisfaite et cesse de troubler l'Europe. L'Autriche a abandonné l'Espagne, et se tourne vers l'Angleterre qui reconnaît la Pragmatique Sanction.

La succession de Pologne est la crise la plus importante de la période. Auguste le Fort, électeur de Saxe roi de Pologne de 1709 à 1733, meurt en laissant qu'un seul enfant légitime. Il avait été installé sur le trône par Pierre le Grand. Malgré ses efforts, il n'a pas réussi à faire de la Pologne une couronne héréditaire. Son fils, Frédéric-Auguste II de Saxe, n'a guère de soutien à l'intérieur du royaume, ni auprès des grandes puissances : l'Autriche, la Prusse et surtout la Russie envisagent par un traité secret depuis 1723 de placer un prince portugais sur le trône de Pologne. L'ancien prétendant Stanislas Leszczynski est élu roi avec le soutien des Français. L'Autriche et la Russie réagissent aussitôt, envahissant la Pologne pour établir le Saxon devenu **Auguste III**, fils du roi défunt qui a réussi, au prix de grandes concessions, à supplanter le candidat portugais. Deux camps se forment en Europe, la France faisant face avec ses alliés, l'Espagne, le Piémont-Sardaigne et la Bavière, à une coalition rassemblant l'Autriche, la Russie et la Saxe. Les opérations se déroulent essentiellement en Italie, La Pologne étant vite submergée par les Russes et leurs alliées. La paix intervient à l'initiative de Fleury. Le traité de Vienne (1738) fait reconnaître Auguste III sur le trône de Pologne. En compensation, **Stanislas** devient **duc de Lorraine** à titre viager et non héréditaire, tandis que le duc de Lorraine François-Étienne récupère la Toscane où s'est éteint le lignage des Médicis. À défaut de recouvrer le Milanais, l'Espagne obtient que Don Carlos, fils de Philippe V, abandonne Parme à l'Autriche, mais devienne roi de Naples et de Sicile. Satisfaite par l'échange lorrain qui offre la perspective d'annexer le duché, la France reconnaît la Pragmatique Sanction.

La succession d'Autriche et ses conséquences

Les origines du conflit

La mort de Charles VI d'Autriche, le 19 octobre 1740, ouvre une grave crise de succession. L'Empereur avait usé ses forces à faire reconnaître une Pragmatique Sanction que personne n'envisage de respecter en Europe. Héritière désignée, sa fille Marie-Thérèse se heurte aux prétentions des Électeurs de Saxe et de Bavière, gendres de l'empereur Joseph Ier, sans postérité masculine. Ces princes invoquent d'anciennes dispositions qui leur étaient favorables. Malgré les réticences de Fleury et de Louis XV lui-même, un parti se forme en France, qui pousse à soutenir les aspirations bavaroises, au nom de l'hostilité traditionnelle à l'égard des Habsbourg. On demande donc que l'Électeur de Bavière devienne Empereur, tandis que Marie-Thérèse garderait les pays patrimoniaux, la Bohême et la Hongrie. Profitant des incertitudes où se trouve alors plongée l'Autriche, le roi de Prusse **Frédéric II** attaque la Silésie en décembre. Ses victoires militaires achèvent de convaincre la France. Au printemps **1741**, une **coalition se forme contre l'Autriche**, alliée de l'Angleterre, regroupant outre la France et la Prusse, la Bavière et l'Espagne.

Une guerre incertaine

Les troupes franco-bavaroises rencontrent peu d'opposition en Europe centrale. Après la prise de Prague, **l'Électeur de Bavière est élu roi de Bohême**, le 12 février 1742, sous le nom de Charles VII. Ces succès sont cependant de courte durée ; Frédéric II, satisfait des concessions autrichiennes en Silésie, se retire de la guerre en juin 1742. Libérés, les Autrichiens parviennent à passer à l'offensive en Allemagne, tandis que la suprématie navale anglaise est évidente en Méditerranée. La défaite française de Dettingen (1744) amène Frédéric II à reprendre les armes.

La seconde partie de la guerre est plus favorable aux Français. Dans les colonies, si les Anglais se sont emparé de Louisbourg en Amérique, la France conserve Pondichéry et conquiert Madras. La victoire de **Fontenoy (1745)** sur les Anglais permet la conquête des Pays-Bas autrichiens tandis que la mort de Charles VII et l'élection de François, époux de Marie-Thérèse sous le nom de **François Ier**, a par ailleurs ouvert la voie à une solution négociée. « Finissez vite » est l'ultime recommandation de Louis XV à ses plénipotentiaires.

Le traité d'Aix-la-Chapelle

La France ne joue pas de sa position de force. Elle se retire des Pays-Bas et accepte un retour au *statu quo* dans le domaine colonial **(30 avril 1748)**. En Italie, l'infant Don Felipe obtient les duchés de Parme et de Plaisance. Il y a désormais un second Bourbon dans la péninsule. Marie-Thérèse, maîtresse de la Bohême, de l'Autriche et de la Hongrie, fait quelques concessions en Italie et abandonne la Silésie à la Prusse, mais peut se satisfaire de la reconnaissance par les Européens de la Pragmatique Sanction tandis que son mari demeure Empereur. La guerre se termine ainsi par une sorte de trêve. Les tensions coloniales demeurent en Amérique et en Inde. À Paris, on dit « bête comme la paix » et la formule « travailler pour le roi de Prusse » caractérise désormais un effort inutile fait au profit d'autrui.

Pistes bibliographiques

J.-P. Bois, *Nouvelle histoire des relations internationales, t.* 3 : *De la paix des rois à l'ordre des empereurs 1714-1815*, Paris, Seuil, coll. « Points », 2003 ; J.-P. Bled, *Marie-Thérèse d'Autriche*, Paris, Fayard, 2001. J. Hélie, *Histoire des relations internationales dans l'Europe moderne*, Paris, Armand Colin, coll. « U », 2019.

FICHE 31 Les Européens et le monde au XVIIIe siècle

Les empires et leur mise en valeur

Les domaines coloniaux

Le vieil empire portugais est désormais sous la protection de l'Angleterre. Le Brésil en constitue l'essentiel, mais il existe encore des comptoirs africains, comme ceux d'Angola et du Mozambique, importants pour la traite. En Asie, Goa et Macao ne sont guère plus que le témoignage d'une puissance passée.

L'Espagne est maîtresse des Philippines et d'une bonne partie du continent américain. Son empire s'étend en effet de l'Amérique australe jusqu'au Mexique et à la Floride et compte parmi les îles des Caraïbes, Cuba, Porto Rico et la partie est de Saint-Domingue. Depuis le début du XVIIe siècle, les Espagnols commencent à pénétrer dans les territoires du Texas et de l'Arizona.

L'empire hollandais a perdu la plupart de ses colonies en Amérique, où ne subsistent guère que la Guyane (actuel Surinam) et l'île de Curaçao. En Afrique, la Colonie du Cap est depuis la fin du XVIIe siècle le point de départ d'un peuplement qui commence à s'étendre à l'intérieur de l'Afrique du Sud. Les Provinces-Unies conservent Ceylan et les colonies d'Indonésie dans l'océan Indien.

L'empire français a été amputé par le traité d'Utrecht de Terre-Neuve, de l'Acadie et de la baie d'Hudson, mais demeure considérable. Au Canada il faut ajouter la Louisiane et les îles des Antilles, au nombre desquels Saint-Domingue dans sa partie ouest, la Guadeloupe et la Martinique sont les plus riches. En Afrique, les comptoirs du Sénégal servent à toutes sortes de commerces dont celui des esclaves (→ fiche 41). L'océan Indien offre enfin de larges perspectives, les îles Bourbon (Réunion) et de France (Maurice) ne sont pas de simples escales sur la route des Indes, mais développent une agriculture de plantation sur un modèle proche des Antilles. En Inde enfin, la fondation de Pondichéry (1674) puis de Chandernagor (1688) est le point de départ de l'expansion à l'intérieur du sous-continent.

L'empire anglais est en pleine expansion. Dans le Nouveau Monde il comprend avant tout les colonies d'Amérique du Nord (→ fiche 38), mais s'étend aussi à quelques îles des Antilles, dont la Jamaïque, les Bahamas et les Barbades. En Inde, la compagnie, fondée à la fin du XVIe siècle, tient les comptoirs de Madras (1639), Bombay (1662) et Calcutta (1689).

L'expansion économique

Le déclin de la Hollande fait de l'Angleterre la première puissance maritime et commerciale. Le tonnage de la flotte marchande anglaise double entre 1700 (317 000 t.) et 1751 (661 000 t.). Londres est la plaque tournante de tous les trafics coloniaux, attirant non seulement les marchandises de l'empire anglais, mais aussi celles des colonies espagnoles et portugaises.

La France a été freinée dans son essor colonial par la guerre de Succession d'Espagne, mais à partir de 1720, les ports de Bordeaux et de Nantes sont au cœur du fructueux commerce triangulaire. D'autres ports moins importants entrent également dans le commerce colonial comme La Rochelle, Marseille ou Le Havre.

La rivalité franco-anglaise

L'Inde

Les Français ont créé de nouveaux comptoirs : Mahé (1722), Yanaon (1723) et Karikal (1739). La crise politique ouverte par la mort d'Aurangzeb (→ fiche 26) dans l'empire moghol permet aux Français de nouer des alliances avec les nababs locaux. **Dupleix (1697-1763)**, gouverneur des établissements en Inde de la Compagnie, est l'artisan de l'expansion française dans le sous-continent. Introduit par son père – qui en

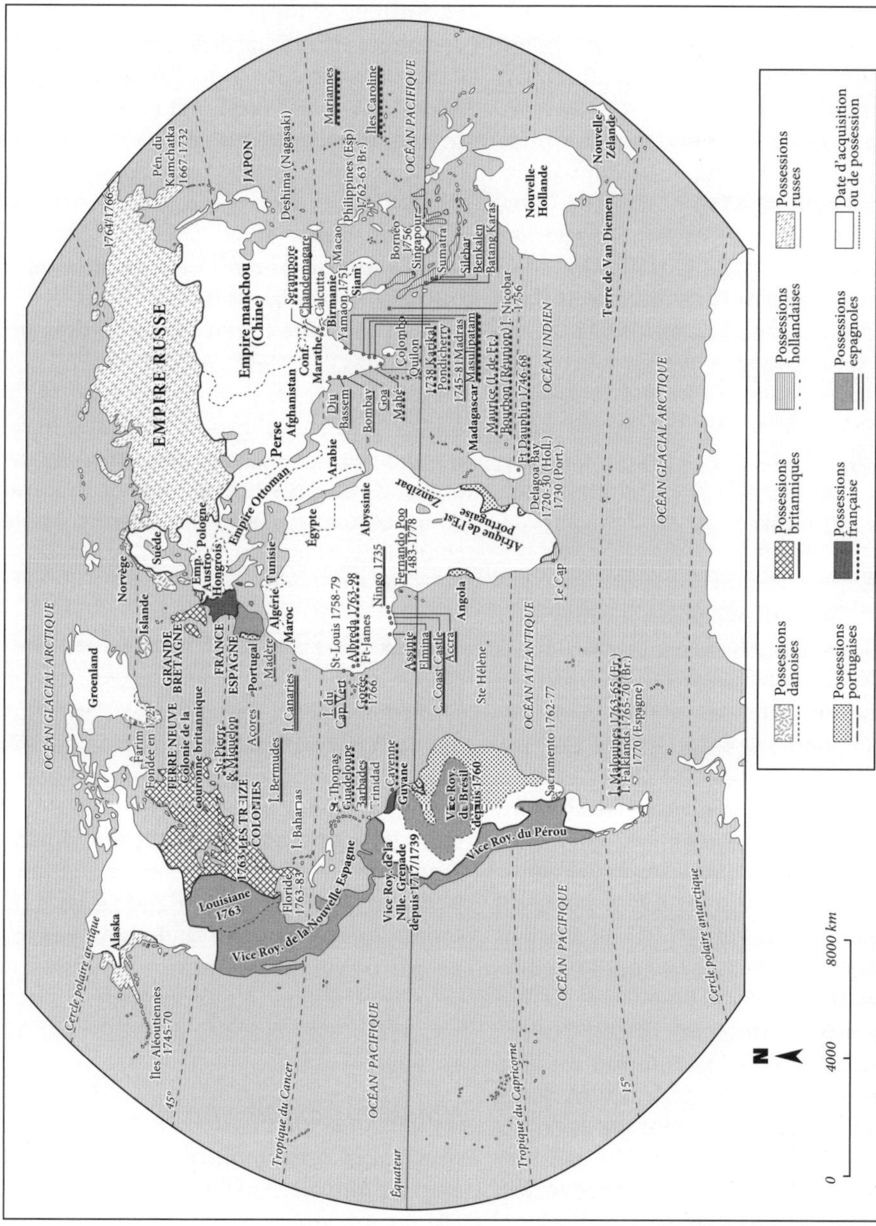

Source : J.-P. Poussou, P. Bonnichon, X. Huetz de Lemps, *Espaces coloniaux et espaces maritimes au* XVIIIe *siècle*, SEDES, 1998.

Les possessions européennes dans le monde depuis 1763

était l'un des directeurs – dans la Compagnie des Indes, il y fait une brillante carrière : directeur du comptoir de Chandernagor (1730) avant d'être gouverneur général en 1742. Après avoir pris Madras et sauvé Pondichéry pendant la guerre de Succession d'Autriche (→ fiche 30), il se lance dans une grande politique d'expansion. Grâce à ses alliances, il étend le protectorat de la Compagnie sur le Carnatic et le Deccan, offrant à la France un véritable empire. Désavoué par les actionnaires de la Compagnie, il doit quitter l'Inde en 1754 et meurt à Paris, disgracié. Soucieuse en effet de ménager les Anglais, la France a négocié le traité Godeheu (1753) où elle renonce à toutes les acquisitions territoriales de la Compagnie des Indes.
La guerre de Sept Ans (1756-1763) (→ fiche 33), voit la défaite française en Inde et aboutit à la chute de Pondichéry en 1761. Par le **traité de Paris (1763)** la France ne conserve que cinq comptoirs en Inde : Pondichéry, Chandernagor, Mahé, Yanaon et Karikal.

L'Amérique

Les affrontements commencent véritablement avec la prise de **Louisbourg** par les colons anglais en 1745, mais la forteresse est restituée contre Madras en 1748. Au cours des années suivantes, une guerre non déclarée se déroule pour le contrôle de la vallée de l'Ohio, fortifiée par les Français qui veulent protéger les liaisons entre le Canada et la Louisiane.
La supériorité navale de l'Angleterre pendant la guerre de Sept Ans conduit à la perte du Canada français. Malgré les efforts du marquis de **Montcalm (1712-1759)**, le corps expéditionnaire français est finalement vaincu à la bataille des plaines d'Abraham, devant Québec (14 septembre 1759). La **capitulation totale** a lieu le **8 septembre 1760**. Le **traité de Paris offre à l'Angleterre** le Canada et les îles de la Dominique, de la Grenade, des Grenadines, Saint-Vincent et Tobago, mais conserve à la France les plus riches îles des Antilles – Saint-Domingue, Martinique, Guadeloupe et les Mascareignes (îles de France et Bourbon). L'Espagne, alliée tardive de la France, perd la Floride, que vient compenser l'offre française de la partie occidentale de la Louisiane.

La poursuite de l'expansion coloniale

L'empire britannique après 1763

En Inde, la compagnie anglaise se livre à un véritable pillage après le départ des Français. Le parlement vote alors l'**Acte de régularisation (1774)** puis l'**India Act (1784)**, qui place la compagnie sous le contrôle de la Couronne. Les Français ne désarment pas complètement et remportent quelques succès pendant la guerre d'Indépendance américaine (→ fiche 38), mais la suprématie anglaise est confirmée par le traité de Versailles de 1783.
Le Canada voit l'arrivée de colons anglais, néanmoins l'Angleterre tient ses engagements du traité de Paris. Le **Québec Act de 1774** offre à la population d'origine française le respect de la langue française, de la plupart des lois et de la religion catholique, ce qui entraîne le mécontentement des colons anglais, y compris dans les treize colonies très attachées au protestantisme.

Le nouvel empire colonial français

Négligeant l'Inde et le Canada, **Choiseul** a préféré sauver les principales îles à sucre au moment des négociations de paix. Les Antilles et les Mascareignes connaissent alors une formidable croissance économique.
Sous le règne de Louis XVI (1774-1792), la France se tourne vers de nouveaux horizons. En **Indochine**, un **traité** négocié en **1787** par Monseigneur Pigneau de Béhaine avec l'**empereur d'Annam** préfigure l'expansion future de la France dans la région. Des tentatives ont lieu également au Sénégal, recouvré en 1783 et en Guyane (1777).

Nouvelles explorations

Après le tour du monde effectué par l'amiral anglais Amson, l'intérêt pour le Pacifique ne fait que croître. Le Français **Bougainville (1729-1811)** effectue le tour du monde entre 1766 et 1769, explorant Tahiti et les archipels du Pacifique Sud.
À sa suite, l'Écossais **Cook (1728-1779)** se rend à son tour à Tahiti, puis longe les côtes de

l'**Australie** et de la **Nouvelle-Zélande (premier voyage, 1768-1771)**. Il découvre ensuite la **Nouvelle-Calédonie (second voyage, 1772-1775)** avant de trouver la mort, tué par des indigènes des **îles Hawaï (troisième voyage, 1776-1779)**.

Le Français **La Pérouse** part en **1785** pour un voyage qui le conduit dans le Pacifique Sud, où il disparaît après avoir atteint l'Australie **(1788)**. La colonisation fait rapidement suite aux explorations. En **1787**, l'Angleterre fonde en **Australie** la **colonie de Sydney**, d'abord peuplée de forçats.

Pistes bibliographiques

Sur la France, on consultera en priorité J. Meyer (dir.), *Histoire de la France coloniale*, Armand Colin, 1991 et B. Gainot, *L'Empire colonial français. De Richelieu à Napoléon*, Armand Colin, coll. « U », 2015.

La France (1715-1789)

La régence de Philippe d'Orléans

L'organisation des pouvoirs

Philippe d'Orléans (1674-1723), fils de Monsieur, frère du roi Louis XIV, devient Régent, en attendant que Louis XV, âgé seulement de 5 ans, n'atteigne sa treizième année, âge fixé pour la majorité royale en France. Il dispose de pouvoirs étendus et exerce pratiquement la fonction royale. Paris redevient le centre du pouvoir. Il s'y met en place un système de conseils, dominés par la haute noblesse, baptisé par la suite polysynodie.

Une nouvelle politique

Dès le début de la Régence, le Parlement de Paris retrouve le rôle politique qu'il avait perdu après la Fronde. Sur le plan religieux, le Régent, mécréant notoire, a des idées peu arrêtées. Il envisage un temps de rappeler les protestants et suspend la politique antijanséniste de son prédécesseur. Pour faire face aux lourds problèmes financiers, on fait appel à l'Écossais **John Law (1671-1729)** comme contrôleur général. Ce dernier organise le Système, combinaison d'une banque émettrice de billets et d'une compagnie qui a le contrôle des colonies et du commerce.

Le retour à l'absolutisme

Le Système se révèle fort décevant dès 1720. Trop de billets ont été émis, tandis que la confiance ne dure pas. Le 1er novembre 1720 on met fin au cours des billets; Law doit s'exiler et le nouveau contrôleur général, Le Pelletier de la Houssaye, est obligé de procéder à une banqueroute partielle. La polysynodie ne donne pas non plus satisfaction et le Régent revient aux pratiques du règne précédent dès 1718, supprimant progressivement les conseils. Le pouvoir se concentre entre les mains de Philippe d'Orléans et de son ami l'abbé Dubois.

Le temps des Premiers ministres (1723-1743)

Les débuts du règne

La personnalité du jeune Louis XV (1710-1774) ne semble guère affirmée. Premier roi à séparer vie privée et vie publique, il se désintéresse quelque peu des affaires de l'État. Le cardinal Dubois est devenu principal ministre le 10 août 1723. À sa mort, le duc d'Orléans, ancien Régent, lui succède brièvement avant de mourir à son tour le 2 décembre de la même année. Le pouvoir passe alors au duc de Bourbon, qui est largement influencé par les financiers comme Pâris-Duverney. La période est marquée par la tentative d'imposer un nouvel impôt, le cinquantième, qui tourne court devant l'opposition des privilégiés, clergé et parlementaires en tête. En matière de religion, le ministériat du duc de Bourbon relance la répression contre les protestants.

Le ministère de Fleury (1726-1743)

André Hercule de Fleury est un homme du siècle de Louis XIV. Né en 1653, il a été d'abord aumônier du roi en 1683, avant de devenir évêque de Fréjus en 1698. Précepteur de Louis XV, il a toujours eu la faveur royale.

Deux Contrôleurs généraux se succèdent à la tête des Finances: Le Peletier des Forts (1726-1730), puis Orry (1730-1745). La monnaie est enfin stabilisée et l'équilibre budgétaire est brièvement retrouvé en 1738. C'est une période de prospérité pour le royaume, malgré le maintien de la pression fiscale que la reprise des guerres rend nécessaire.

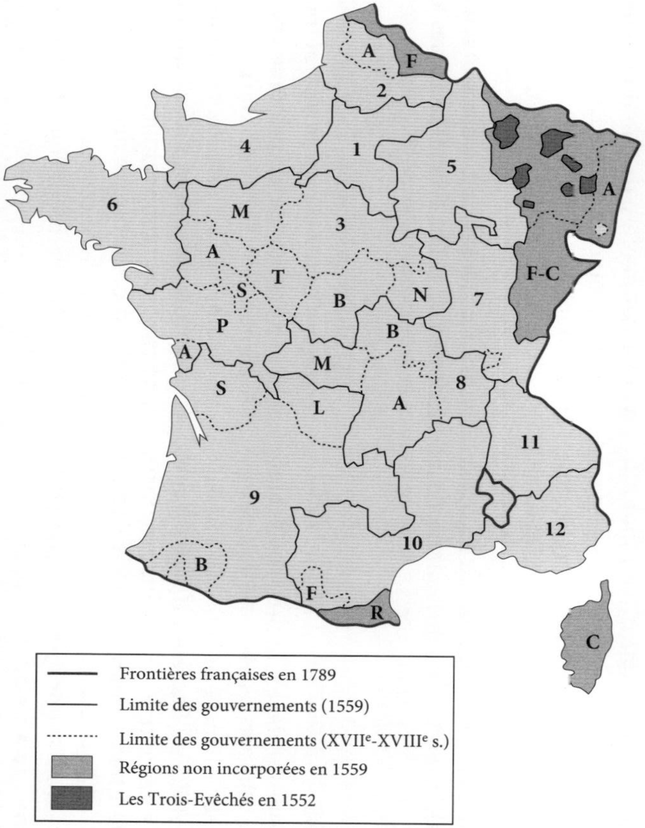

Situation en 1559	Démembrements ultérieurs	Créations ultérieures
1- Île-de-France		Roussillon
2- Picardie	Artois	Franche-Comté
3- Orléanais	Maine Anjou Touraine Poitou Aunis Berry Nivernais Saumurois	Alsace Flandre Lorraine Corse
4- Normandie		
5- Champagne		
6- Bretagne		
7- Bourgogne		
8- Lyonnais	Bourbonnais Auvergne Marche Saintonge Limousin	
9- Guyenne	Béarn	
10- Languedoc	Foix	
11- Dauphiné		
12- Provence		

Source: G. Cabourdin, G. Viard, Lexique historique de la France d'Ancien Régime, A. Colin, 3e éd. 2002, p.152.

Les gouvernements d'Ancien Régime

FICHE 32

Les difficultés politiques de Louis XV

La tentative de règne personnel (1743-1757)

À la mort de Fleury, le roi s'efforce d'exercer directement le pouvoir. Il subit cependant des influences contradictoires : celle de la famille royale, et plus particulièrement les filles de Louis XV, qui l'incite à pencher pour le catholicisme le plus dévot, et celle, sans doute plus grande, des favorites. Parmi ces dernières, la marquise de Pompadour est de loin la plus remarquable, qui entretient des liens avec les philosophes, et plus généralement avec le milieu des lettres et des arts.

Le contrôleur général Machault d'Arnouville succède à Orry en 1745 et s'efforce de redresser les finances royales, aussi bien par l'emprunt que par la création d'un nouvel impôt, le vingtième, qui s'étendrait à tous, provoquant aussitôt la colère des privilégiés. Le clergé prend la tête de la contestation, relayé par les états de Bretagne, soucieux de maintenir les privilèges fiscaux de la province.

Les questions religieuses continuent à agiter le clergé, en particulier quand certains évêques exigent des fidèles des billets de confessions signés par des prêtres non suspects de jansénisme. Le parlement de Paris s'oppose à cette attitude ; en 1753, le roi l'exile pendant quelques mois à Pontoise et ne parvient à calmer les factions en présence qu'en imposant le silence. Dans ce climat d'agitation, un déséquilibré, Damiens, tente d'assassiner le roi le 5 janvier 1757.

Le « ministère Choiseul » (1757-1770)

Choiseul, noble lorrain, a d'abord servi l'empereur. Passé ensuite au service de la France, c'est un militaire et diplomate brillant qui accède le 3 décembre 1758 au Secrétariat aux Affaires étrangères. Il est le maître du gouvernement sans porter le titre de Premier ministre, partageant les ministères essentiels avec son cousin Choiseul-Praslin. Favorable aux Lumières, Choiseul se heurte à de multiples oppositions et doit faire face à une **véritable révolte des Parlements** qui s'érigent de plus en plus en représentants de la nation face au roi.

Le triumvirat

Après la disgrâce de Choiseul, trois ministres dominent : le dévot **duc d'Aiguillon** aux Affaires étrangères, le chancelier **Maupeou (1714-1792)** qui casse d'autorité les Parlements (19-20 février 1771), divisant le ressort de celui de Paris en cinq conseils supérieurs, et l'abbé **Terray**, nouveau contrôleur général, qui réussit par la rigueur à réduire les déficits.

Le règne de Louis XVI avant 1789

Une nouvelle idée de la royauté ?

Peu expérimenté, le roi n'est âgé que de 19 ans à la mort de son grand-père Louis XV en 1774. Soucieux de ménager l'opinion, il met fin à l'expérience du triumvirat, rappelant les anciens Parlements. Le règne concrétise par ailleurs certains espoirs des Lumières, restituant quelques libertés aux protestants en 1787.

L'expérience Turgot

Anne Robert Turgot (1727-1781) a renoncé à la carrière ecclésiastique pour embrasser le service du roi ; conseiller au Parlement de Paris, il est intendant du Limousin de 1761 à 1774. Il s'y révèle un administrateur de premier ordre, s'efforçant de développer une des provinces les plus arriérées du royaume. Ministre de la Marine le 2 juillet 1774, il passe dès le 24 août au contrôle général, où il compte bien rénover le royaume.

Économiste connu pour ses traités dans lesquels il penche pour le libéralisme, Turgot s'emploie à mettre en pratique ses idées. Le 13 septembre 1774, il libère le commerce des grains, puis s'efforce de supprimer les contraintes qui pèsent sur le travail en abolissant les associations de métiers. Les projets politiques de Turgot, contenus dans son Mémoire sur les municipalités, sont très hardis.

La déréglementation des prix du grain entraîne une spéculation qui conduit en avril 1775 à de graves émeutes, connues sous le nom de guerre des Farines. Turgot rencontre en outre les oppositions grandissantes du Parlement, adversaire des réformes, comme de la reine Marie-Antoinette. Tombé en disgrâce, il est renvoyé le 12 mai 1776.

Necker

Jacques Necker (1732-1804) est un banquier genevois, qui a bâti une énorme fortune à Paris, devenant créancier du trésor royal. Appelé à la tête des Finances royales en 1776, il devient directeur général des Finances le 29 juin 1777, un protestant ne pouvant devenir contrôleur général.

Hostile à toute augmentation de la pression fiscale, Necker a massivement recours à l'emprunt. Ainsi devient-il populaire en finançant la guerre d'Indépendance américaine sans impôts nouveaux. Il est néanmoins en butte à l'hostilité des courtisans dont il a révélé le montant des pensions perçues du trésor royal et doit démissionner le 19 mai 1781.

L'impasse finale

Charles-Alexandre Calonne (1734-1802), intendant de Metz, puis de Flandre, propose une série de réformes radicales. Une **assemblée de notables (1787)** rassemblant les représentants des différents groupes de privilégiés, est très réticente et obtient le renvoi de Calonne.

L'archevêque de Toulouse, **Loménie de Brienne (1727-1794),** nommé « principal ministre » succède enfin à Calonne. Partout les tensions s'exaspèrent. Le 5 juillet 1788, un édit convoque les états généraux pour la première fois depuis 1614.

Pistes bibliographiques

O. Chaline, *La France au xviiie siècle*, Paris, Belin, n^elle éd. 2012; P.-Y. Beaurepaire, *La France des Lumières*, Paris, Belin, 2014; A. Zysberg, *La monarchie des Lumières, Nouvelle histoire de la France moderne, t. 5: La Monarchie des Lumières (1715-1786),* Paris, Points, 2016. Parmi les biographies, citons d'abord M. Antoine, *Louis XV*, Paris, Fayard, 1986.

FICHE 33 La guerre de Sept Ans

La révolution diplomatique

L'équilibre obtenu à Aix-la-Chapelle ne satisfait vraiment aucune puissance européenne et les ambitions territoriales demeurent. Quand l'Angleterre signe en 1753 un traité avec la Russie, Frédéric II prend les devants et conclut à son tour une alliance avec les Anglais, le traité de Westminster de 1756. Cette nouvelle donne modifie les équilibres de la première moitié du siècle. La France et l'Autriche se rapprochent, signant en 1756 le traité de Versailles, qui met fin à une rivalité de près de trois siècles.

Le déroulement du conflit

Guerre sur mer et dans les colonies

Après avoir subi des revers dans l'Atlantique, la France prend sa revanche en Méditerranée par la prise de Minorque en avril 1756. Elle commence à installer des garnisons en Corse, alors encore génoise. Au Canada, le marquis de Montcalm s'appuie sur les tribus indiennes alliées pour passer à l'offensive (→ fiche 31). Cette accumulation de revers provoque en Angleterre une crise politique intérieure qui se termine par la domination de **William Pitt**, très hostile à la France (→ fiche 33).

Les victoires prussiennes

En Europe centrale, la supériorité militaire prussienne permet une rapide victoire sur la Saxe. La France se rapproche davantage de l'Autriche. Le nouveau traité franco-autrichien lie davantage Louis XV avec Vienne. Les troupes autrichiennes connaissent cette même année (1757) une série de succès qui conduisent à la prise de Berlin. La France se risque pendant ce temps en Allemagne et y remporte quelques victoires sur les Anglais, pendant que les Russes, puis les Suédois menacent chacun de leur côté le territoire de la Prusse. Frédéric II parvient à un redressement militaire spectaculaire. Le **5 novembre 1757**, il écrase à **Rossbach** l'armée franco-allemande du maréchal de Soubise, puis se tourne contre les Autrichiens qu'il défait à **Leuthen** le **6 décembre** de la même année.

Une guerre qui s'éternise

À partir de 1758, la guerre est surtout faite de déconvenues françaises. Maîtres de l'Atlantique, les Anglais peuvent désormais songer à chasser les Français d'Amérique du Nord. Sur le continent européen, Frédéric II résiste avec peine aux assauts des troupes russes et autrichiennes, mais le retrait russe le sauve de manière inespérée (1762).

Le rapprochement franco-espagnol est pour Choiseul l'une des clefs du redressement. Le 15 août 1761 est signé le **pacte de famille** entre les deux monarchies de la maison de Bourbon : les Espagnols s'y engagent à entrer dans la guerre en 1762. Celle-ci se révèle difficile pour l'Espagne et son empire, qui perd La Havane.

Le règlement

Le traité de Paris est signé entre l'Angleterre, la France et l'Espagne. Le bilan est en apparence favorable à l'Angleterre. L'empire colonial français a été en grande partie ruiné. La France est cependant moins affaiblie que ne le croit alors l'opinion européenne et prépare une revanche. La Russie, en sauvant la Prusse, se révèle un acteur de tout premier plan dans le jeu des puissances européennes.

Le nouvel équilibre européen

Les ambitions de la France

La France, bien que vaincue, cherche toujours à s'imposer sur le continent. Après la guerre de Sept Ans ont lieu les deux dernières grandes acquisitions territoriales de l'Ancien Régime. En 1766, la mort du duc Stanislas entraîne l'annexion pure et simple d'une Lorraine que le

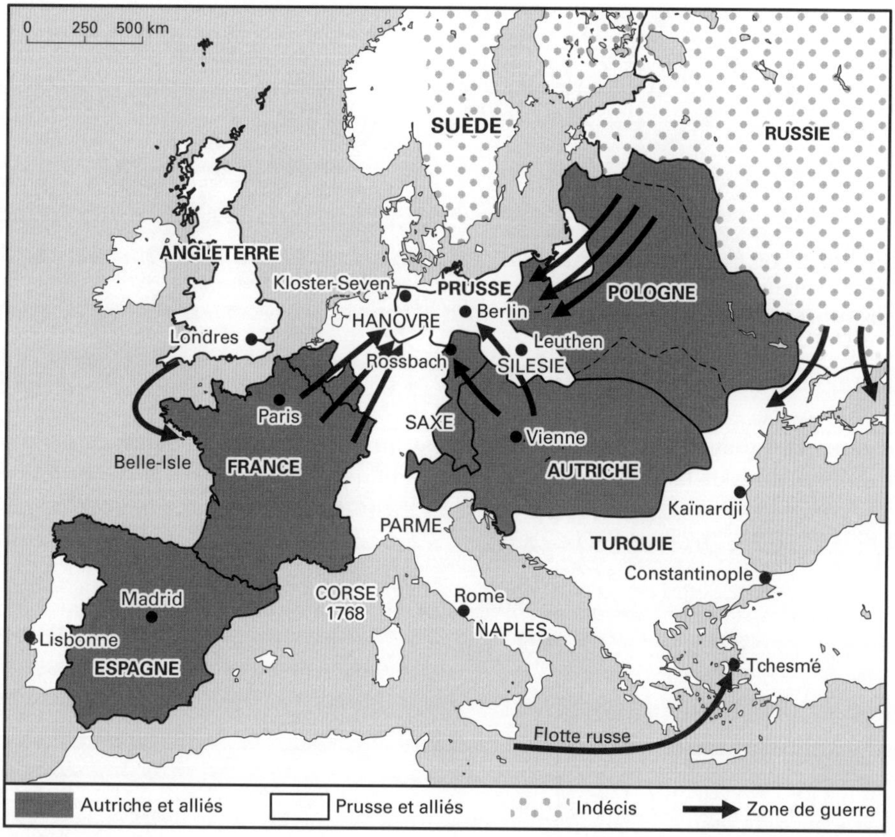

La guerre de Sept Ans

chancelier français, La Galauzière, dirigeait déjà comme un intendant. En 1768, la république de Gênes, incapable de venir à bout de la Corse, autorise la France à y installer des troupes. Très vite cette présence temporaire se transforme en mainmise française qui s'annonce définitive.

Après une période de relatif effacement entre 1770 et 1774, la France s'efforce de revenir au premier plan grâce à un ambitieux ministre des Affaires étrangères, le comte de **Vergennes (1717-1787)**. Il réorganise la diplomatie du nouveau roi, Louis XVI, et doit faire face à l'est aux ambitions de la Prusse, de l'Autriche et de la Russie.

Les affaires d'Allemagne

À la mort de l'Électeur de Bavière, Joseph II s'assure le contrôle de cette principauté catholique proche de l'Autriche (1778). Le conflit s'annonce avec Frédéric II et la France s'empresse de proclamer sa neutralité, pour faire reculer l'Autriche. Après des affrontements peu importants, la médiation russe et française, maintient, par la convention de Teschen (1779), l'équilibre en Allemagne au prix de quelques arrangements territoriaux.

La question d'Orient

L'évolution interne de l'Empire ottoman encourage les ambitions des puissances voisines. Au début du XVIIIe siècle, le sultan **Ahmet III (1703-1730)** est un souverain cultivé, ouvert aux influences extérieures. Le plus important des vizirs d'alors, **Ibrahim Pacha (1718-1730)** multiplie les missions diplomatiques. Cette période de reconstruction politique et de relative

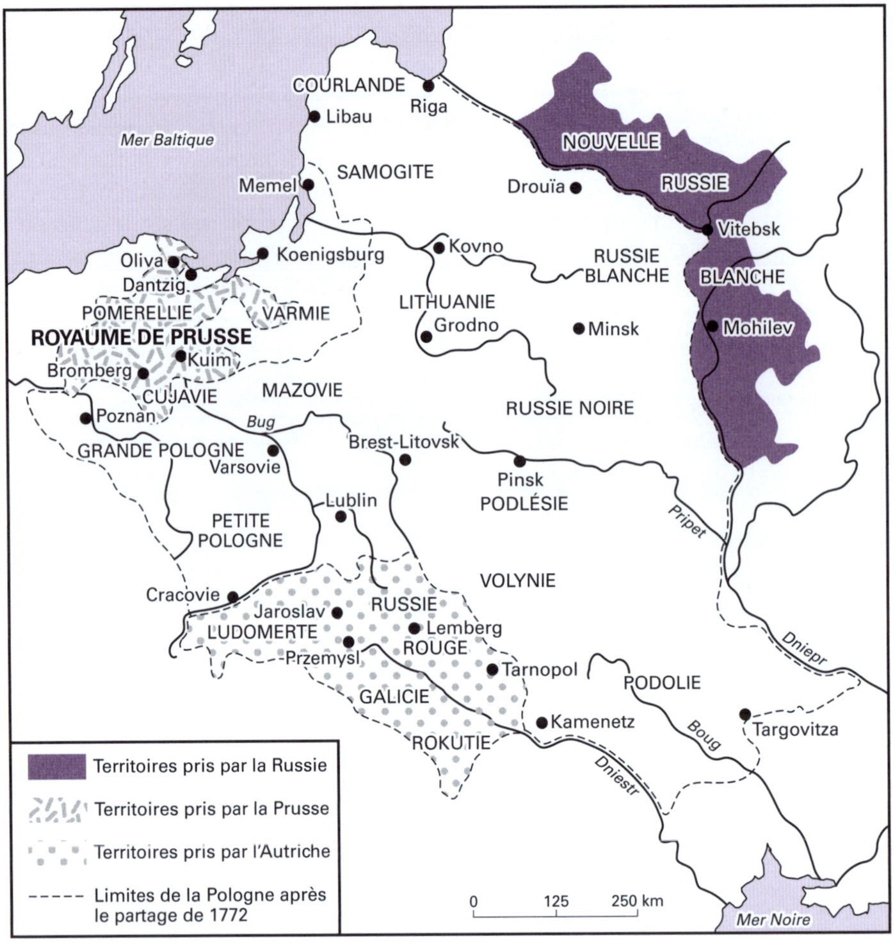

La Pologne après le partage de 1772

stabilité est brutalement interrompue par le soulèvement des janissaires d'Istanbul.

L'alliance franco-turque a été ébranlée par le traité de Versailles de 1756 qui rapproche la France de l'Autriche. Après la guerre de Sept Ans, Choiseul reprend les choses en main. L'ambassadeur de France, Vergennes, aide à la réorganisation de l'armée ottomane et pousse à la guerre contre la Russie, afin de dégager les Polonais. Ouvertes en 1768, les hostilités tournent vite à l'avantage des Russes. Le traité de Kainardji en 1774 fait de l'Empire ottoman un État désormais subalterne. Les Russes s'installent en Crimée; ils obtiennent la liberté de navigation dans la mer Noire et le libre passage des Détroits. Surtout, la Porte doit leur reconnaître un droit de regard dans ses affaires intérieures, au nom de la défense des chrétiens orthodoxes. Catherine II se rapproche par la suite de l'empereur d'Autriche Joseph II (→ fiche 35) afin de dépecer la Turquie. Vergennes, devenu secrétaire d'État aux Affaires étrangères, parvient cependant à sauver l'intégrité de l'Empire ottoman au prix de concessions territoriales mineures : l'abandon de la Crimée et de la presqu'île du Kouban.

Le partage de la Pologne

La mort du roi Auguste III en 1763 met fin à la dynastie saxonne qui régnait sur la Pologne depuis 1696. Le nouveau roi, **Stanislas II Poniatowski**, veut renforcer l'État polonais et se heurte à la noblesse qui forme la confédération de Bar, soutenue à la fois par Frédéric II et Catherine II qui voient dans le régime traditionnel de la Pologne une garantie de faiblesse de leur voisin. Lorsque les confédérés de Bar déposent le roi, les puissances voisines interviennent et procèdent à un premier partage en 1772. L'Autriche reçoit la Galicie, Frédéric II la Prusse polonaise moins Danzig et Thorn, Catherine II une partie de la Lithuanie et de la Russie blanche.

Les déboires de la Pologne ne s'arrêtent pas là. Rétabli sur le trône, Stanislas reprend les réformes et proclame une constitution le 3 mai 1791. Craignant la contagion du modèle révolutionnaire français, les monarchies voisines interviennent de nouveau. En 1793, la Russie s'adjuge l'Ukraine et le reste de la Russie blanche, tandis que la Prusse s'empare de Danzig et de la Posnanie. Un troisième et dernier partage a lieu en 1795, qui fait disparaître la Pologne de la carte politique de l'Europe.

Pistes bibliographiques

On se reportera ici encore au livre de L. Bély déjà cité plus haut (→ fiche 23). E. Dziembowski, *La guerre de Sept Ans*, Paris, Perrin, 2015.

FICHE 34 Les îles britanniques au XVIIIe siècle

La formation du Royaume-Uni

L'annexion de l'Écosse

La dynastie écossaise des **Stuart** règne sur les royaumes d'Écosse et d'Angleterre depuis **1603**. La perspective de la mort sans héritier de la reine Anne, ultime Stuart sur le trône, pose la question de la succession d'Écosse. Si en effet l'**Acte d'Établissement de 1701** règle la succession d'Angleterre et d'Irlande, rien n'est arrangé pour l'Écosse au début du règne d'Anne. Les Écossais réclament de pouvoir choisir leur roi, qui ne saurait être le roi d'Angleterre, sauf si celui-ci accorde la liberté du commerce aux Écossais. Le Parlement d'Angleterre menace alors de traiter les Écossais comme des étrangers. Les tensions débouchent sur une négociation entre représentants des deux royaumes. Un traité est signé en 1706, qui conduit à l'**Acte d'Union de 1707** : Il n'y a plus désormais qu'un seul royaume de Grande-Bretagne, avec un seul Parlement.

Les soulèvements jacobites

Considéré comme Jacques VIII d'Écosse et Jacques III d'Angleterre, Jacques Stuart, fils de Jacques II a été reconnu comme monarque légitime par la France et le Saint-Siège. Il peut s'appuyer sur les clans des Highlands et les réseaux d'exilés jacobites que la France protège. Une première tentative de débarquement tourne court en 1708. Un nouveau soulèvement remporte en 1715 quelques succès, mais ne parvient pas à élargir une base géographique très étroite. La répression est assez douce pour gagner une bonne partie de la population à la monarchie hanovrienne.

Le fils de Jacques Stuart, **Charles-Édouard**, le Jeune Prétendant, souvent surnommé Bonnie Prince Charlie, soutenu par la France et les réseaux jacobites de plus en plus puissants en France saisit l'occasion de la guerre de Succession d'Autriche pour tenter un nouveau soulèvement. Débarqué dans l'archipel des Hébrides le 2 août 1745, il obtient quelques ralliements mais profite surtout de la guerre qui mobilise en Europe les troupes anglaises. Malgré de pauvres effectifs, il tient Édimbourg et cherche à marcher sur Londres. Son armée atteint Derby, à 200 kilomètres de la capitale anglaise, mais faute de soutien en Angleterre, se replie sur l'Écosse où elle est finalement écrasée par le duc de Cumberland à **Culloden**, le **16 avril 1646**. Charles Édouard s'enfuit, et le jacobitisme, lourdement réprimé, entame un inévitable déclin. Le dernier Stuart est le second fils de Jacques, mort cardinal en Italie en 1807.

L'Irlande

L'Irlande connaît une situation coloniale. Le roi d'Angleterre y règne et se fait représenter par un vice-roi, le Lord Lieutenant, rarement présent La grande majorité des catholiques irlandais a suivi la cause jacobite, et a dû se soumettre en 1691. Les catholiques sont discriminés comme le sont au nord les protestants presbytériens, généralement originaires d'Écosse, par les **Lois Pénales**. L'Irlande du XVIIIe siècle est en fait dominée par les anglicans, qui forment une petite minorités de propriétaires terriens qu'on nomme les Anglo-Irlandais. Ils vivent le plus souvent en Angleterre et gèrent leur domaine sans se soucier de paysans qui sont durement touchés par la famine de 1740.

À partir de 1782, le Parlement irlandais acquiert une certaine autonomie, mais ne représente que les anglicans. Une société des Irlandais Unis, regroupant protestants dissidents et catholiques se forme pour lutter contre la tutelle anglaise et réclamer l'égalité des droits pour tous les habitants de l'île. Elle est en grande partie à l'origine du **soulèvement de 1798**, qui échoue malgré l'aide de la République française. Pour mettre fin à toute velléité sécessionniste, un Acte d'Union fait entrer en 1800 le Parlement irlandais dans celui de Londres. Des députés

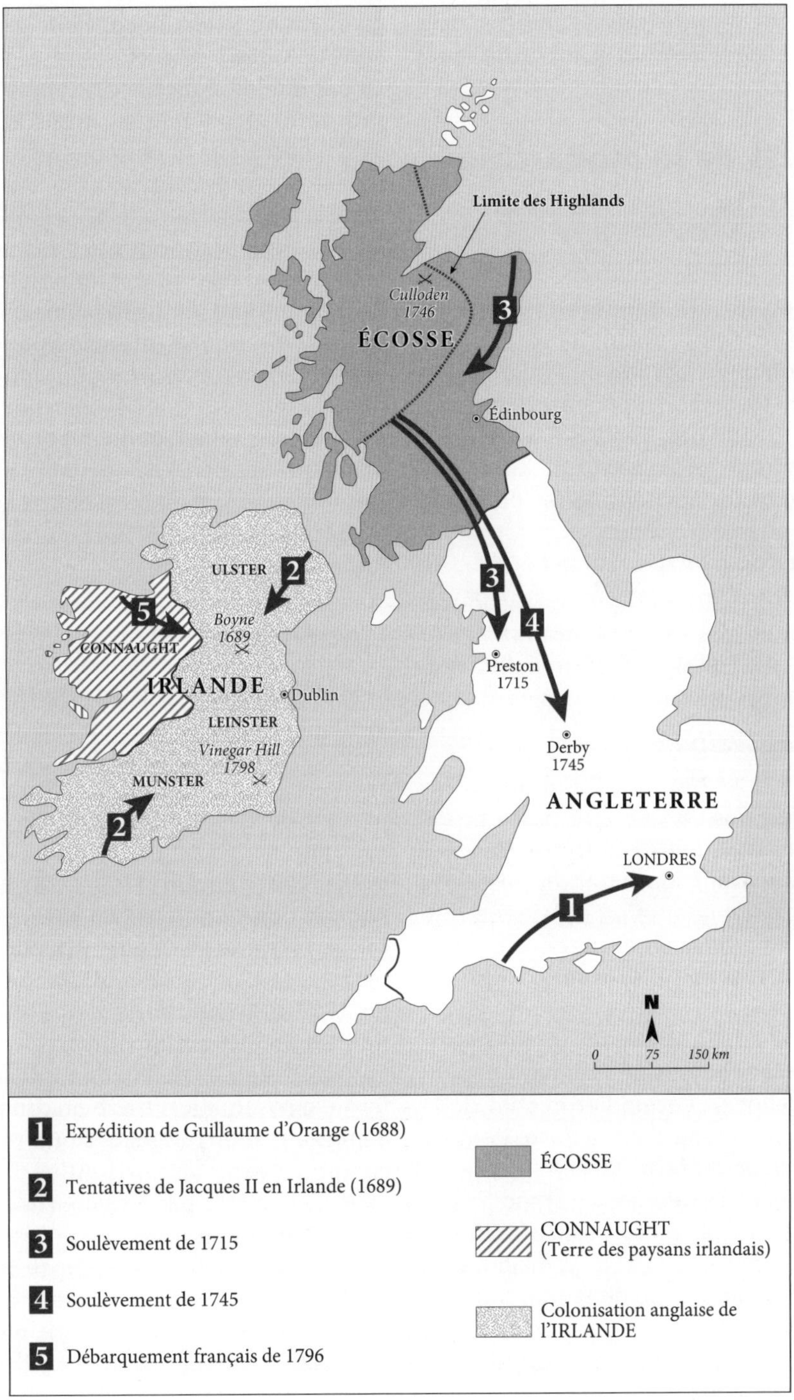

La formation du Royaume-Uni

irlandais siègent désormais à Westminster, mais à la demande du roi Georges III, les catholiques restent exclus.

Les débuts de la monarchie hanovrienne

Georges Ier

L'électeur **Georges de Hanovre (1660-1727)** monte sur le trône le 1er aout 1714, soutenu par le parti whig, majoritaire au Parlement et qui a fait de la succession protestante son principal objectif. Tandis que les tories l'accueillent sans enthousiasme, regrettant que le catholicisme des Stuart les écartent de la couronne. Réputé sans envergure, Georges Ier est moins médiocre que l'opinion que l'on se fait alors de lui en Angleterre. Contrairement à une légende tenace, il comprend parfaitement l'anglais, mais préfère l'allemand ou le français. En 1727, il reçoit Voltaire à la cour.

Georges II et Walpole

Georges II (1727-1760) se révèle au moins aussi allemand que son père. Il passe beaucoup de temps dans son électorat de Hanovre et se passionne avant tout pour les questions diplomatiques et militaires du continent. Il se fait surtout remarquer en Angleterre par son violent conflit avec son fils Frédéric, le prince de Galles.

Walpole (1717-1797), l'homme fort du parti whig cumule les charges de Premier Lord du trésor, Chancelier de l'échiquier et chef de la Chambre des Commune. Il est *de facto* Premier ministre sans en porter formellement le titre. En 1727, l'avènement de Georges II ne modifie pas sa position, et malgré un progressif affaiblissement de sa position parmi les whigs majoritaires aux Communes, un groupe de jeunes députés « les Patriotes, formant une faction de whig qui réclament une politique plus belliqueuse à l'égard de l'Espagne et de la France, il reste l'homme fort du royaume jusqu'en 1742 où les communes le contraignent à démissionner. Le fonctionnement politique originale du royaume a commencé à se dessiner vraiment pendant son ministère. Le roi lui a offert la résidence du 10 Downing Street, qui devient le siège permanent de ses successeurs.

La période de Walpole est celle d'une grande prospérité économique. Après la panique de 1720 causée par la crise de la compagnie des Indes, celle-ci est restructurée. Walpole a joué un rôle essentiel dans le retour à la confiance. Sa politique économique, marquée par le protectionnisme, a transformé profondément la Grande-Bretagne. Le royaume devient importateur de matières premières et de denrées alimentaires, et tourne son activité économique avant tout vers l'exportation de produits manufacturés. Le rayonnement intellectuel et artistique de Londres commence vraiment à cette période, qui est aussi bien celle du peintre **Hogarth (1697-1764)** que de du romancier **Richardson (1689-1761)**.

Georges III

Petit–fils de Georges II, Georges déclare à son avènement vouloir se comporter comme un roi anglais. Peu favorable aux whigs, il est souvent calomnié. Grand mécène, il s'efforce d'asseoir le prestige de la monarchie et de régner vraiment, contrairement à ses prédécesseurs.

William Pitt l'Ancien (1708-1778) est le personnage le plus important du royaume. Acharné contre la France et l'Espagne pendant la Guerre de Sept Ans, il jouit d'une grande popularité. En 1766 il arrive véritablement au pouvoir non comme Premier ministre mais comme Lord du Sceau Privé. Il mène une politique de fermeté pas toujours très bien comprise et doit démissionner en raison de troubles mentaux. Il conserve néanmoins une influence politique, mais ne parvient pas à calmer la crise avec les colons américains.

Lord North (1732-1792) forme le ministère en 1770. Son parti est souvent appelé celui des tories, bien que les nuances politiques ne soient pas toujours nettement affirmées. Il doit faire face à une situation très difficile et mène la guerre de l'indépendance américaine sans avoir les ressources nécessaires. Sa politique religieuse, qui tend à mettre fin progressivement à l'exclusion des catholiques, est à l'origine de très graves émeutes à Londres en **juin 1780**, les **Gordon Riots**. Provoquées par une pétition anticatholique de Lord Gordon, les émeutes perdent vite leur caractère religieux et révèlent la profonde crise que traverse le royaume. Les destructions sont considérables, la répression féroce ; il y a plus de 300 morts en une semaine. Les difficultés du gouvernement North et la défaite de Yorktown conduisent à la chute de son cabinet, renversé par le Parlement. Pour la première fois, un gouvernement tombe à cause de la défiance des députés (20 mars 1782). En 1783, William Pitt le Jeune (1759-1806), second fils de Pitt l'Ancien, forme le cabinet. Très jeune, il gouverne de façon autoritaire, refusant de démissionner après la motion de censure de 1784. Sa politique de redressement du pays donne de bons résultats et il est confirmé au pouvoir par les élections de 1790.

Pistes bibliographiques

B. Cottret, *Histoire d'Angleterre, XVIe-XVIIIe siècles*, Paris, PUF, 2003 ; S. Lebecq (dir.), *Histoire des îles britanniques*, Paris, PUF, 2013.

L'Allemagne et l'Europe centrale au second XVIIIe siècle

Dans la seconde moitié du XVIIIe siècle, l'Europe centrale connaît le règne de souverains et de ministres qui, gagnés à l'esprit modernisateur des Lumières sur le plan de l'économie, de la religion et parfois de la justice, n'en sont pas moins imbus de leur autorité. Au XIXe siècle l'historien allemand Wilhelm Röscher fait de ce mode de gouvernement, qu'il appelle alors plutôt **absolutisme éclairé que despotisme éclairé**, une troisième forme d'absolutisme, après l'absolutisme confessionnel de l'Espagne et l'absolutisme de cour de Louis XIV.

La Prusse de Frédéric II

Une figure exceptionnelle

Né en 1712, le fils aîné du roi-sergent (→ fiche 30) révèle très vite de grandes qualités intellectuelles. Éduqué par une huguenote du Refuge (→ fiche 22), il laisse une abondante œuvre philosophique et poétique en français. Après avoir été en conflit avec son père qui est allé jusqu'à le faire emprisonner, le prince héritier réside dans le château de Rheinsberg, où il compose de la musique et reçoit artistes et philosophes. Peu avant son avènement, il rédige, avec l'aide de **Voltaire** qu'il a fait venir en Prusse un traité politique, l'*Antimachiavel,* où il affirme que le bonheur des peuples doit être le principal but des gouvernements. Quand il monte sur le trône en 1740, sa réputation de **roi-philosophe** est déjà assurée.

Son génie militaire et son sens de l'État sont plus spécifiquement prussiens et lui permettent de faire d'un pays pauvre et faiblement peuplé une grande puissance admirée. À **Potsdam,** il a fait édifier le **château de Sanssouci,** une résidence royale qui contraste par son caractère intime avec le faste versaillais. Quand il meurt en 1786, il est le souverain le plus admiré d'Europe. Il s'est affirmé autant comme un prince des Lumières que comme un roi allemand qui défend les intérêts d'une Nation qui manque cruellement d'État.

L'armée

Peu expérimenté à l'origine dans l'art de la guerre, Frédéric dote la Prusse d'un instrument militaire qui étonne l'Europe entière. Admirateur des méthodes suédoises dont Voltaire a laissé une description dans son *Charles XII*, il réforme l'armée dont il a hérité de son père. Son génie militaire ne l'empêche pas de connaître de grands revers, mais peu à peu, la rapidité des victoires obtenues dans des campagnes dont il prend lui-même l'initiative tend à l'imposer comme le grand chef de guerre de la période. La tactique prussienne se fonde sur la rapidité et la mobilité de troupes régulièrement entraînées lors de grandes manœuvres en temps de paix. De moins de 90 000 hommes, l'armée prussienne passe à près de 200 000 au cours de son règne. Les hommes sont en partie recrutés parmi la paysannerie, grâce à un système très contraignant de service militaire. La noblesse prussienne fournit à Frédéric une caste d'officiers particulièrement dévoués, souvent composés de descendants des huguenots français réfugiés au siècle précédent. Leur promotion dépend de l'ancienneté (→ fiche 32).

Un État omniprésent

Frédéric prend l'initiative de faire de son royaume une terre de colonisation agricole, attirant près de 300 000 immigrants dans des régions à priori impropres à l'agriculture. De nouvelles cultures triomphent, comme la pomme de terre dont la réussite symbolise celle du règne. Son volontarisme se retrouve également dans le domaine des manufactures et du commerce, où l'État prussien investit massivement. Les idées économiques de Frédéric II ne sont guère originales et il demeure avant tout mercantiliste. La création d'une **banque de Prusse** (1765) à Berlin est aussi l'œuvre de la monarchie.

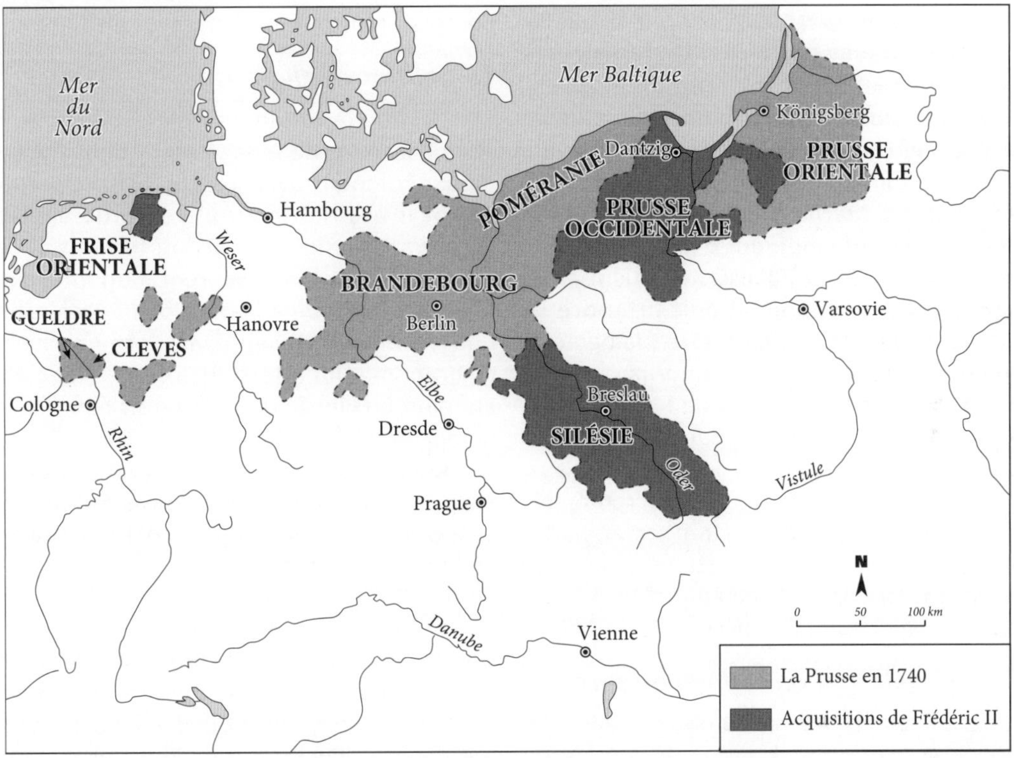

La Prusse de Frédéric II

Frédéric II se révèle pleinement un homme des Lumières dans bien des domaines. Il proclame la **tolérance religieuse** en **1750**. Il accepte le culte catholique et accueille les jésuites. Le statut des juifs demeure en revanche ambigu : seuls les plus aisés d'entre eux peuvent jouir pleinement de tous les droits. La réforme de la justice doit être également soulignée : dès 1742, il **abolit la torture**. Enfin, il développe un **système éducatif** complet, qui va des universités aux écoles de village. On doit cependant nuancer ce tableau réformateur par le maintien en Prusse du **servage** qui ne semble pas gêner le roi-philosophe.

Frédéric II fait de la Prusse et sa capitale des lieux centraux dans l'Europe des Lumières. À Berlin siège une importante **Académie** dont les travaux se font en langue française mais dont l'œuvre n'est pas durable. Frédéric-Guillaume II (1786-1797), qui lui succède, allège la pression fiscale qui s'était considérablement alourdie pendant le règne précédent, néglige l'armée et promeut la langue allemande.

FICHE 35

L'Autriche de Marie-Thérèse et Joseph II

L'héritage de Marie-Thérèse

Après la guerre de Succession d'Autriche, le comte de **Haugwitz** (1762-1765) lance une série de grandes **réformes**, mettant en place une véritable administration bureaucratique. Ces réformes ne valent pas pour la Hongrie qui reste entre les mains de sa noblesse.

Le fils de Marie-Thérèse, né en 1741, **Joseph II**, devient empereur à la mort de son père François Ier en 1765, mais ne détient alors aucun pouvoir véritable. Il doit attendre la mort de sa mère (1780) pour être pleinement le maître dans les pays patrimoniaux de la maison d'Autriche, la Bohême, la Hongrie et la Lombardie. Bien que formé par les jésuites, il voue une grande admiration à Frédéric II et aux Lumières. Sa volonté réformatrice est renforcée par les voyages qu'il fait à l'étranger, en particulier en France en 1777. Certains projets se mettent en place dès cette époque, comme celui d'une éducation primaire universelle en 1774.

La construction d'un nouvel empire

Véritablement maître du pouvoir après la mort de sa mère, Joseph essaie de construire un État centralisé, avec Vienne pour capitale, à partir de domaines très éclatés. L'État passe entre les mains de fonctionnaires choisis selon leur compétence et non leur naissance. L'Autriche de Joseph II apparaît ainsi comme l'**État le plus avancé de l'Europe** à la veille de la Révolution française : enseignement public, réforme de la justice, abolition du servage et accession de la paysannerie à la propriété.

Joseph II s'est efforcé d'imposer l'allemand à partir de 1784 comme unique langue administrative. Cette **unification** dont l'armée est l'un des principaux vecteurs, se fait au détriment de la Hongrie et de la Bohême. Contrairement à sa mère Marie-Thérèse et à tous ses prédécesseurs, Joseph II ne se fait pas couronner roi de Hongrie et installe à Vienne la couronne de saint Étienne symbole des libertés de la nation hongroise, qui est très rétive à la germanisation du royaume.

Dans les Pays-Bas, les réformes de Joseph II tendent à mettre en place une administration moderne à la place des libertés traditionnelles des villes. L'opposition à cette politique produit une véritable révolution à partir de 1787, qui prend de plus en plus d'ampleur en 1789.

La politique religieuse

La grande originalité de la politique de Joseph II concerne sans doute le domaine religieux. Rompant avec le catholicisme exclusif des pays des Habsbourg, il accorde en **1781** la **tolérance religieuse** aux protestants et aux orthodoxes et permet la promotion sociale des juifs. Son attitude à l'égard de l'Église catholique, nommée **joséphisme**, est proche du gallicanisme : il s'efforce de prendre lui-même en main un clergé qu'il voudrait éloigner de Rome.

Joseph II s'en prend avant tout aux ordres religieux, supprimant les ordres qui ne s'occupent ni d'enseignement ni d'assistance aux malades. Couvents et monastères sont saisis, les biens d'Église vendus ; on s'efforce de créer un clergé plus moderne, moins attaché aux traditionnelles manifestations extérieures de piété que la Réforme catholique avait répandues depuis un siècle et demi. Pour la première fois un pape, Pie VI, sort de Rome et se rend à Vienne en 1782 pour tenter en vain de freiner les réformes et empêcher la rupture.

Une politique étrangère contestée

Joseph II reste marqué par la perte de la Silésie et ne cesse d'envisager l'agrandissement territorial de ses possessions. Ainsi s'associe-t-il au partage de la Pologne de 1772 et, songeant surtout à s'étendre dans les Balkans au détriment de l'Empire ottoman, il se joint à la Russie dans la guerre contre les Ottomans en 1788. Cette guerre se révèle très difficile : les troupes sont touchées par la maladie et l'empereur lui-même meurt le 20 février 1790. Son frère et successeur Léopold II met fin à la guerre l'année suivante, craignant autant une intervention prussienne en faveur des Ottomans que la Révolution française qui se développe à l'Ouest.

Les autres États allemands

L'Allemagne reste marquée par de nombreuses tensions que les règlements de la guerre de Sept Ans ne parviennent pas à apaiser. **Maximilien-Joseph (1745-1777)**, a repris en main l'électorat de **Bavière** après la guerre de Succession d'Autriche. À sa mort, la brève **guerre de Succession de Bavière** oppose de juillet 1778 à mai 1779 Joseph II, qui cherche à étendre sa domination au sud de l'Allemagne, à Frédéric de Prusse, qui se place à la tête d'une alliance où se trouve la Saxe et la Bavière. Le roi de Prusse remporte là sa dernière victoire. Au traité de Teschen, l'Autriche n'obtient qu'une mince bande de territoire.

En 1785, Joseph II tente d'échanger les Pays-Bas contre la Bavière. L'électeur Charles Théodore refuse, mais cette proposition entraîne la formation d'une **Ligue des Princes** pour contrer l'influence autrichienne en Allemagne.

Le XVIIIe siècle demeure une période de fragmentation politique mais il est aussi celui d'une puissante émergence culturelle. Les Lumières, appelées ici ***Aufklärung***, triomphent, mais elles sont critiquées à la fin du siècle par **Herder (1744-1803)**, qui ouvre la voie au romantisme et à l'exaltation de l'identité allemande.

Pistes bibliographiques

F. Bluche, *Le despotisme éclairé*, Paris, Fayard, 1968, est l'ouvrage de base, disponible dans la collection « Pluriel ». J. Bérenger, *Joseph II serviteur de l'État*, Paris, Fayard, 2007 ; J.-P. Bled, *Frédéric le Grand*, Paris, Fayard, 2004 . Ch. Clark, *Histoire de la Prusse*, trad. fr., Paris, Perrin, coll. « Tempus », 2014 ; M. Kerautret, *Histoire de la Prusse*, Paris, Points, 2010.

FICHE 36 L'Europe méditerranéenne au XVIIIe siècle

Le XVIIIe siècle est marqué par le désir de renouveau des monarchies espagnole et portugaise, pendant que l'Italie, essentiellement sous la tutelle étrangère, connaît elle-aussi des expériences politiques nouvelles.

L'Espagne

Les deux règnes de Philippe V (1700-1746)

Le petit-fils de Louis XIV monte sur le trône en 1700. Son règne est exceptionnellement long, coupé en deux par une abdication en 1724, au profit de son fils Louis Ier qui meurt au bout de quelques mois et par un retour sur le trône la même année pour une seconde période de vingt-deux ans. De santé mentale fragile, le roi est manipulé par sa femme **Élisabeth Farnèse**, ou des aventuriers tel que l'Italien Alberoni ou le Hollandais Ripperda. La période est néanmoins riche en réformes qui transforment la nature même de la monarchie espagnole. Sur le modèle français, celle-ci tend à édifier un **royaume centralisé** gouverné depuis **Madrid**. Privilèges et particularismes traditionnels des différentes parties de cette construction politique et géographique complexe s'effacent désormais.

Le modèle français est omniprésent. Sans adopter la loi salique, la monarchie espagnole réorganise les principes de succession, ne donnant plus aux femmes la possibilité de monter sur le trône s'il existe des héritiers mâles. Dans les provinces, le pouvoir passe entre les mains d'intendants tandis que des réformes militaires et navales offrent à l'Espagne une marine capable de peser aux côtés des flottes française et anglaise.

Ferdinand VI, roi réformateur (1746-1759)

Ferdinand VI (1748-1756) laisse à ses ministres le soin de poursuivre la politique de modernisation entreprise pendant le règne précédent. Le **marquis de La Ensenada** met en place un nouveau système fiscal, rénove les routes et les ports. Sous son autorité, l'Espagne devient la troisième puissance navale après la France et l'Angleterre.

Charles III, un despote éclairé (1759-1788)

Le roi des Deux Siciles succède à son demi-frère et se révèle le plus énergique de tous les Bourbons d'Espagne. Comme l'a fait le Portugal, le royaume expulse en 1767 les jésuites à qui on reproche d'avoir fomenté des émeutes en 1766. Leur départ permet de doter l'Espagne d'un nouveau système éducatif, inspiré des Lumières. **Un effort considérable est fait pour sortir le pays du sous-développement. On crée des manufactures,** des routes, des canaux. Madrid devient une véritable capitale moderne. La justice est réformée, la torture abolie et le rôle de l'Inquisition largement limité. Les gitans ne sont plus considérés comme une race infecte et doivent intégrer le reste de la population. Sous Charles III sont jetées les bases d'une monarchie propre à devenir un État-Nation.

Le Portugal

Le Portugal est depuis le **traité de Methuen de 1703** un véritable protectorat anglais. L'effort qu'il a fait contre l'Espagne au moment de la guerre de Succession a été lourd et coûteux. Le règne de **Jean V (1706-1750)**, qui laisse la monarchie sous l'influence d'une Église omnipotente, est marqué par l'arrivée de l'or brésilien. Jean V règne en monarque absolu, s'appuyant sur une poignée de conseillers. En 1748, il reçoit du pape le titre de roi Très Fidèle, pour rendre son prestige comparable à celui du roi Catholique en Espagne ou du roi Très Chrétien en France.

Le règne de Joseph Ier (1750-1777) est autrement dynamique que celui de son père. L'homme fort

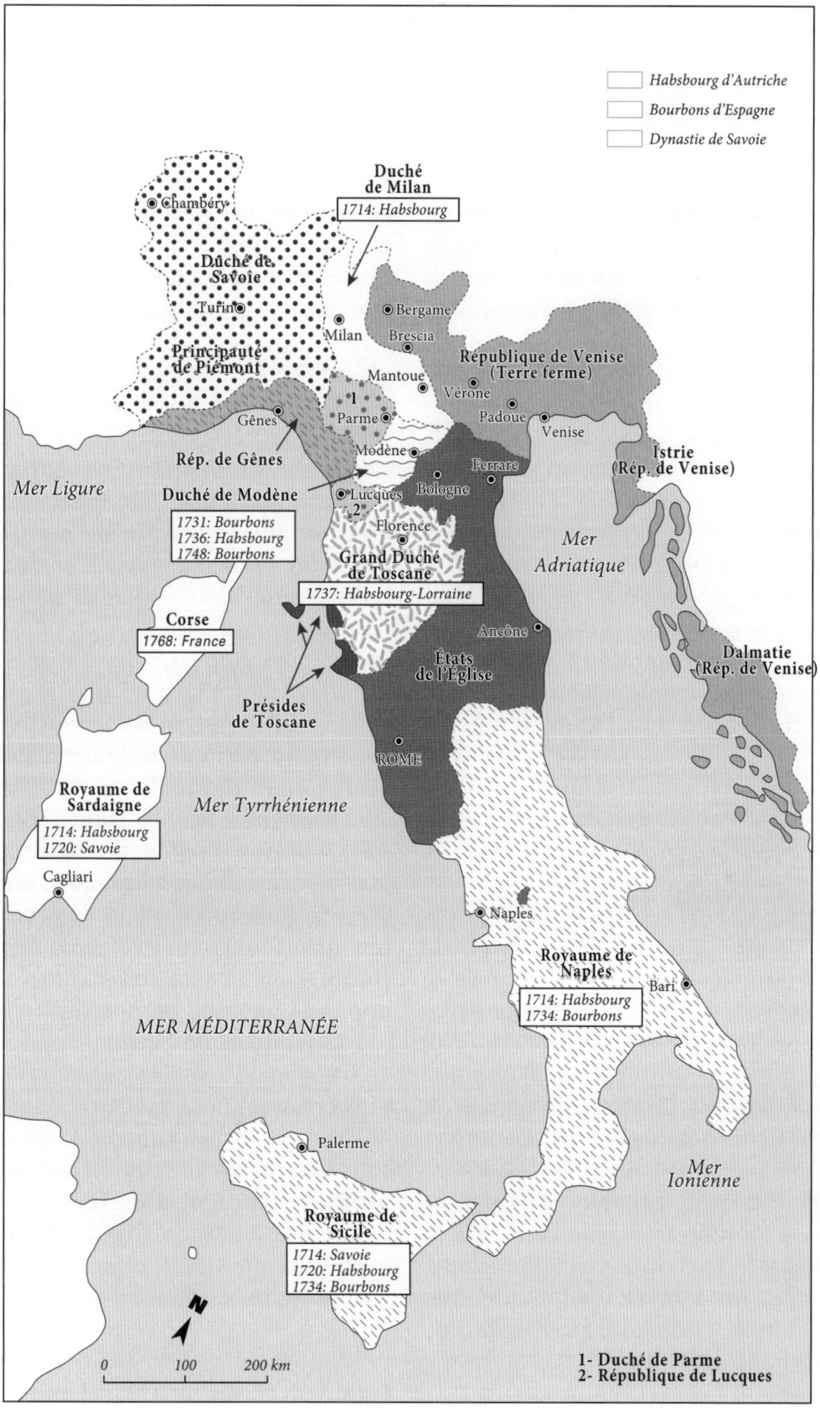

L'Italie en 1748

du royaume n'est pas le roi, mais son principal ministre, Sebastião José de Carvalho e Melo, connu comme **le marquis de Pombal**. En 1755, le grand tremblement de terre de Lisbonne, qui impressionne l'Europe entière, détruit la capitale et une bonne partie des trésors accumulés par les rois de Portugal. Pombal organise une reconstruction de la ville selon un plan qui en fait une des capitales les plus modernes de l'Europe. La découverte d'un complot contre le roi en 1758 permet au ministre de renforcer son autorité. Il fait exécuter les nobles accusés de tentative de régicide et s'acharne contre les jésuites soupçonnés d'être leurs complices. En 1759, la compagnie de Jésus est expulsée du Portugal.
Le très long règne de **Marie Ire (1777-1816)** contraste avec la période précédente. Associée jusqu'en 1786 à son oncle et mari Pierre III, la reine, très dévote, commence par faire destituer Pombal. Elle n'en poursuit pas moins une politique de renforcement de l'État et de ses institutions, avant de sombrer peu à peu dans la démence après la mort de Pierre en 1786.

L'Italie

L'ascension du royaume de Piémont-Sardaigne

Le traité d'Utrecht a permis a la maison de Savoie d'obtenir un titre royal, celui de la Sicile, échangée dès 1720 avec la Sardaigne plus proche. Désormais, **Victor Amédée II (1675-1730)** gouverne comme un véritable roi. Il abdique en faveur de son fils **Charles–Emmanuel III (1730-1771)**. Celui-ci fait de son royaume la seule véritable puissance de l'Italie, le dotant d'une armée moderne, capable de s'opposer avec succès à l'armée française comme à la bataille d'Assietta en 1747. Souverain éclairé, il s'efforce néanmoins de se tenir éloigné des guerres, modernise l'administration et fait de Turin une véritable capitale.
Victor-Amédée III (1771-1796) poursuit l'action de son père. Admirateur de Frédéric II, il réforme l'armée et recherche l'alliance de la Prusse pour se protéger de la France et de l'Autriche. Souverain bâtisseur comme ses prédécesseurs, il développe le port de **Nice**.

Les républiques maritimes

Les Républiques de **Gênes** et de Venise conservent leur indépendance, mais ont perdu tout dynamisme. Gênes subit pressions et occupations de la part de l'Autriche comme du Piémont. Elle conserve son rôle de **place financière** avec la toujours puissante banque de Saint Georges, mais connaît de grandes difficultés en **Corse** face à **Pascal Paoli** et doit abandonner l'île à la France (1768)
Venise achève de perdre son rôle de grande puissance. La **Morée** (Péloponnèse), un temps reconquise est perdue à l'issue d'une ultime guerre contre les Turcs en 1718. La politique intérieure vénitienne est minée par les rivalités des grandes familles qui fournissent les doges à la République. **Son rôle maritime décline** au profit de Livourne, Ancône et de Trieste. La ville a désormais un rôle bien plus culturel qu'économique.

L'Italie des Habsbourgs

À la fin de la guerre de Succession d'Espagne, l'Autriche obtient un duché de **Milan** qui tend, au gré des règlements territoriaux, à se confondre avec la seule Lombardie. L'empereur y est représenté par un gouverneur qui veille à la progressive modernisation du duché et maintient la richesse de Milan en prenant soin des manufactures comme celles de la soie.
L'Autriche peut aussi compter sur la **Toscane** où, depuis la mort du dernier duc Médicis (1737), règne **François de Lorraine**, époux de Marie-Thérèse, qui devient empereur en 1765. Son fils et successeur, Leopold Ier, règne à Florence de 1770 à 1790, date à laquelle il devient empereur sous le nom de Léopold. Il fait de la Toscane un État prospère, dont les institutions sont réformées de façon spectaculaire. Il y abolit la torture, mais aussi pour la première fois en Europe, la peine de mort (1786).

L'Italie des Bourbons

Parme est confié en 1731 à l'infant Don Carlos, Charles Ier de Parme, fils du roi d'Espagne Philippe V et de la reine Élisabeth Farnèse, héritière du duché, mais attribué à l'empereur Charles VI en 1735. Le frère de Don Carlos, Philippe Ier (1748-1765), récupère le duché après la guerre de succession d'Autriche. Marié à une fille de Louis XV, il n'est cependant pas le simple protégé de la France et de L'Espagne. Il parvient à développer une diplomatie autonome et se révèle un prince des Lumières. En revanche son fils Ferdinand (1765-1802), cherche avant tout à maintenir l'influence de l'Eglise.

Conquise par le jeune duc de Parme, Charles Ier, **Naples** est la capitale du **Royaume des Deux Siciles.** Le fils de Philippe V y règne jusqu'en 1759 avant de monter sur le trône d'Espagne et de laisser sa couronne à son fils cadet Ferdinand. Charles fait de son royaume un État véritablement indépendant, et se lance dans de grands travaux. Sous son règne commencent les premières fouilles d'Herculanum. Ferdinand est un souverain sans envergure, largement dominé par l'ambassadeur britannique Hamilton.

Les États de l'Église

Les États pontificaux s'étendent à l'ensemble de l'Italie centrale. Les papes contrôlent Rome et le Latium, mais aussi l'Ombrie et Les Marches où se trouvent le prospère port franc d'Ancône et la Romagne. Au sud, l'autorité papale s'étend aux enclaves de Bénévent et Pontecorvo. Sous **Pie VI (1765-1799),** d'énergiques réformes permettent de faire disparaître les barrières douanières intérieures.

Pistes bibliographiques

Sur l'Espagne, le livre de H. Kamen, *Philip V of Spain, the king who reigned twice*, Yale University Press, 2011 renouvelle totalement la question et éclaire l'histoire de l'Espagne à cette période. J.-F. Labourdette, *Histoire du Portugal*, Paris, Fayard, 2000. D. Carrangeot, E. Chapron, H. Chauvineau, *Histoire de l'Italie du XVe au XVIIIe siècle*, Paris, Armand Colin, 2015.

FICHE 37

Les Pays-Bas et les Provinces-Unies au XVIIIe siècle

Alors que l'ensemble formé par les Pays-Bas et les Provinces-Unies a été parmi les régions les plus importantes de l'Europe jusqu'à la fin du XVIIe siècle, il semble perdre peu à peu de son intérêt pour les grandes puissances. Les changements politiques tendent en effet à neutraliser une région qui connaît également des mutations économiques. Celles-ci ne se limitent pas au déclin hollandais, même s'il reste d'évidence le phénomène le plus important pour comprendre ce siècle dans le Nord-Ouest du continent européen.

Crises et renouveau aux Pays-Bas

La fin du régime espagnol

La mort de Charles II (→ fiches 20, 23) marque en 1700 la fin de la dynastie autrichienne sur le trône d'Espagne. Se pose alors le problème de la dévolution des Pays-Bas. **Héritage bourguignon** des Habsbourgs, ceux-ci avaient été légués par Charles Quint à son fils Philippe II. La monarchie espagnole avait par la suite considéré que ces provinces relevaient de la souveraineté de Madrid. En transmettant l'ensemble des possessions espagnoles à Philippe d'Anjou, petit-fils de Louis XIV, le testament de Charles II vise à maintenir le régime espagnol sur les Pays-Bas, sans tenir compte des revendications des Habsbourgs de Vienne à la continuité dynastique.

Il apparaît très vite que le nouveau roi d'Espagne **Philippe V** ne maintient l'autorité de Madrid que de manière fictive. En principe, **Maximilien-Emmanuel de Bavière**, qui gouvernait au nom de Charles II depuis 1692, demeure; dès février 1701 cependant, il doit accepter la présence de troupes françaises qui chassent les garnisons hollandaises présentes depuis la pays la prise de Ryswick. Le duc de Bourgogne, frère aîné de Philippe V et héritier potentiel du trône de France, est fait **vicaire général** de roi d'Espagne le 10 mai 1702. Des réformes sont entreprises, visant à imposer un centralisme inspiré de celui de la France.

Cette mainmise française est de courte durée. Les défaites militaires face aux coalisés ruinent les ambitions françaises. Après la bataille de **Ramillies (1706)**, la majeure partie des Pays-Bas passe entre les mains des forces anglo-hollandaises. Le prétendant autrichien au trône d'Espagne, Charles III, règne officiellement, mais la réalité des pouvoirs appartient aux troupes d'occupation qui mettent le pays en coupe réglée.

À la fin de la guerre de succession d'Espagne, les négociations sur le sort des Pays-Bas sont difficiles. Au traité d'Utrecht de 1713, la France et l'Espagne renoncent aux Pays-Bas, attribués aux Habsbourgs de Vienne. Les Provinces-Unies réclament l'installation d'une **Barrière** composée de garnisons susceptibles de prévenir une nouvelle invasion française. Elle leur est accordée en 1715 par l'empereur Charles VI, naguère prétendant au trône d'Espagne sous le nom de Charles VI. Quelques rectifications de frontière ont lieu au profit des Provinces-Unies, tandis que le roi de Prusse récupère une partie de la **Gueldre**.

Le régime autrichien

La continuité avec le siècle précédent s'impose dans un premier temps. Charles VI continue à prétendre au trône d'Espagne et les Pays-Bas sont administrés par un conseil des Flandres qui siège à Vienne, comme il siégeait naguère à Madrid. L'espagnol demeure la langue administrative du pays. Le gouverneur, Eugène de Savoie, n'intervient pratiquement pas.

Charles VI cherche surtout à relancer l'activité économique du pays. Comme les traités signés avec les Provinces-Unies depuis 1648 prévoient la fermeture des bouches de l'Escaut et rendent le port d'Anvers inutilisable, **Ostende** semble être un moyen de faire entrer les Pays-Bas autrichiens dans l'expansion commerciale de l'époque. En 1722 est créée une compagnie d'Ostende sur le modèle hollandais. La pression internationale conduit néanmoins à l'abandon de ce projet dès 1727.

À partir de 1725, les relations avec l'Espagne se pacifient. La Pragmatique Sanction de 1713 a été reconnue par la France et l'Angleterre (→ fiche 30) : les Pays-Bas font partie du patrimoine de la maison d'Autriche et doivent revenir à l'héritier de Charles VI. De 1725 à 1741, la sœur de l'empereur, **l'archiduchesse Marie-Élisabeth**, gouverne dans un climat de paix. Les états provinciaux continuent à fonctionner et paraissent garantir les anciennes libertés.

Marie-Élisabeth meurt en 1741, au moment où la mort de Charles VI plonge l'Europe dans la guerre de Succession d'Autriche. Les Français envahissent les Pays-Bas et sont vainqueurs des Anglo-Hollandais (1745) à Fontenoy. Ils restituent néanmoins les Pays-Bas à Marie-Thérèse d'Autriche au **traité d'Aix-la-Chapelle (1748)**. Le rapprochement franco-autrichien qui aboutit à la révolution diplomatique rend désormais improbable une invasion (→ fiche 33).

Le climat de paix favorise la croissance économique. Longtemps à la traine par rapport aux Provinces-Unies, les Pays-Bas font figure au second XVIIIe siècle de **région dynamique**. De nombreux propriétaires introduisent les nouveautés agricoles anglaises, développant prairies et élevage. À Bruxelles, les élites adoptent le français, langue de la cour de Vienne. La ville devient un modèle d'urbanisme et connaît un nouveau rayonnement.

Le mouvement révolutionnaire

À la mort de Marie-Thérèse (1780), son fils Joseph II devient le nouveau maître des Pays-Bas. Il mène une politique de réformes énergiques, se heurtant aussi bien à l'Église qu'aux institutions locales. Lorsque les **états de Brabant** sont supprimés, une révolution éclate à Bruxelles, suivie d'un **soulèvement des Liégeois** contre leur évêque au mois d'août. L'aile démocratique du parti des patriotes s'impose et proclame en 1790 une éphémère **république des États-Unis de Belgique** à laquelle l'invasion des troupes autrichiennes met fin. Les idées de la révolution brabançonne ont une influence sur la France.

Déclin des Provinces-Unies

L'épreuve de la guerre

Guillaume d'Orange, stadthouder depuis 1672, meurt au début de la guerre de Succession d'Espagne (1702) (→ fiches 16, 23, 24). Avant tout roi d'Angleterre depuis la révolution de 1688, il s'appuyait déjà sur le grand pensionnaire Heinsius dans les Pays-Bas. Ce dernier maintient fermement les Provinces-Unies dans la guerre.

Après la mort **d'Heinsius (1720)**, les fractures politiques anciennes réapparaissent. Les institutions républicaines sont maintenues, tandis qu'un **parti orangiste** se reconstitue autour d'une branche cadette de la maison d'Orange. L'invasion française des Pays-Bas en 1744 met en déroute les garnisons de la Barrière. Après Fontenoy, la menace se précise contre la République. Comme en 1672, le parti orangiste profite de la menace française pour provoquer un soulèvement. Il bénéficie du soutien d'une coalition d'intérêts, où l'on retrouve aussi bien la noblesse traditionnelle que les protestants les plus rigoureux ou la communauté juive.

La révolution orangiste et ses conséquences

À partir de 1747, Hollande et Zélande accepte de nouveau l'autorité d'un stadthoudérat. Le nouveau régime est fondé sur un compromis entre **Guillaume IV d'Orange**, devenu stadhouder des provinces du nord et de l'est, et les états généraux.

FICHE 37

Institutions des Provinces-Unies

Assemblées provinciales ou états	
Hollande	états dominés par les villes
Zélande	
Utrecht	états où noblesse et villes s'équilibrent
Gueldre	
Groningue	états dominés par les représentants de la noblesse et des campagnes
Frise	
Overissel	

Chacune de ces provinces désigne un exécutif provincial composé principalement d'un pensionnaire et d'un stadthouder

Pouvoir fédéral
Les États Généraux de La Haye Chaque province envoie un **nombre variable de députés,** mais ne possèdent qu'une voix aux États Généraux de La Haye Les États Généraux prennent en principe les **grandes décisions diplomatiques** Les **territoires acquis après 1648** sont gouvernés directement par les États Généraux

Dualité des exécutifs
Grand Pensionnaire. Il s'agit du pensionnaire de Hollande. Il réside à La Haye et défend les intérêts des provinces maritimes. Rôle décisif en politique étrangère. **Stadthouder**. Les princes de la maison d'Orange cumulent les stadthouderats provinciaux. Rôle militaire et religieux, les princes d'Orange sont les garants de l'orthodoxie calviniste.

En 1751, Le nouveau stadthouder, **Guillaume V**, est un enfant de 3 ans. La régence est exercée par le **duc de Brunswick** qui conserve la réalité du pouvoir après la majorité de Guillaume. Une cour s'organise à **La Haye**, qui tend à isoler Guillaume. Le déclin économique du pays aiguise les mécontentements. Désormais supplantés par Anglais et Français dans les commerces coloniaux, les Néerlandais doutent d'un modèle qui avait fait l'admiration de l'Europe entière au XVIIe siècle.

En 1781, alors que les Provinces-Unies sont entrées dans la guerre contre l'Angleterre, **Van der Capellen** publie un appel *Au peuple des Pays-Bas* où il demande l'abolition du stadhoudérat et le retour à la République. Se forme alors un **mouvement patriote en Hollande** qui parvient à chasser le stadhouder de La Haye. Ce succès des patriotes bataves n'est pas durable. En 1787, le roi de Prusse, beau-père de Guillaume V, rétablit son gendre par la force.

Pistes bibliographiques

On se reportera à la fiche 16.

FICHE 38 La Russie et la Scandinavie au XVIIIe siècle

La Russie et l'Europe du Nord au XVIIIe siècle

Les héritiers de Pierre

Entre 1725 et 1762 se succèdent six souverains qui n'ont guère d'autorité sur une Russie livrée aux rivalités nobiliaires. Aucune règle de succession ne prévaut et le pouvoir passe entre les mains de factions.

La veuve de Pierre le Grand, **Catherine Ire (1725-1727)**, est en réalité le jouet d'un Conseil secret animé par le prince Menchikov qui l'a propulsée au pouvoir par un coup d'État au lendemain de la mort de l'empereur. Son successeur **Pierre II (1727-1730)**, est alors le seul descendant mâle de Pierre le Grand. Fils du tsarévitch Alexis que Pierre avait fait mettre à mort, il n'est qu'un tout jeune homme et meurt à l'âge de quatorze ans. **Anna (1730-1740)** fille du tsar Ivan V et nièce de Pierre le Grand, cherche à rétablir l'autocratie, mais son entourage, presque exclusivement composé d'Allemands, mécontente la noblesse russe. Elle meurt sans postérité et la couronne passe brièvement à l'héritier qu'elle avait désigné, Ivan VI, un enfant de quelques mois qui est presque immédiatement déposé.

Montée sur le trône après un coup d'État militaire fomenté par l'ambassadeur de France, **Élisabeth**, fille de Pierre le Grand et de Catherine Ire est aussi une souveraine autoritaire. Elle désigne son neveu, Pierre de Holstein-Gottorp, petit-fils par sa mère de Pierre le Grand et Catherine Ire comme héritier. Celui-ci monte sur le trône au début de l'année 1762, mais il est renversé par l'armée, mécontente de l'issue de la guerre de Sept Ans. Sa femme, Sophie de Zerbst-Anhalt, est acclamée impératrice sous le nom de **Catherine II**.

Catherine II (1762-1796)

Princesse allemande, Catherine a désormais les mains libres pour réformer la monarchie russe. Lectrice de Voltaire et surtout de Montesquieu, elle a subi l'influence, sans doute très superficielle, des philosophes français qui se rendent auprès d'elle comme **Diderot** (→ fiche 29) ; le régime demeure cependant despotique. En 1767 est publié le **Nakaz**, traité politique où l'impératrice se déclare favorable à l'égalité de tous devant la loi et à l'abolition de la torture et de la peine de mort.

Tout au long de son règne sont fondées des écoles pour les élites dans le but de transformer la société. Catherine modernise davantage l'économie que la société, développant un important réseau de manufactures et ouvrant à partir de 1763 la région de la Volga à une colonisation qui est avant tout le fait d'Allemands.

En **1773**, le cosaque **Pougatchev**, se faisant passer pour le défunt tsar Pierre III, organise un **vaste soulèvement dans l'Oural** et promet l'abolition du **servage**. La répression, très dure, ne s'achève qu'en 1775. Effrayée par l'ampleur du mouvement, Catherine renforce l'autorité de l'État et construit une véritable administration centralisée, tandis que les nobles contrôlent plus étroitement la paysannerie sur leur domaine. À sa mort, son fils **Paul Ier (1796-1801)** s'efforce de revenir sur sa politique et tente d'assouplir la condition des serfs.

L'expansion russe

L'expansion de la Russie vers l'Asie centrale et au-delà vers le Moyen-Orient et l'océan Indien a suscité bien des fantasmes en Europe occidentale dès la fin du XVIIIe siècle ; on y a fait circuler un **faux testament de Pierre le Grand**, où l'empereur recommanderait à ses successeurs de gagner à tout prix les mers chaudes. Ce texte apocryphe tend à présenter de manière simpliste une politique très complexe que Pierre et ses successeurs ont dû mener de façon plutôt pragmatique aves leurs voisins orientaux.

Après sa victoire sur la Suède, la Russie se lance en 1722 dans une expédition méridionale contre la **Perse**. Le but est de dominer la mer

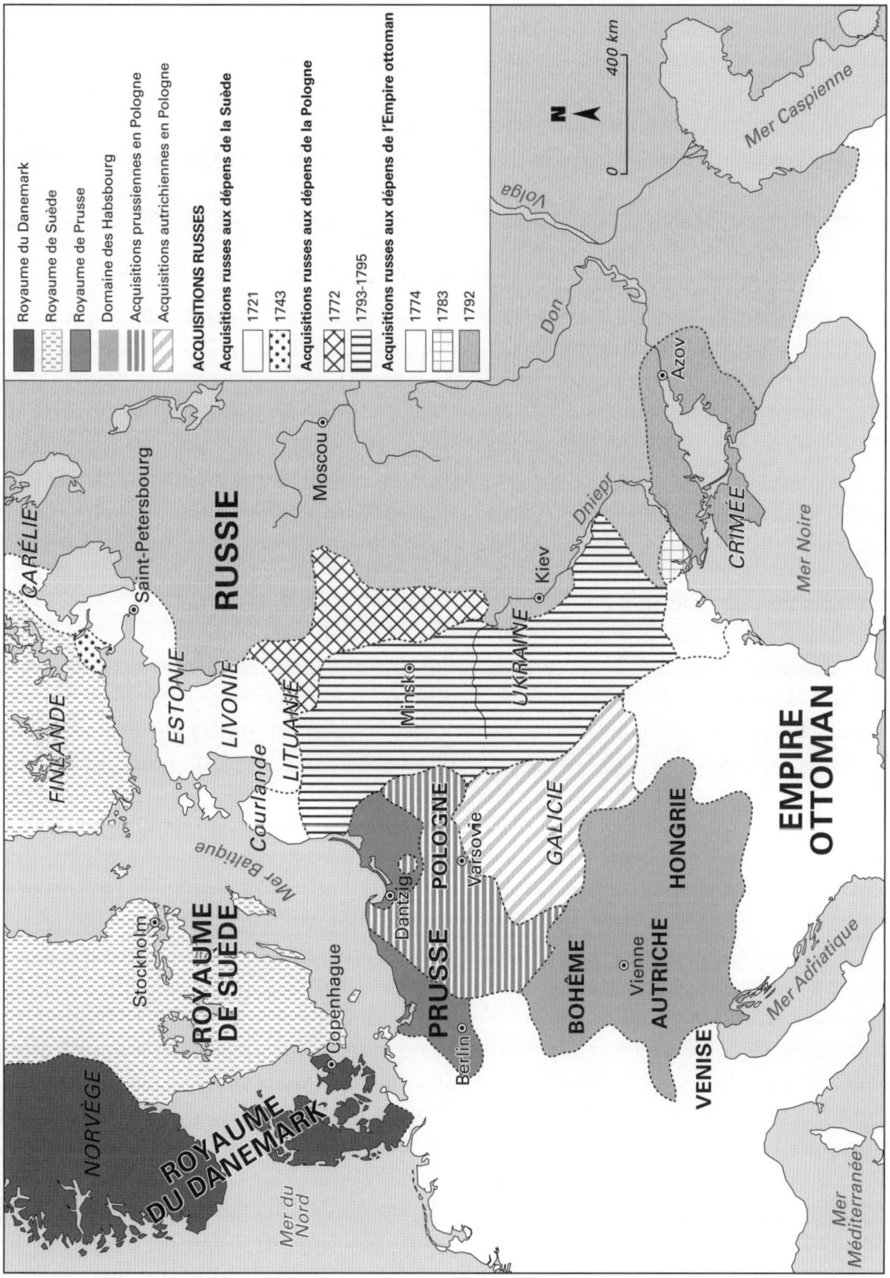

Expansion occidentale de la Russie au XVIIIe siècle

Caspienne. Vaincu, Tahmasp II, dernier shah d'une dynastie séfévide en plein déclin, concède à la Russie Bakou et le littoral sud de la mer Caspienne mais ces conquêtes sont restituées dès 1735. En Asie centrale, une confrontation avec les ambitions de la Chine des Qing est évitée par le traité de Kiachta, signé en 1727. La Russie n'a pas les moyens de s'opposer à la pénétration chinoise dans la région et préfère s'assurer des liens commerciaux.

Plus à l'est, la conquête de la Sibérie, entamée au XVIIe siècle, s'achève par la mainmise russe sur la péninsule du Kamtchatka où est fondée en 1740 la première ville de l'Extrême-Orient russe, **Petropavlosk**. Au-delà, à partir de la fin du XVIIIe siècle, certains marchands russes tentent en vain d'entrer au Japon.

À l'ouest, la Russie, après avoir vaincu la Suède et démembré son empire baltique, devient un acteur à part entière. Elle intervient dans les crises et les guerres, d'abord pour maintenir les gains obtenus par Pierre le Grand. Elle joue un rôle décisif aux côtés de l'Autriche dans la guerre de Succession de Pologne, empêchant la France de porter sur le trône le beau-père de Louis XV, Stanislas Leszczynski. Avec les Autrichiens, la Russie mène également une longue et peu fructueuse guerre contre les Turcs, traditionnels alliés du roi de France et qui avaient épousé la cause de Stanislas, de 1735 à 1739.

À la fin de la guerre de Succession d'Autriche, l'intervention tardive à la demande de l'Autriche, d'une forte armée russe en Allemagne occidentale montre le poids militaire de cette nouvelle puissance capable de peser désormais dans toute l'Europe. Allié de l'Autriche, l'empire russe devient un sujet de préoccupation constante pour la Prusse. Pendant la guerre de Sept Ans, l'armée prussienne est plusieurs fois défaites par les Russes qui ne tirent aucun profit de leur avantage lorsque le « retournement » de Pierre III conduit à une paix qui sauve Frédéric II en 1762.

La pression de la Russie s'exerce surtout sur deux voisins dont la puissance décline. En Pologne, Catherine a placé sur le trône son favori Stanislas Poniatowski ; elle lui envoie des troupes pour lutter contre les insurgés qui ont formé la Confédération de Bar. La guerre s'élargit à partir de 1768, quand les Russes se heurtent aux Ottomans, principaux soutiens des rebelles. Les Polonais sont vaincus et Catherine peut se livrer avec l'Autriche et la Russie au **premier partage de la Pologne (1772).** En 1774, le traité de Kutchuk-Kainardji contraint l'Empire ottoman à laisser la Russie s'infiltrer dans les Balkans et sur les bords de la mer Noire en gagnant entre autres la forteresse d'Azov. La Crimée, restée en principe un khanat tatar indépendant, est annexée en 1783 par les Russes.

Les royaumes scandinaves

La mort de Charles XII ouvre une ère nouvelle dans l'histoire de la Suède. À l'époque de la grandeur succède celle de la liberté. **Ulrique Eléonore**, sœur du défunt roi, monte sur le trône en 1719 mais abdique en faveur de son mari qui devient le roi **Frédéric Ier** régnant sans gouverner de 1720 à 1751. De nouvelles institutions se mettent en place, la Diète (Riksdag) composée des quatre ordres, noblesse, clergé, bourgeois et paysans, devient une véritable assemblée législative ; le pouvoir réel est désormais entre les mains d'un conseil dominé par la haute aristocratie.

La vie politique du pays est rythmée par la rivalité du parti des **Chapeaux** et de celui des **Bonnets** ; les Chapeaux, soutenus par la France, souhaitent une revanche militaire sur la Russie, tandis que les Bonnets penchent pour une politique bien moins belliqueuse. La guerre lancée en 1741 contre la Russie tourne au désastre. La Suède doit faire en 1743 de nouvelles concessions territoriales.

Adolphe Frédéric (1751-1771) doit, comme son prédécesseur, accepter les contraintes qui pèsent désormais sur la royauté. En 1756, un coup d'État pour rétablir l'autorité royale, fomenté par la reine Louise-Ulrique de Prusse, sœur de Frédéric II, échoue. La Suède tente une nouvelle fois de reprendre l'initiative en Europe du Nord et entre dans la guerre de Sept Ans en affrontant, sans résultat, la Prusse de 1757 à 1762. Il apparaît qu'elle est désormais une puissance de second ordre. Les Bonnets, parvenus au pouvoir en 1765, s'efforcent de donner une orientation libérale à la politique suédoise dans tous les domaines. Le retour à une certaine prospérité au second XVIIIe siècle se manifeste dans l'expansion commerciale avec la **Compagnie suédoise des Indes** fondée en 1731 ; il s'agit aussi d'une période de rayonnement intellectuel, symbolisé par l'œuvre du naturaliste **Carl von Linné (1707-1778)**.

Gustave III (1771-1792), impressionné par la France et la politique de Maupeou, renforce son pouvoir personnel par un coup d'État en 1772. Il réforme la justice, établit la tolérance religieuse et surtout met fin à l'influence de la noblesse et des factions. Il lance une guerre contre la Russie qui s'achève par une paix plutôt favorable en 1790, malgré l'opposition d'une partie de la noblesse qui conspire contre le roi au sein même de l'armée. Cette guerre est prétexte pour Gustave III au renforcement de son pouvoir par une nouvelle constitution en 1789 qui est à l'origine d'une conspiration nobiliaire. Le roi est assassiné en 1792 ; son fils et successeur, Gustave IV Adolphe ne parvient pas à rétablir l'autorité de la monarchie suédoise et doit abdiquer en 1809.

Au Danemark, l'évolution de la monarchie est fort différente. Les règnes de **Frédéric IV (1699-1730) Christian VI (1730-1746)** et **Frédéric V (1746-1766)** se caractérisent par une grande stabilité et le maintien d'une forme d'absolutisme. **Christian VII (1766-1808)** est un roi faible, miné par de troubles mentaux. Le pouvoir est entre les mains de **Johan Friedrich Struensee**, un ministre qui réalise en deux ans (1770-1772) un programme qu'on peut comparer à celui d'un despote éclairé avant d'être renversé par un coup d'État qui l'envoie à l'échafaud en 1773.

Pistes bibliographiques

F. D. Liechtenhan, *Élisabeth de Russie*, Paris, Fayard, 2007. H. Carrère d'Encausse, *Catherine II, un âge d'or pour la Russie*, Paris, Fayard, 2002. É. Schnakenbourg et J.-M. Maillefer, *La Scandinavie à l'époque moderne*, Paris, Belin, 2010.

FICHE 39 L'Amérique du Nord à l'époque de l'Indépendance américaine

L'Amérique à la veille de l'Indépendance

Les 13 colonies anglaises

La Nouvelle-Angleterre est formée de quatre petites colonies : **Massachusetts, Connecticut, New Hampshire** et **Rhode Island**. L'ensemble est marqué par le puritanisme ; on y pratique aussi bien l'agriculture que le commerce. Au centre, **New York, New Jersey, Delaware** et **Pennsylvanie**. Au sud enfin, cinq colonies déjà très différentes, avant tout vouées à l'agriculture de plantation, utilisant une main-d'œuvre servile d'origine africaine : **Virginie, Maryland, Caroline du Nord, Caroline du Sud, Géorgie**. Chaque colonie a une personnalité propre, mais partout le gouverneur, nommé par la couronne d'Angleterre, doit composer avec des assemblées élues.

La croissance américaine

Les 13 colonies anglaises d'Amérique ont connu un remarquable essor démographique au XVIIIe siècle. Il y a à peu près **2,5 millions d'habitants**, dont 500 000 esclaves d'origine africaine et 100 000 Amérindiens. Contrairement à une opinion longtemps répandue, le peuplement européen est très homogène : il y a **60 % d'Anglais**, contre 10 % d'Irlandais et à peu près autant d'Écossais. Les Allemands forment la majeure partie des 20 % restants, parmi lesquels on rencontre des groupes très divers, comme une poignée de descendant de huguenots français arrivés après la Révocation (→ fiche 22).

La religion est le grand dénominateur commun. L'immense masse des Américains est en effet attachée au **protestantisme**, représenté avant tout par l'Église anglicane et le presbytérianisme. En Pennsylvanie, de nombreuses sectes issues de la dissidence comme les quakers ont prospéré. Les catholiques représentent moins de 25 000 personnes et sont généralement déconsidérés.

La société est assez hétérogène. Si à New York s'est développée une véritable bourgeoisie locale qui doit sa prospérité à l'armement maritime, le Sud, davantage lié à l'Angleterre, est dominé par une aristocratie de planteurs dont sont issus des hommes comme **George Washington (1732-1799)** ou **Thomas Jefferson (1743-1826)**.

Les tensions avec la métropole

Depuis la fin de la guerre de Sept Ans, la **pression fiscale** s'est accrue sur les colonies. Taxes douanières et impôt du timbre sur tous les actes juridiques sont très mal reçus en Amérique où se développe l'agitation. Un premier conflit, entre 1766 et 1770, a été apaisé par un assouplissement fiscal.

En 1773, des colons déguisés en Indiens jettent à l'eau la cargaison de thé des navires anglais à Boston ; Cette tea party est le point de départ d'un durcissement du conflit entre l'Angleterre et ses colonies. En décembre 1774, un **Congrès** regroupant des députés de toutes les colonies, hormis la Géorgie, se réunit à **Philadelphie**. Seule une minorité réclame la rupture avec l'Angleterre, mais la situation reste tendue et des groupes de volontaires américains commencent à s'organiser.

Le 18 avril 1775, à **Lexington** près de Boston, les premiers affrontements éclatent. Deux mois plus tard, une véritable bataille oppose, toujours devant Boston, volontaires américains et troupes anglaises (17 juin 1775). Le Congrès, tout en souhaitant la négociation, se prépare à la guerre et confie le commandement d'une armée à George Washington.

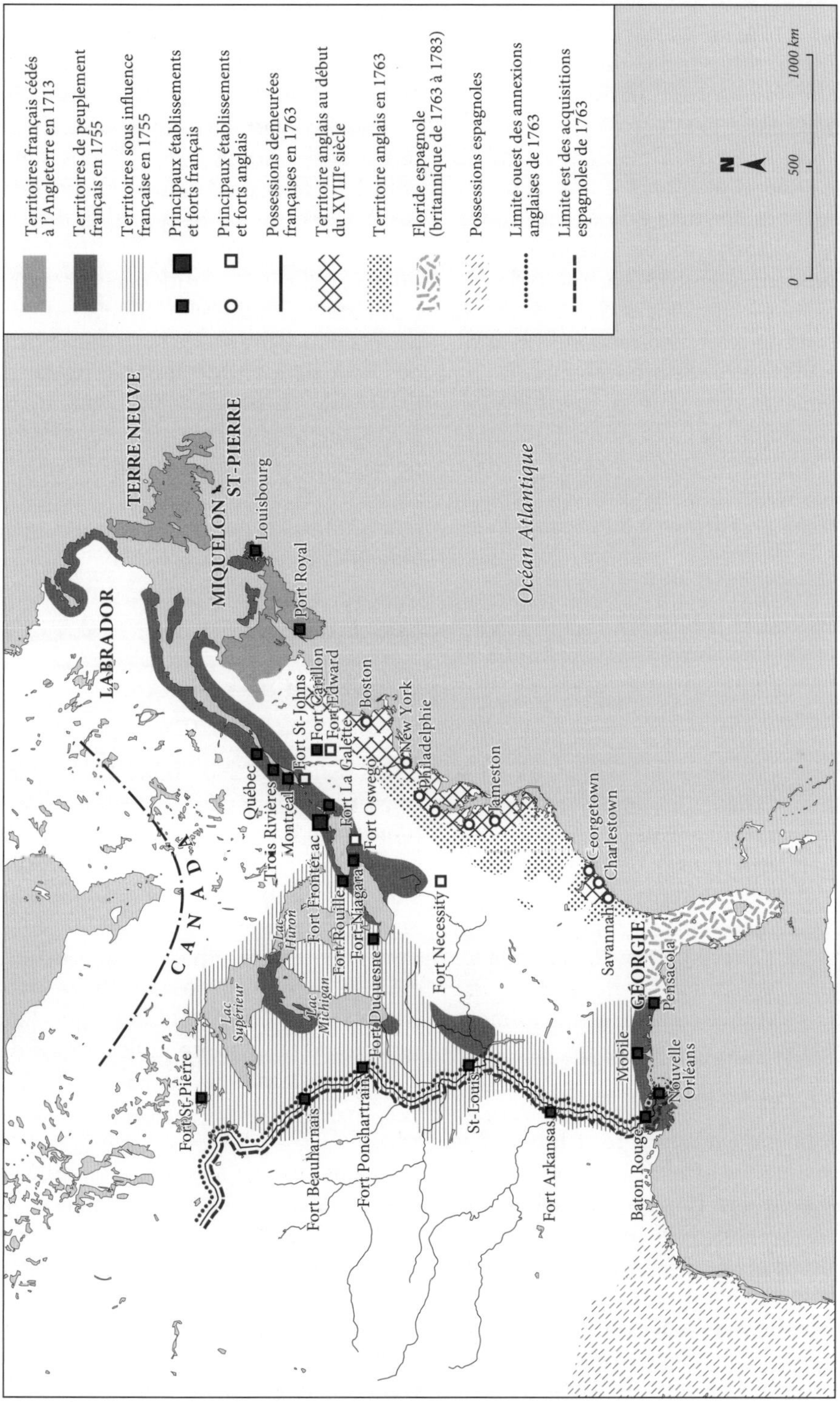

L'Amérique du Nord à la veille de la guerre

FICHE 39

La révolution

La déclaration d'Indépendance

Le 4 juillet 1776, le Congrès adopte une **Déclaration d'Indépendance** inspirée par **Thomas Jefferson**. La rupture est consommée dès le **préambule**:

« Nous, représentants des États-Unis, assemblés en Congrès général, attestant le Juge Suprême de l'Univers et la droiture de nos intentions, au nom de l'autorité du bon peuple de ces colonies, publions solennellement et déclarons que ces Colonies-Unies sont et doivent être de droit des États libres et indépendants de toute obéissance à la Couronne britannique... »

Les premières années de la guerre d'Indépendance sont difficiles. Les Anglais occupent New York, puis Philadelphie. Le **17 octobre 1777**, George Washington remporte la **première grande victoire américaine** à **Saratoga**.

L'intervention française

L'intervention de la France est provoquée par un fort courant de sympathie à l'égard de ceux qu'on nomme les « insurgents », mêlé du désir de prendre une revanche sur l'Angleterre. Les Américains sont d'abord méfiants à l'égard d'une puissance catholique, naguère menaçante au Canada. En décembre 1776, le Congrès des États-Unis envoie une ambassade à Versailles. **Benjamin Franklin** devient un personnage influent à la cour comme dans les salons parisiens. **Le 17 décembre 1777, la France est ainsi la première à reconnaître l'indépendance des États-Unis. Vergennes** (→ fiche 33) pousse ensuite Louis XVI à une alliance plus formelle (6 février 1778).

Une crise internationale

La **guerre navale** est avant tout le fait des Français, malgré les efforts du Congrès pour mettre sur pied une flotte et les succès des corsaires américains. Elle ne donne pas de résultats immédiats. En 1779, l'amiral d'Estaing, faute de pouvoir s'en prendre directement à l'Amérique du Nord, s'empare de Saint-Vincent et de la Grenade, tandis que l'entrée de l'Espagne dans la guerre contre l'Angleterre ne débouche que sur d'incertains affrontements entre les flottes européennes.

Un **corps expéditionnaire français**, commandé par Rochambeau, arrive sur le continent américain (12 juillet 1780). Malgré la lassitude qui commence à gagner le camp américain, Washington parvient à maintenir son armée. Français et Américains remportent enfin la victoire de **Yorktown (19 octobre 1781)**. Les Espagnols se rendent maîtres de la Floride.

L'opinion anglaise est fatiguée de cette guerre difficile. Les Américains craignent de leur côté que leurs alliés français et espagnols ne poursuivent désormais dans la guerre des buts peu conformes aux aspirations des États-Unis. Le **30 novembre 1782**, un premier **traité anglo-américain** est l'aboutissement de négociations commencées un peu plus tôt sans consulter les Français. Vergennes parvient néanmoins à faire signer la paix par l'Angleterre à **Versailles (3 septembre 1783)**.

Les États-Unis de 1783 à 1815

L'organisation politique

Une assemblée constituante siège à Philadelphie du 25 mai au 17 septembre 1787 et vote une **constitution fédérale**. Le pouvoir législatif est représenté par le **Congrès**, composé de deux assemblées: la **Chambre des Représentants**, élue au suffrage direct, et le **Sénat**, avec deux sénateurs par État. Le **président**, surtout compétent en matière diplomatique et militaire, dispose d'un droit de veto sur la législation votée par le Congrès, tandis que l'autorité supérieure en matière judiciaire est détenue par la **Cour Suprême**.

La Louisiane

L'Espagne restitue à la France en 1800 la partie de la Louisiane qu'elle avait obtenue au traité de Paris de 1763. Après avoir envisagé une reprise de la colonisation française, Bonaparte vend l'ensemble du territoire aux États-Unis (1803). Ainsi le projet du président Jefferson de poursuivre l'expansion à l'intérieur du continent trouve-t-il un formidable tremplin pour le siècle à venir.

Les difficultés avec l'Angleterre

Les Américains n'en ont pas fini avec l'ancienne métropole. Deux tendances se font face à l'époque de la Révolution française. Dans un premier temps, sous la présidence de George Washington, domine le **parti fédéraliste**, qui n'est pas fondamentalement hostile à l'Angleterre et veut de toute façon tenir la jeune république à l'écart des troubles qui agitent l'Europe. En 1794, un traité est même signé avec l'Angleterre en guerre contre la France.

L'arrivée au pouvoir de Thomas Jefferson, président de 1801 à 1809, modifie la donne. Ce dernier, **démocrate républicain**, n'est pas défavorable à la France révolutionnaire. Son successeur, James Madison, président de 1809 à 1817, n'hésite pas à engager les États-Unis en **1812** dans la **guerre contre une Angleterre** dont la présence au Canada est jugée menaçante. Le conflit se révèle périlleux pour la jeune République quand les Anglais prennent et incendient Washington. La paix de Gand ramène au *statu quo ante* (24 décembre 1814).

Pistes bibliographiques

Outre le petit manuel d'A. Kaspi, *Les Américains, t. 1 : Naissance et essor des États-Unis (1607-1945)*, Paris, Points, n^elle^ éd. 2014, on utilisera en priorité Cl. Fohlen, J. Heffer, Fr. Weil, *Canada et États-Unis depuis* 1770, Paris, PUF, coll. « Nouvelle Clio », 1997. B. Cottret, *La révolution américaine*, Paris, Perrin, 2003 ; B. Van Ruymbeke, *L'Amérique avant les États-Unis, histoire de l'Amérique anglaise 1497-1776*, Paris, Flammarion, coll. « Champs », 2016.

FICHE 40 Le Moyen Orient aux XVIIe et XVIIIe siècles

Les Européens ont perçu l'empire ottoman comme un adversaire ou un partenaire, en prenant avant tout en considération sa politique occidentale, en Europe centrale et orientale comme en Méditerranée (→ fiches 11, 20). Il n'en faut pas pour autant négliger qu'il est impliqué dans le Proche-Orient comme en Afrique, dominant presque la totalité du monde arabe. Face à lui, l'Iran safavide constitue l'autre grande puissance de la région, véritable pont vers l'Inde et l'Asie centrale.

Les provinces arabes de l'empire ottoman

La notion de monde arabe n'a guère de valeur pour une époque où l'identité nationale, fondée sur des critères culturels ou ethniques, passe après l'appartenance aux communautés religieuses.

Structures administratives

La partie arabe de l'empire ottoman s'étend en principe jusqu'au Maghreb. Le cœur en est constitué par le **Machrek**, divisé en de nombreuses provinces dotées chacune d'un gouverneur. Seul le **Hedjaz** où se trouvent les lieux saints de **La Mecque** et de **Médine** constitue une sorte de principauté autonome dirigée par le chérif de La Mecque, à la tête d'un puissant clan familial issu du prophète.

Le gouvernement le plus recherché est celui de l'Égypte, souvent confié à des personnages ayant exercé les plus hautes responsabilités. Viennent ensuite les gouvernements de Damas et d'Alep, également prestigieux. Ces **pachas** ont de larges attributions, aussi bien dans le domaine de la justice, des finances que de l'organisation militaire. Ils assoient leurs pouvoirs sur des **liens de clientèles avec les élites locales**.

Les provinces arabes sont généralement d'une grande loyauté à l'égard de la dynastie ottomane dont l'idéologie met en avant le devoir de défense du monde musulman face aux puissances chrétiennes les plus menaçantes L'**islam sunnite très orthodoxe** que professe le sultan de Constantinople, également calife, lui offre une légitimité incontestable auprès de ses coreligionnaires. Les autres communautés, **juifs ou chrétiens** de diverses Églises, composent avec le pouvoir, et entrent souvent à travers leurs notables dans la clientèle des pachas.

Une évolution contrastée

On appelle **Syrie** la vaste région qui s'étend du sud de l'Anatolie jusqu'à l'Égypte. Au nord on trouve la province d'**Alep** qui se révèle turbulente, et se soulève parfois. L'actuel **Liban** dépend du gouverneur de **Sayda** (Sidon) et jouit d'une grande autonomie pendant la majeure partie de la période. À **Damas**, les pachas s'enracinent et forment une dynastie. Dans la seconde moitié du XVIIIe siècle, les tendances centrifuges apparaissent de plus en plus nettement, comme dans le cas de **Djazzar Pacha**. Celui-ci, esclave affranchi d'origine balkanique gouverneur de Sayda à partir de 1775, parvient à unifier une véritable principauté en Syrie et en **Palestine** dont il reste le maître jusqu'à sa mort en 1804. Il est assez puissant pour lever en 1799 une armée de 10000 hommes qui tient tête à **Bonaparte** en Palestine.

En Syrie, Palestine et Liban, les **communautés chrétiennes** conservent une influence non négligeable. Les jésuites sont présents dès la fin du XVIIe siècle, et constituent, par leur enseignement, d'importants vecteurs de l'influence occidentale, plus particulièrement française. Celle-ci n'est pas simplement culturelle. Les échelles du Levant offrent aux Français et à leurs concurrents anglais et hollandais des facilités commerciales dans les principaux ports de l'Empire.

L'Irak actuel correspond à peu près aux trois provinces de Mossoul, Bagdad et Bassora. C'est l'un des théâtres principaux de l'affrontement avec la Perse ; la frontière, en principe stabilisée

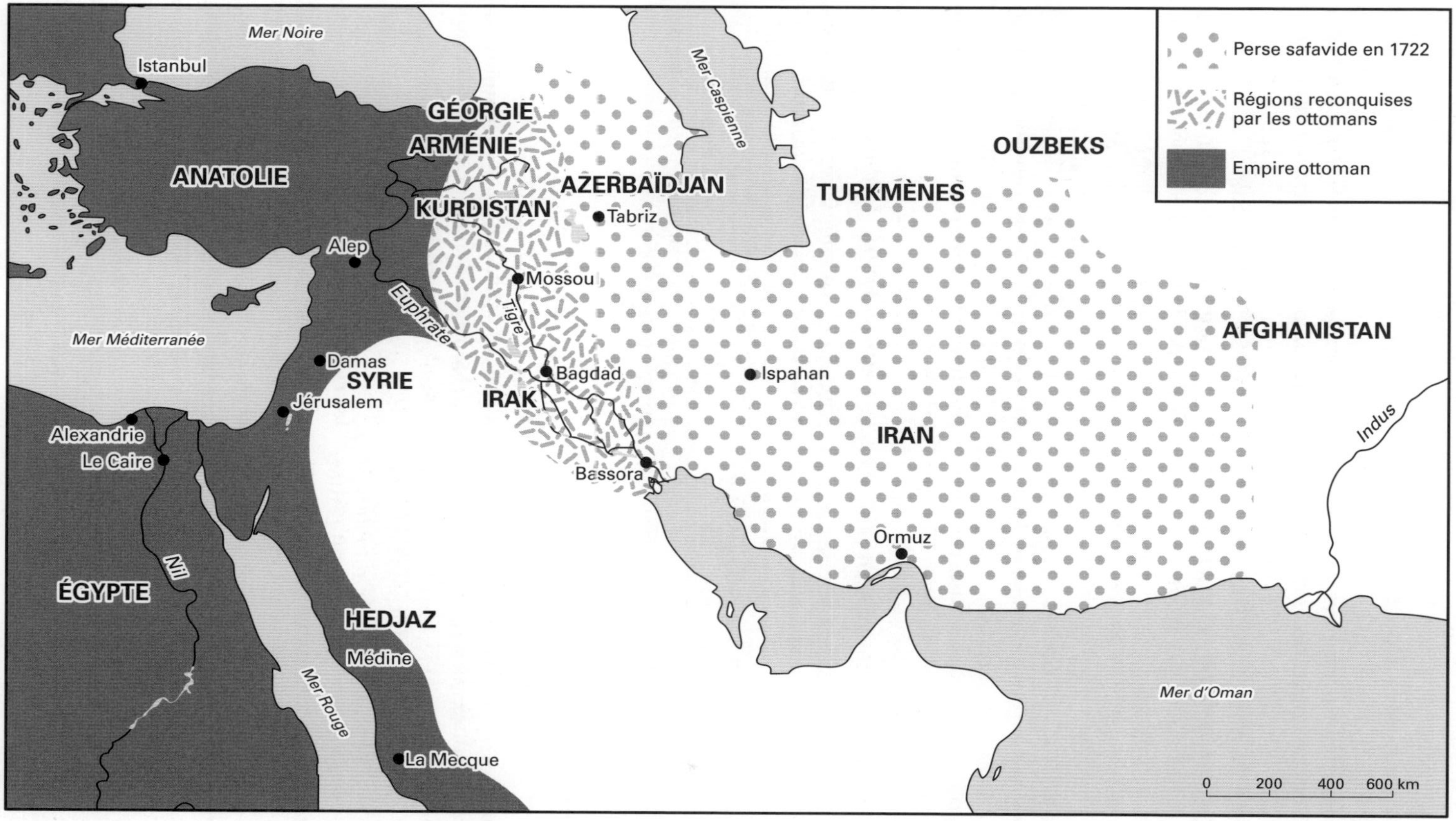

Le Moyen Orient au début du XVIIIe siècle

par un traité en 1639, se déplace sans cesse au cours des guerres entre les deux empires. Les gouverneurs de Mossoul et de Bagdad ont donc de lourdes responsabilités défensives.

Au **Yemen**, l'autorité ottomane se limite à quelques installations littorales. Dans les montagnes de l'intérieur du pays, le pouvoir est entre les mains de gouverneurs chi'ites. Plus au nord, la péninsule arabique est partagée entre l'influence de différents clans. En 1744, le prédicateur **Abdel Wahhab** s'allie à la maison des Saud. Se constitue alors pour soixante-quinze ans un prototype d'État théocratique aux marges de l'empire, ancêtre de l'Arabie Saoudite d'aujourd'hui. Le wahhabisme naissant, interdit dans les provinces ottomanes, prêche le retour à la pureté originelle de l'islam et récuse le modèle multicommunautaire turc.

L'**Égypte** constitue un cas à part. Les beys, gouverneurs ottomans, ont dû tenir compte du pouvoir des **Mamlouks**, esclaves d'origine caucasienne qui ont fini par constituer une véritable caste militaire. Ainsi le pouvoir est-il ici avant tout le fruit d'un compromis. Le déclin économique au XVIIIe siècle du pays fragilise néanmoins cet équilibre que l'expédition de Bonaparte finit par mettre à bas en 1798.

La Perse

Le renouveau de la monarchie

Les **Safavides,** originaires de l'Azerbaïdjan règnent **depuis 1502** sur l'Iran. Leur principal souci est l'unité de l'empire tant sur le plan territorial que sur celui de la religion, l'islam chi'ite dont ils font la **religion officielle de l'État**.

Le plus grand des Safavides, **Shah Abbas I (1587-1629**) monte sur le trône dans un climat d'intrigues de cour qui ont affaibli la monarchie persane. La faiblesse militaire face aux Ottomans est alors évidente. Dans un premier temps, la paix signée en 1590 offre le répit nécessaire; Shah Abbas s'efforce alors de construire, avec l'aide de conseillers anglais, une armée sur le modèle européen, composée de professionnels et abondamment dotée en armes à feu.

Après une première série de victoire au nord-ouest contre les tribus ouzbeks, la Perse se tourne vers l'ouest et reprend la majeure partie de l'**Irak** ainsi que les provinces caucasiennes **(Géorgie, Arménie)**. Shah Abbas dispose également de moyens navals suffisants pour faire reculer les prétentions européennes et traiter sur un pied d'égalité avec les compagnies des Indes anglaise et hollandaise. En **1622, la prise d'Ormuz** que tenaient les Portugais montre en Europe que la Perse est une puissance avec laquelle il faut compter.

L'ordre intérieur de l'empire est également assuré par la force des armes; les tribus **kurdes**, toujours turbulentes, sont mises au pas au prix d'une lourde répression. Shah Abbas favorise le chi'isme comme religion de l'État, et tend d'ailleurs à être plus répressif à l'égard des sunnites qu'à l'égard des juifs et des chrétiens. À Ispahan, capitale de l'empire, les **Arméniens** chrétiens constituent l'un des groupes les plus influents.

Les successeurs d'Abbas

Shah Abbas a éliminé ses propres fils de son vivant. Son petit-fils Safi (1629-1642) lui succède et se révèle un souverain bien moins dynamique, avant tout préoccupé de maintenir l'ordre intérieur. Il perd une bonne partie des gains territoriaux qu'avait réalisé son grand-père, surtout à l'ouest.

Les souverains suivants se laissent peu à peu dominer par un système de cour contraignant, où la réalité du pouvoir est entre les mains d'eunuques **qui rivalisent**. Pendant le règne d'Hussein (1694-1722), les Pachtouns de l'actuel Afghanistan se révoltent contre l'autorité de la Perse et lancent une expédition qui parvient jusqu'aux portes d'Ispahan.

Le renouveau

En **1722**, la **prise d'Ispahan** par les Afghans contraint Hussein à couronner le chef pachtoun **Mahmud**. Pendant que son père est l'otage des Afghans, le prince héritier Tahmasp II maintient un pouvoir safavide à Tabriz en s'appuyant sur les clans locaux. Il est le seul à être reconnu par la Russie et l'empire ottoman.

Un homme parvient à rétablir l'unité de l'empire. **Nadir Shah, Turkmène** d'origine obscure, obtient la régence en 1729. Après avoir rétabli les Safavides sur le trône d'Ispahan, il met fin à la dynastie en 1736 en se proclamant shah à son tour. Vainqueurs des Ottomans et des Moghols, Nadir Shah laisse un empire qui s'étend de l'Irak à l'Indus (actuel Pakistan).

Nadir Shah meurt assassiné en 1747. S'ouvre alors une période où les rivalités entre les dynasties qui prétendent au trône impérial conduisent à la fragmentation territoriale. Lorsque le pouvoir impérial se réunifie en 1794 entre les mains de la nouvelle dynastie des **Qajars**, la Perse est affaiblie, et doit subir la **pression de la Russie**. En 1813, le Caucase est abandonné à l'empire russe.

Pistes bibliographiques

Outre les livres indiqués dans la fiche 11, on utilisera le livre de J.-P. Roux, *Histoire de l'Iran et des Iraniens*, Paris, Fayard, 2006 et Y. Porter, *Les Iraniens*, Armand Colin, 2006.

FICHE 41 L'Asie au XVIIIe siècle

L'histoire du continent asiatique au XVIIIe siècle ne doit pas se réduire à celle de sa pénétration par les Européens. Des États, souvent fermement établis, connaissent alors un dynamisme évident. L'Inde est certes la proie des impérialismes; au cœur de l'Asie cependant, la Chine dirigée par la dynastie mandchoue des Qing, fait figure de très grande puissance, tandis qu'à sa périphérie, des États nationaux se transforment sous l'effet d'influences extérieures multiples.

L'Inde

L'héritage d'Aurangzeb

Le dernier souverain moghol du XVIIe siècle, l'empereur Aurangzeb (→ fiche 26), a dû faire face à d'incessants troubles intérieurs. Malgré quelques conquêtes, son règne n'offre pas un bilan très positif. À l'ouest les **Sikhs** du Penjab comme les **Marathe**s hindouistes (actuel État du Maharashtra) résistent à la volonté d'unification impériale. Les questions religieuses ont dominé le règne. Aurangzeb, musulman orthodoxe, cherche à assurer la domination de l'islam un sous-continent peuplé majoritairement de non-musulmans. Il s'agit d'un tournant essentiel. L'empire moghol, qui cultivait depuis Akbar des tendances œcuméniques, devient le vecteur d'un **islam rigoriste**.

Bahâdur Shâh I (1707-1712) succède à son père Aurangzeb. Le nouveau souverain se révèle faible et incapable de juguler les révoltes sikhs. À sa mort, l'absence de principes successoraux plongea l'empire dans sept années de guerre civile. De cette guerre émerge un souverain faible, **Muhammad Shah (1719-1748)**, peu soucieux de renforcer sa puissance. Le déclin politique est surtout manifeste dans le domaine militaire. Ainsi l'Inde devient-elle une proie facile, non seulement pour les Européens, mais aussi pour la Perse voisine. En **1739**, le roi de Perse **Nadir Shah** peut lancer une expédition qui le conduit jusqu'à Delhi. Le sac de cette capitale révèle alors au monde entier la faiblesse des Grands Moghols.

L'agonie de l'empire

La seconde moitié du XVIIIe siècle est catastrophique. Les Mahrates exercent une lourde pression, tandis qu'au nord-ouest l'Inde subit les premières invasions afghanes. Le pouvoir moghol vit désormais aux rythmes des ambitions extérieures. Après avoir éliminé les Français, **les Anglais** contraignent l'empire à signer le **traité d'Allahabad (1765)**. Celui-ci place le **Bengale** sous l'autorité de la compagnie anglaise des Indes qui ne tarde pas à procéder à une entière annexion de la province. Shah Alam II (1761-1805) n'est plus qu'un souverain fantoche, comme ses successeurs, qui néanmoins maintiennent la fiction impériale jusqu'en 1895.

L'Asie du Sud-Est

À l'est de l'Inde, la **Birmanie (Myanmar)** est le théâtre de rivalités où les puissances coloniales tentent parfois de s'immiscer. Le royaume voisin, que les Européens appellent alors le **Siam**, suscite davantage d'intérêt. Son territoire s'étend à peu près sur celui de **l'actuelle Thaïlande**. Il entretient des relations commerciales aussi bien avec les Chinois qu'avec des négociants originaires de l'Inde, de la Perse ou de l'empire ottoman. À partir de 1660, des missionnaires français semblent ouvrir la voie à une avancée européenne; la France de Louis XIV conçoit alors de grands projets pour le Siam. Ceux-ci tournent rapidement court: en 1688, une réaction hostile à la présence des chrétiens provoque la **chute du roi Phra Narai**, qui avait entrepris d'ouvrir le pays à l'Occident. Commence alors une période de repli, marquée par des luttes incessantes avec les voisins vietnamiens et birmans. En 1767, ces derniers détruisent Ayutthaya, la capitale du royaume.

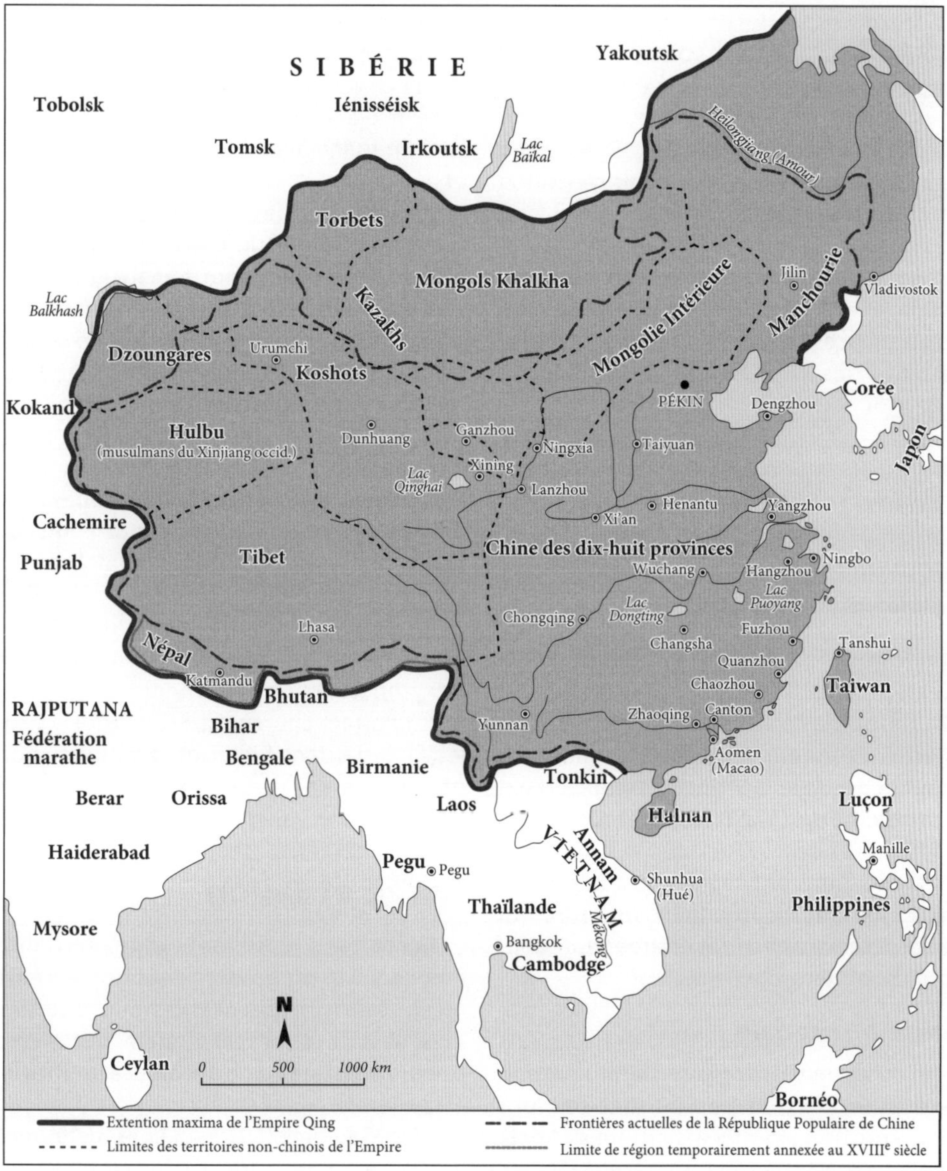

Extension de l'empire des Qing en 1759

Les troubles intérieurs qui suivent ce désastre prennent fin en 1782, lorsque le chef militaire Chakri fonde une nouvelle dynastie destinée à régner jusqu'à l'époque contemporaine.

Au **Vietnam,** la dynastie des Lê est garante depuis le XVe siècle de l'intégrité du pays, d'abord face au puissant voisin chinois. La réalité du pouvoir est en réalité entre deux clans rivaux, les Trinh au Nord et les Nguyen au Sud. La guerre civile qui éclate en 1771 amène l'héritier du clan des **Nguyen à s'appuyer sur la France. Le pays est réunifié en 1802**.

Plus au sud, le monde malais et indonésien est caractérisé par les progrès simultanés de l'**islam** et de l'emprise hollandaise. Les différents princes se convertissent tout en se soumettant à des Européens **qui ne font aucun effort missionnaire en leur direction**.

La Chine

Les fondements de la puissance des Qing

Les Mandchous, installés à Pékin depuis 1644, ont écrasé les résistances dans les provinces méridionales dans la seconde moitié du XVIIe siècle. Trois empereurs seulement se succèdent pendant le XVIIIe siècle : **Kangxi (1662-1722)**, **Yongzheng (1723-1735)** et **Qianlong (1735-1795)**.

Les Mandchous ont rapidement intégré la culture chinoise et maintiennent un ordre qui repose sur des fonctionnaires, lettrés imprégnés de la philosophie confucéenne.

L'emprise territoriale

Dès la fin du XVIIe siècle, l'empire chinois s'étend à l'ouest et soumet les populations souvent d'origine turque et parfois islamisées. Après des campagnes victorieuses en 1758 et 1759, ces régions reçoivent le nom de Xinjiang, nouveaux territoires, et constituent un glacis à l'ouest où la présence militaire favorise l'installation de colons chinois.

Le Tibet, qui entretient des liens étroits avec la Chine depuis le XIIIe siècle, accepte à partir de 1751 de se placer sous le protectorat de Pékin, tout en conservant sa forte identité religieuse et culturelle.

La poussée démographique chinoise ne se limite pas à l'empire lui-même. Des Chinois sont également incités à s'installer hors des frontières, en particulier dans les sultanats de l'ouest de l'Indonésie.

Redevenue une grande puissance, la Chine se heurte à ses voisins. Au sud, si des expéditions sont menées avec succès en **Birmanie (1771)** et au **Népal (1791)**, le Vietnam, en principe sous la protection chinoise, demeure impossible à contrôler. Ses tensions à la frontière méridionale restent cependant mineures par rapport à la pression de la Russie. **Le traité de Kiakhta** signé en **1727** accorde aux Russes des avantages commerciaux qui permettent de maintenir des relations pacifiques avec l'empire des Romanov.

Les relations avec l'Ouest

Les **jésuites,** installés dans l'empire dès l'époque des Ming, profitent largement de **l'édit de tolérance** de l'empereur Kangxi **(1692)** et restent présents jusqu'en 1774, puisque la nouvelle de la dispersion de la compagnie n'arrive en Chine qu'un an après la décision pontificale. Les empereurs se passionnent pour la culture européenne, cherchant avant tout à acquérir les savoirs scientifiques et techniques qui font défaut à la Chine. La pénétration du christianisme reste en revanche très superficielle.

Corée et Japon

La **Corée**, qui a réussi a repoussé les envahisseurs japonais à la fin du XVIIe siècle, doit accepter en 1637 l'autorité des Mandchous. Elle devient ainsi vassale de la Chine, mais tout en restant presque totalement fermée aux influences étrangères.

Trois décrets (1633, 1635 et 1639) mettent en place l'isolement du **Japon** et sa **fermeture** au monde extérieur. Ils interdisent les échanges avec l'étranger et visent également à repousser les missionnaires chrétiens. Le Japon ne se désintéresse pas totalement des affaires étrangères, et en 1658, un projet d'expédition en Chine a même été envisagé. Les décrets ne supposent pas non plus une fermeture totale du pays. L'Espagne et le Portugal sont les principaux adversaires visés. **Les Hollandais**, en revanche, continuent leurs négoces grâce au **port de Nagasaki**.

À partir de 1720, la fermeture connaît un certain relâchement. Le **shogun Yoshimune** autorise en effet la circulation des livres étrangers. L'influence de l'Europe des lumières passe alors exclusivement par les Hollandais dont la fréquentation renforce peu à peu l'intérêt pour les idées neuves chez un petit nombre de lettrés. La fin du XVIIIe siècle voit aussi les premiers efforts des Russes pour commercer avec l'archipel nippon.

Pistes bibliographiques

On se reportera à la fiche 26.

FICHE 42 L'Afrique aux XVIIe et XVIIIe siècles

Diversités des constructions politiques

L'Afrique du Nord

De 1579 à 1603, règne au **Maroc Ahmed al Mansour**, qui a succédé à son frère, mort sur le champ de bataille de Ksar el Kébir. Cette victoire sur l'expédition dirigée par le roi Sébastien de Portugal lui confère un prestige et une légitimité qui lui permettent de contrôler tout le pays. Sa politique extérieure est fort ambitieuse. Pour rivaliser avec l'Espagne, il vise à mettre la main sur les ressources de l'Afrique subsaharienne, en particulier l'or. Ainsi procède-t-il à la conquête de l'empire songhaï de Gao que ses armées détruisent en 1591. Il parvient également à contenir la poussée ottomane. Ainsi le Maroc est-il le seul État réellement indépendant de l'Afrique du Nord. À sa mort, les querelles de successions plongent le royaume dans l'anarchie. En 1659, la dynastie méridionale des Alaouites finit par s'imposer ; son plus illustre représentant est **Moulay Ismaïl (1672-1727)**. Souverain bâtisseur, il fait de Meknès une capitale fastueuse. Le Maroc est alors un partenaire important pour les puissances de l'Europe occidentale, signant en 1682 un traité avec la France de Louis XIV.

Après la mort de Moulay Ismaïl, une nouvelle crise de succession secoue le royaume jusqu'à l'avènement de **Mohammed III (1757-1790)**. À la fois partisan d'un islam rigoureux et sensible aux influences européennes, ce roi parvient à maintenir l'indépendance et l'intégrité du royaume, déployant une intense activité diplomatique en direction de l'Europe et même des États-Unis dont il est un des premiers à reconnaître l'indépendance.

Depuis la conquête du XVIe siècle, l'autorité ottomane s'étend sur tout le littoral de la Méditerranée jusqu'à la frontière du Maroc. **Alger**, **Tunis** et **Tripoli** sont en réalité trois **Régences autonomes** et tendent à fonctionner comme des républiques maritimes, tirant leurs revenus de la mer. La guerre de course constitue l'aspect le plus visible de ces activités qui recouvrent de nombreux commerces dont les céréales.

L'Égypte (→ fiche 39).

L'Afrique occidentale

Le mot de Soudan est généralement utilisé pour désigner la zone qui s'étend du sud du Sahara à la région du golfe de Guinée. Naguère zone de puissants empires, cette partie du continent est entrée à partir du XVIe siècle dans une longue période de crises politiques qui empêchent l'émergence d'entités politiques puissantes.

La côte ouest est ouverte à l'influence européenne depuis longtemps. Nouveaux venus, les **Français** fondent **Saint-Louis** en **1626** et cherchent à exploiter la région du fleuve **Sénégal**.

Après avoir détruit les forces de **l'empire songhaï de Gao en 1591**, les Marocains installent à Tombouctou un gouverneur dont l'autorité nominale se maintient jusqu'à la fin de la période. Ces différents pachas, fort éloignés de l'autorité royale, mènent en réalité une politique conforme à leurs propres intérêts. Les guerres civiles sont fréquentes, et très vite le Maroc ne peut plus tirer de l'ancien empire songhaï les richesses qu'il avait convoitées à la fin du XVIe siècle.

À l'est de la boucle du Niger, des **cités-États** qu'unifie une même culture **haoussa** servent de plaques tournantes aux commerces transsahariens. Elles sont de plus en plus perméables à l'Islam véhiculé le long des routes de caravanes. Autour du lac Tchad, le **sultanat du Kanem Bornou** constitue également une tête de pont de l'Islam. Tous ces États jouent un rôle essentiel dans l'importante traite des esclaves qui se dirige vers l'Afrique du Nord et le Proche-Orient.

Sur la côte du golfe de Guinée de puissants États se constituent, tirant leur force

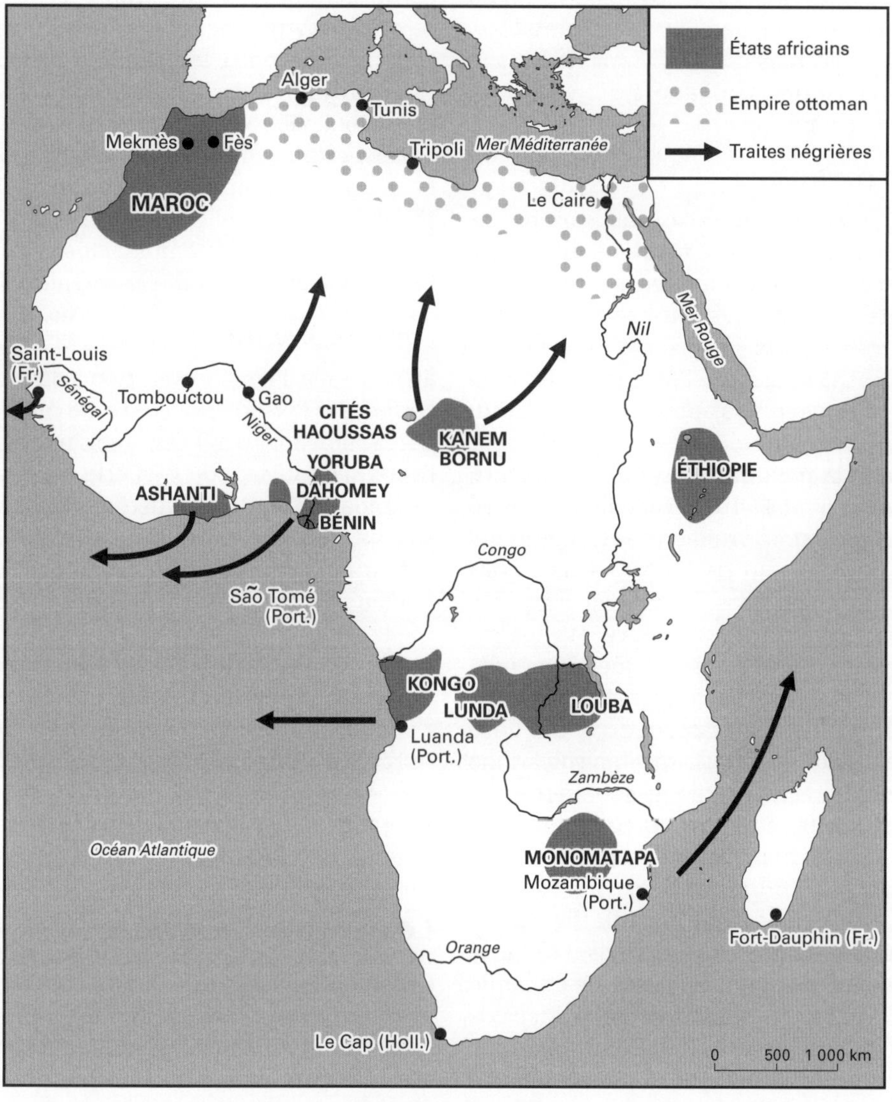

L'Afrique au XVIIe siècle

des échanges économiques très diversifiés. Le **royaume Ashanti**, unifié à l'extrême fin du XVIIe siècle, est assez fort pour résister à la pression européenne. En 1811, il remporte une victoire éclatante sur les Anglais. Le **royaume voisin du Dahomey** connaît un parcours assez semblable. Édifié aux alentours de 1600, il maintient son indépendance, mais collabore activement à l'activité négrière.

Afrique centrale

Du bassin du Congo jusqu'au **comptoir portugais de Luanda** s'étend le **royaume du Kongo**. Dès la fin du XVe siècle, l'influence portugaise y a été déterminante. Les souverains congolais ont adopté le christianisme et s'efforcent de calquer les structures de l'État sur celle d'un royaume européen. Ils s'appuient pour cela sur une noblesse militaire dotée de grands fiefs. Poursuivant la politique de ses prédécesseurs, le roi Alvaro II (1587-1614) cherche à faire du Kongo un royaume vraiment autonome, qui n'aurait plus besoin de l'intermédiaire des Portugais pour communiquer avec l'Europe. Cette politique d'indépendance atteint ses limites avec ses successeurs. Les guerres menées contre les Portugais de Luanda, alliés aux Jagas, nomades guerriers, conduisent au déclin de la monarchie. Au XVIIIe siècle, le royaume du Kongo est devenu un acteur régional subalterne ; les grands féodaux se livrent au commerce des esclaves avec les marchands européens.

À l'est du Kongo, deux royaumes, aux origines communes, sont nés à la fin du XVIe siècle, **Luba** et **Lunda**. Au XVIIe siècle, Lunda, le plus belliqueux des deux, est sans cesse en conflit avec ses voisins. Ces guerres lui permettent de capturer de nombreux esclaves. C'est pourquoi les Portugais de Luanda entrent en relation à partir des années 1670 avec le royaume Lunda qui devient un partenaire de choix pour la traite.

Afrique australe

À l'origine, **le Cap** constitue un simple point de ravitaillement des navires de la **compagnie hollandaise des Indes**. À partir de 1652, commence une **colonisation de peuplement**. Au début du XVIIIe siècle, il y a 2000 Européens au Cap. La plupart d'entre eux sont néerlandais ou allemands, mais près d'un tiers sont des huguenots français qui ont fui les persécutions religieuses après la révocation de l'Édit de Nantes (1685). Très vite, les Européens du Cap se constituent une identité propre, et s'intitulent eux-mêmes Afrikaners. Des guerres incessantes sont menées contre les peuples voisins.

Le royaume de **Monomatapa** a beaucoup fait rêver les Européens par ses richesses. Durant cette période, il entre en relation avec les Portugais du comptoir de **Mozambique**. Ainsi s'établit une nouvelle route de l'or, qui permet l'arrivée des ressources métalliques du sud de l'Afrique dans l'économie mondiale.

Afrique orientale

En Abyssinie, **l'empire éthiopien** a dû son salut à l'appui des Portugais qui ont aidé cet État chrétien à subsister au milieu de voisins musulmans hostiles. Ce sursaut du XVIe siècle n'a pas permis cependant d'enrayer un déclin relatif. Au siècle suivant, des guerres civiles entre chrétiens et juifs ensanglantent le pays, tandis que le peuple nomade des Galla exerce une pression continue.

Le long de la côte qui va de la Somalie au Mozambique s'installent de nombreux petits sultanats, tourné vers le Moyen-Orient et l'Inde.

À **Madagascar**, les souverains locaux résistent efficacement à la poussée européenne. Fondée en 1642, la colonie française de Fort-Dauphin ne rencontre pas le succès et doit être évacuée en 1674.

Les traites négrières

Le commerce des esclaves est courant en Afrique et dans le bassin de la Méditerranée depuis l'Antiquité. Au Moyen Âge, il a été pratiqué aussi bien par les musulmans que par les chrétiens. La crise des États sahéliens au XVIe siècle, illustrée par la défaite de l'empire songhaï de Gao, amène une instabilité qui favorise l'essor de la traite négrière.

Les traites qu'on appelle orientales sont dirigées vers les pays d'Islam : Afrique du Nord, Proche-Orient, mais aussi sous-continent indien. Elles ont duré du Moyen Âge au XXe siècle. Les XVIIe et XVIIIe siècles qui forment la grande période de la traite atlantique européenne correspondent peut-être à une phase de repli avant l'expansion de la traite orientale XIXe siècle.

La traite atlantique a connu différentes phases. Du début du XVIe siècle aux années 1670, les Portugais dominent le commerce des esclaves, loin devant les Anglais et les Hollandais. Par la suite, ils sont dépassés par les Anglais, qui de 1676 à 1800, on fait passer plus de 2,7 millions d'esclaves vers leurs colonies d'Amérique et des Antilles, alors que l'empire portugais en a acheté 2 millions. Arrivent ensuite les Français, avec plus d'un million.

Au total, **plus de 11 millions d'esclaves ont traversé l'Atlantique entre 1520 et la fin du XIXe siècle.** La grande période, qui voit l'essor des ports de Liverpool, Bristol, Bordeaux ou Nantes, se situe entre 1675 et la Révolution française, avec sans doute plus de 7 millions d'esclaves africains vendus.

Pistes bibliographiques

Une rapide initiation peut être fournie par le « Que sais-je ? » d'A. Stamm, *Histoire de l'Afrique précoloniale*, Paris, PUF, 1997. *L'histoire générale de l'Afrique*, de l'Unesco, reste incontournable. Le volume V, publié en 1999, couvre la période qui va du XVIe à la fin du XVIIIe siècle. Sur le commerce des esclaves, O. Pétré-Grenouilleau, *Les traites négrières*, Paris, Gallimard, coll. « Folio-Histoire », 2014.

FICHE 43 Croissance économique et industrialisation

Les secteurs dynamiques

L'agriculture

L'agriculture commence à toucher véritablement les bénéfices des lents progrès des deux siècles précédents. Les cultures nouvelles triomphent : pommes de terre, navets, maïs, plantes fourragères. Le recul de la jachère est de plus en plus notable, y compris en Europe méridionale, longtemps réputée archaïque. En France et en Angleterre, l'agronomie est une science à la mode, à l'heure où ceux qu'on nomme les **physiocrates** français font de la terre la source de richesse.

Le grand commerce

L'expansion coloniale reprend à partir du traité d'Utrecht, qui ouvre une période de quarante ans de paix. Commence alors le grand boom du commerce atlantique. Avec le déclin de la Hollande, les Anglais sont devenus les rouliers des mers, mais les Français ne sont pas en reste et les deux puissances de l'Europe occidentale sont ainsi au cœur d'une économie de plus en plus mondialisée.

Le **négoce atlantique** stimule la croissance des ports tels Liverpool, Nantes, Bordeaux, mais aussi Cadix, Marseille, Hambourg ou, au début de la période, Ostende. il se fonde en partie sur la traite négrière, à l'origine du commerce triangulaire entre l'Europe, l'Afrique et l'Amérique : la pacotille fabriquée dans les arrière-pays des grands ports européens est échangée en Afrique contre des esclaves, lesquels sont vendus au Nouveau Monde par des marchands qui rapportent ensuite les produits coloniaux, comme le sucre, le café ou le tabac.

Les retombées sont considérables. Toute l'Europe consomme les **denrées nouvelles**, tandis que les manufactures travaillent pour l'armement maritime. Les colons sont également des clients de premier choix, et ceux des treize colonies d'Amérique sont à leur tour attirés par ces activités fructueuses.

Vers l'industrialisation

La **métallurgie** est la première à innover. Dès le début du XVIIIe siècle, les hauts fourneaux anglais usent du coke plutôt que du charbon de bois. La fonte permet l'essor de la métallurgie : en 1779, un premier pont entièrement métallique est lancé par-dessus une rivière anglaise. À la fin du siècle, la technique du puddlage permet d'obtenir des aciers de bonne qualité.

Grâce au progrès de la métallurgie, l'Écossais **James Watt** peut mettre au point une **machine à vapeur** résistant à de fortes pressions (1769). Née au XVIIIe siècle, cette révolution dans le domaine de l'énergie ne fait cependant sentir ses effets qu'au siècle suivant.

Dans le **textile**, les innovations permettent de produire plus vite des pièces de tissu plus larges. Après une série déjà remarquable d'inventeurs britanniques, **Samuel Crompton (1753-1827)** met au point la **mule-Jenny** en 1779 qui permet de produire un fil fin et résistant et ouvre des perspectives nouvelles à la jeune industrie cotonnière.

Les pôles de croissance

Le modèle anglais

L'Angleterre est la grande bénéficiaire de la prospérité économique du XVIIIe siècle. **Londres** est au **centre de l'économie mondiale**, éclipsant définitivement Amsterdam. La structure du commerce anglais n'est plus celle de la première modernité : les exportations de produits textiles et la redistribution des denrées coloniales l'emportent sur les importations, de plus en plus composées de produits alimentaires. Londres ne bénéficie pas simplement des productions de l'empire anglais, mais sert également de plaque tournante aux produits portugais, voire espagnols. Le **libéralisme** se répand et le traité signé en 1786 avec la France préfigure le libre-échange du XIXe siècle. Les campagnes anglaises

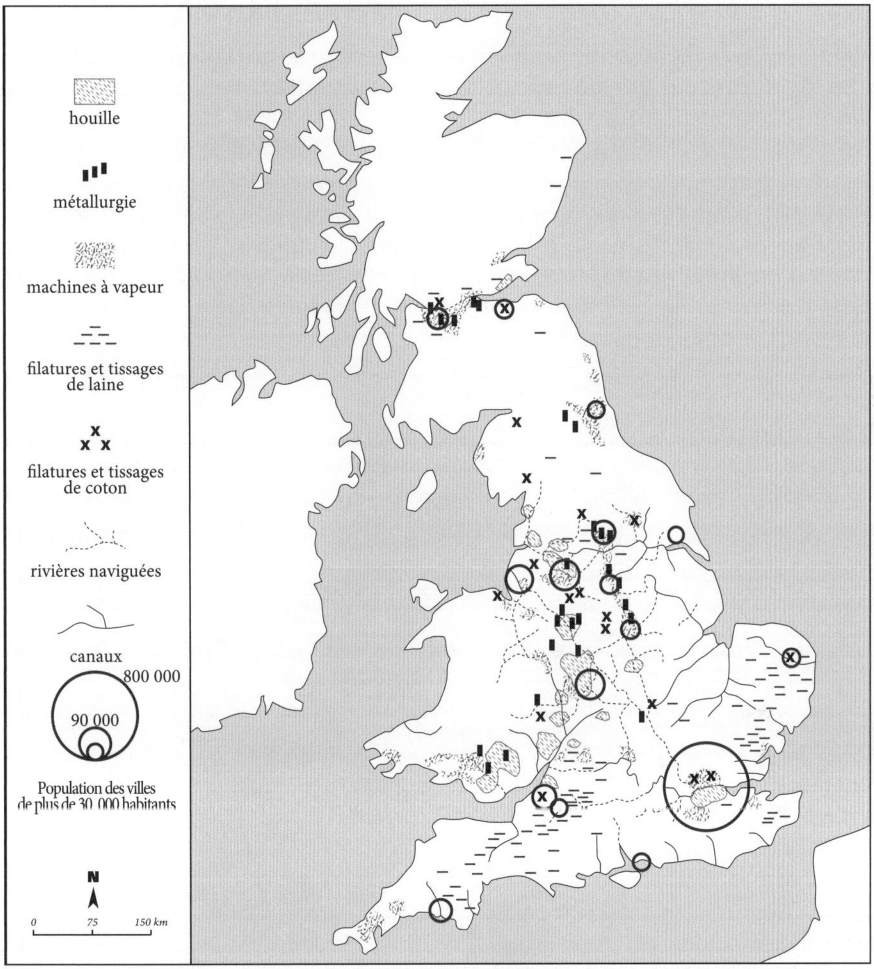

L'Angleterre industrielle vers 1780

connaissent un notable exode rural face aux progrès de l'agriculture. Les enclosures couvrent désormais une large part de la surface agricole et l'élevage intensif triomphe dans les prairies artificielles. Les ruraux viennent alors grossir les villes tandis que dans l'Ouest et le Nord de l'Angleterre, émergent les « pays noirs ».

Les atouts français

Vers la fin de l'Ancien Régime, la France connaît l'amorce d'un décollage industriel. Les **mines** en constituent l'un des éléments les plus visibles ; celles d'Anzin rassemblent 4000 employés à la veille de la Révolution et constituent la plus grande entreprise du pays. Elles ne doivent pas faire oublier la multiplication des exploitations houillères tout autour du Massif central. La métallurgie décolle également : au **Creusot**, le sidérurgiste anglais Wilkinson crée en 1781 d'importantes **fonderies**.

Le **textile** conserve souvent ses structures traditionnelles dans la laine ou la soie, mais s'ouvre également aux techniques nouvelles des filatures de coton. La Normandie et le Nord deviennent ainsi d'importants pôles cotonniers.

Le commerce intérieur s'épanouit, tirant peu à peu profit d'un **réseau routier** qui s'améliore considérablement sous le règne de Louis XV. L'administration des Ponts et chaussées, dirigée par Trudaine, a construit des milliers de kilomètres de routes à travers tout le royaume. Ce réseau, en étoile depuis Paris, fait l'admiration des voyageurs anglais comme Arthur Young à la veille de la Révolution.

Une croissance inégale

De nombreuses régions de l'Europe occidentale connaissent au XVIIIe siècle une notable prospérité : les Pays-Bas autrichiens, l'Allemagne, la Rhénanie, la Saxe et la Silésie, mais aussi, dans l'Europe méridionale, l'Italie du Nord, et plus particulièrement la Lombardie et la Catalogne. Il faut ici souligner l'importance du phénomène que l'historien américain Franklin Mendels a appelé la protoindustrialisation.

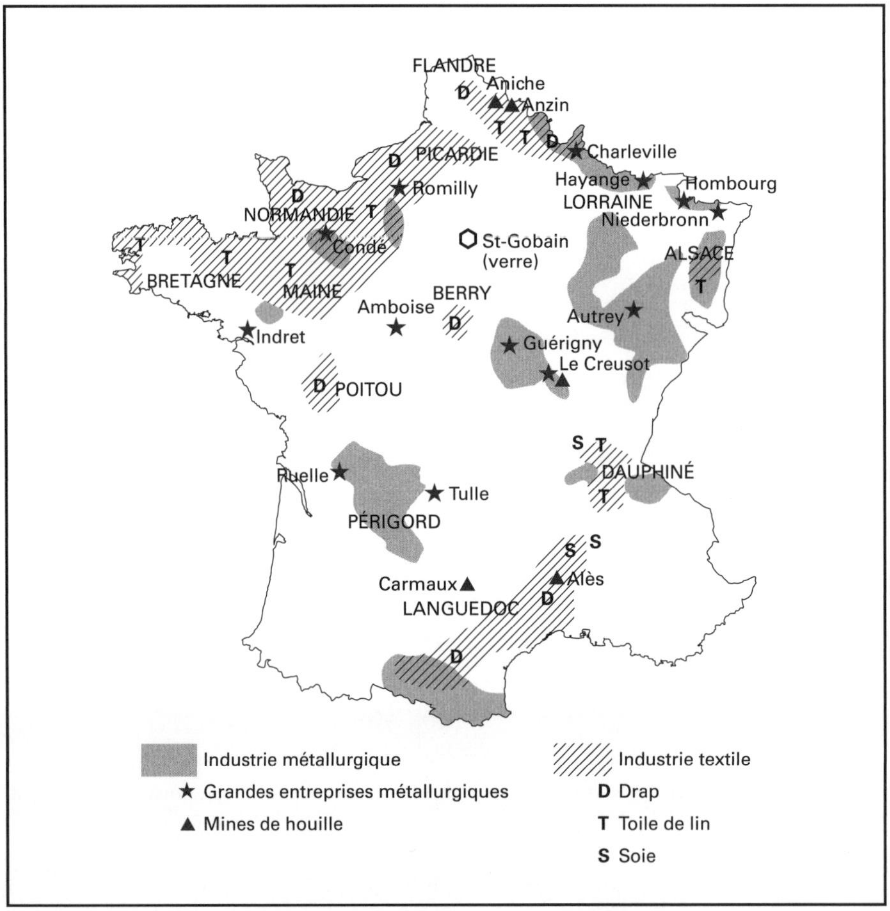

Source : P. Butel, *L'économie francaise au XVIIIe siècle*, Sedes, 1999.

Dans bien des cas, l'abondante main-d'œuvre rurale a été utilisée pour développer dans les campagnes des activités artisanales, souvent dans le domaine du textile, mais aussi de la métallurgie, fondements du passage ultérieur à la révolution industrielle. En France, la protoindustrialisation permet de contourner le monopole des corporations.

D'autres parties du continent restent avant tout dominées par une agriculture archaïque et conservent, au seuil de l'époque contemporaine, des traits qui sont ceux du début de la période moderne. La majeure partie du monde méditerranéen et l'Europe orientale apparaissent ainsi comme en marge d'une Europe dynamique, manufacturière et tournée vers l'Atlantique.

Pistes bibliographiques

La question des révolutions industrielles a été largement renouvelée; F. Cochet et G.-M. Henry, *Les révolutions industrielles*, coll. « U », Paris, Armand Colin, 1995, donnent un aperçu fort complet des débats économiques et historiques. On lira aussi de P. Verley, *La première révolution industrielle*, coll. « 128 », Paris, Armand Colin, 2016.

FICHE 44 La France révolutionnaire

La chute de la monarchie

1789	
5 mai	Ouverture des états généraux
17 juin	Le Tiers État se proclame Assemblée nationale
20 juin	Serment du jeu de paume
14 juillet	Prise de la Bastille
17 juillet	Départ du comte d'Artois, frère du roi et des premiers émigrés
fin juillet	Émeutes paysannes : la Grande Peur
4 août	Abolition des privilèges : en fait certains droits seigneuriaux ne disparaissent pas immédiatement
26 août	Déclaration des Droits de l'homme et du citoyen
6 octobre	Les émeutiers parisiens ramènent le roi de Versailles à Paris
2 novembre	Nationalisation des biens du clergé
19 décembre	Début de l'émission des assignats
1790	
13 février	Suppression de la plupart des ordres religieux
14 mai	Mise en vente des biens du clergé
12 juillet	Vote de la Constitution civile du clergé
14 juillet	Fête de la Fédération
27 novembre	Un serment est exigé des ecclésiastiques
1791	
10 mars	Le pape condamne la Constitution civile par le bref *Quod aliquantum*
21 juin	Le roi qui tentait de quitter le royaume est arrêté à Varennes
13 septembre	Louis XVI accepte la Constitution
1er octobre	Première séance de l'Assemblée législative
1792	
20 avril	La France déclare la guerre au roi de Bohême et de Hongrie, le nouvel empereur François II
27 mai	Débuts des poursuites contre les prêtres réfractaires au serment
20 juin	Première invasion des Tuileries par le peuple de Paris
25 juillet	Manifeste du duc de Brunswick, menaçant les Parisiens s'ils s'en prennent à la famille royale
10 août	Prise des Tuileries par le peuple

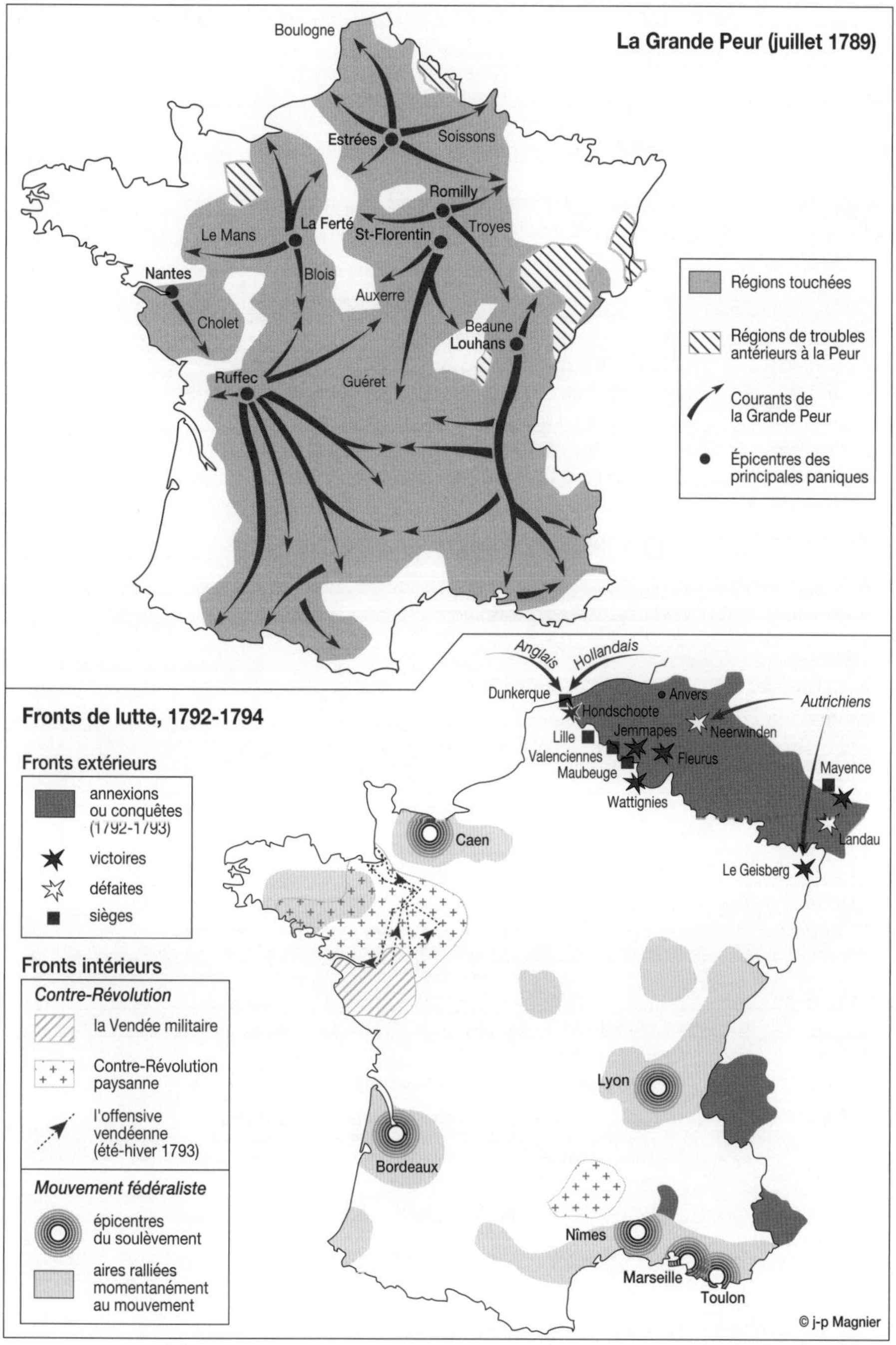
La Grande Peur (juillet 1789)
Boulogne
Estrées
Soissons
Romilly
La Ferté
St-Florentin
Troyes
Le Mans
Nantes
Blois
Auxerre
Cholet
Beaune
Louhans
Ruffec
Guéret
Régions touchées
Régions de troubles antérieurs à la Peur
Courants de la Grande Peur
Épicentres des principales paniques
Fronts de lutte, 1792-1794
Fronts extérieurs
annexions ou conquêtes (1792-1793)
victoires
défaites
sièges
Fronts intérieurs
Contre-Révolution
la Vendée militaire
Contre-Révolution paysanne
l'offensive vendéenne (été-hiver 1793)
Mouvement fédéraliste
épicentres du soulèvement
aires ralliées momentanément au mouvement
Anglais
Hollandais
Dunkerque
Anvers
Autrichiens
Hondschoote
Neerwinden
Lille
Jemmapes
Valenciennes
Fleurus
Maubeuge
Wattignies
Mayence
Landau
Le Geisberg
Caen
Lyon
Bordeaux
Nîmes
Marseille
Toulon
© j-p Magnier

FICHE 44

L'épisode jacobin

septembre	Massacres dans les prisons parisiennes
21 septembre	Victoire de Valmy
22 septembre	La République est proclamée
10 décembre	Début du procès de Louis XVI
1793	
21 janvier	Exécution de Louis XVI
11 mars	Début du soulèvement vendéen
6 avril	Création du Comité de Salut Public
31 mai	Chute des députés « girondins »
juin	Soulèvements dits « fédéralistes » en province
27 juillet	Robespierre au Comité de Salut Public
septembre	Lois sur le Maximum, fixant les prix et salaires
	Lois sur les suspects
An II	
26 vendémaire	Défaite des Vendéens à Cholet
1794	
13 germinal	Exécution des hébertistes
16 germinal	Exécution des dantoniens
20 prairial	Fête de l'Être Suprême. Début de la déchristianisation
22 prairial	Nouvelle loi sur les suspects, accentuant la Terreur
9 thermidor	Chute de Robespierre
10 thermidor	Exécution de Robespierre et de ses partisans

De thermidor à brumaire

14 thermidor	La loi de prairial est rapportée
1795	
An III	
29 pluviôse	Paix conclue en Vendée
3 ventôse	Liberté des cultes
12 germinal	Insurrection parisienne contre la Convention
1-4 prairial	Nouvelles journées insurrectionnelles
3 thermidor	Défaite des contre-révolutionnaires débarqués à Quiberon
An IV	
1er vendémiaire	Promulgation de la Constitution de l'an III, dite du Directoire
13 vendémiaire	Le général Bonaparte écrase l'insurrection royaliste à Paris
3 brumaire	Reprise de la répression contre les prêtres réfractaires
1796	
21 floréal	Échec du complot jacobin de Babeuf
1797	
An V	
germinal	Victoire des royalistes aux élections
18 fructidor	Coup d'État militaire contre les députés royalistes
1798	
An VI	
22 floréal	Coup d'État contre les jacobins
An VII	
1799	
prairial	Crise politique révélant l'impasse du régime
18 brumaire	Coup d'État du général Bonaparte
19 brumaire	Bonaparte, Sieyès et Roger Ducos sont proclamés consuls

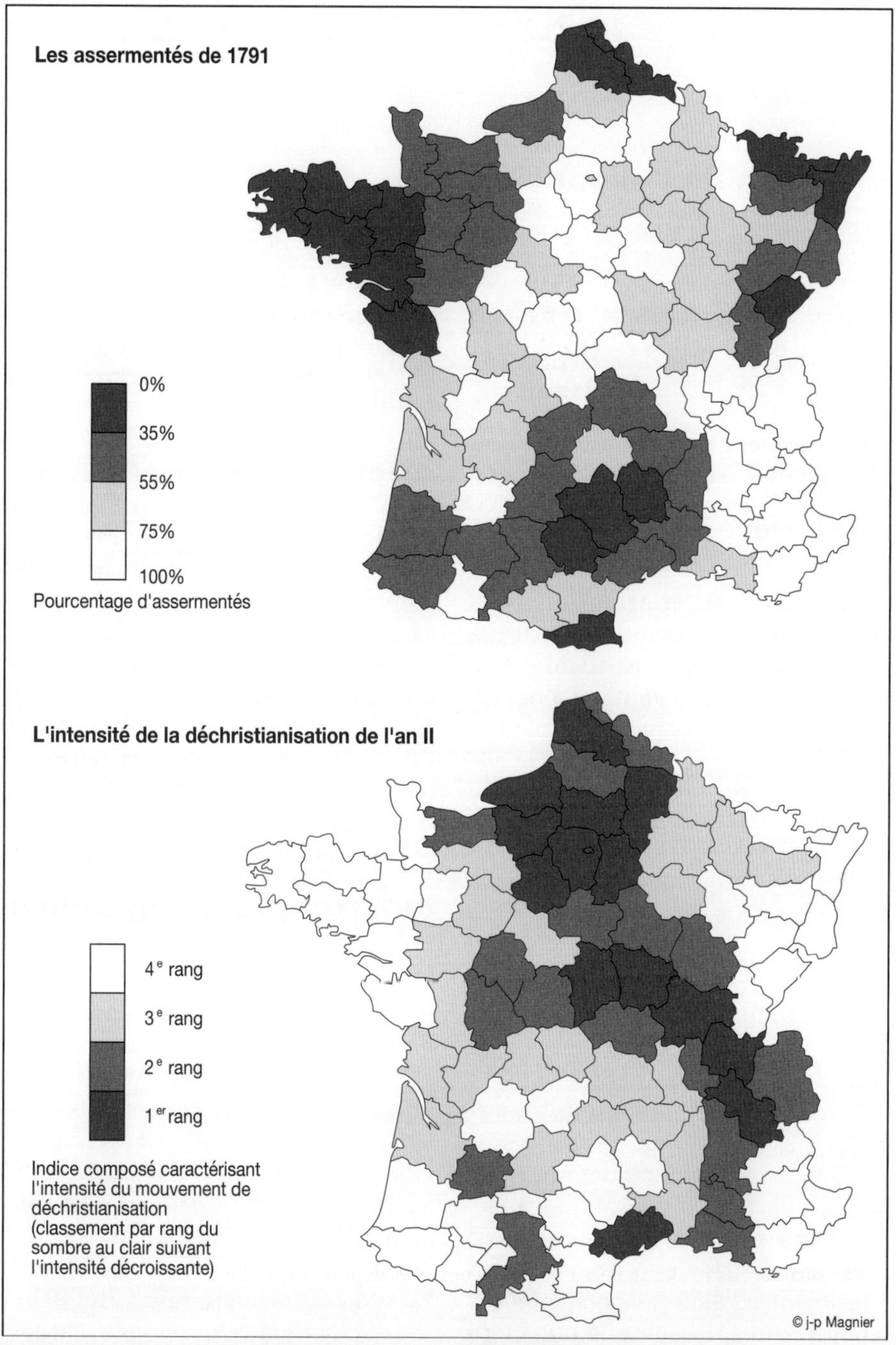

Pistes bibliographiques

Il existe de nombreux manuels sur la période ; celui de M. Vovelle, *La Révolution française*, Paris, Armand Colin, coll. « Cursus », n^elle^ éd. 2015, constitue une bonne initiation. On y ajoutera M. Biard, P. Bourdin et S. Marzagalli, *Révolution, Consulat et Empire, 1789-1815*, Paris Belin, 2014.

FICHE 45 L'expansion de la Révolution française

Les conditions de l'expansion

Le poids de la France en Europe

La France est le pays le plus peuplé d'Europe; la masse des ruraux fournit, grâce à la mise en place de levées d'homme, puis l'établissement d'une véritable conscription, une supériorité numérique qui est, avec le matériel issu des réformes militaires de la fin de l'Ancien Régime, la cause principale des victoires révolutionnaires.

Les buts de la France

La France affirme dès le début de la Révolution qu'elle a abandonné les principes agressifs qui gouvernaient auparavant la politique européenne. L'Assemblée constituante vote le 22 mai 1790 le décret suivant: « La nation française renonce à entreprendre aucune guerre dans le but de faire des conquêtes et elle n'emploiera jamais ses forces contre la liberté d'aucun peuple. »

À partir de 1792 s'affirme la doctrine des **frontières naturelles** qui reprend l'idée comme au XVIIe siècle que les frontières de la France doivent coïncider avec celles de la Gaule telles que les décrit César. Ainsi Danton peut-il déclarer à la Convention le 31 janvier 1793: « Les limites de la France sont marquées par la nature. Nous les atteindrons dans les quatre coins de l'horizon: à l'Océan, au Rhin, aux Alpes, aux Pyrénées. »

Sous le Directoire, des ambitions nouvelles se font jour, en particulier en Méditerranée. S'il n'est plus question d'élargir le territoire national, les républiques-sœurs, comme celles d'Italie, constituent des États tampons, inféodés à la France qui tend à devenir une **puissance impériale** en Europe et dans le bassin de la Méditerranée.

La diffusion des idées révolutionnaires

Dans toute l'Europe, **« patriotes »** et **« jacobins »** sont dès l'origine attentifs aux événements de France. Dans certains pays, comme en Belgique et en Hollande, le terrain est d'autant plus favorable que le mouvement révolutionnaire est antérieur à 1789. En Italie et en Allemagne, l'adhésion à la Révolution accompagne la prise de conscience nationale.

Le cas des îles Britanniques est particulier. La Révolution française y rencontre d'abord un fort courant de sympathie et le jacobinisme se répand dans tout le royaume. Avec l'entrée en guerre contre la France, le gouvernement de Pitt s'efforce de mettre un frein à l'agitation politique. Celle-ci devient une menace pour l'Angleterre quand les équipages de la flotte se mutinent. En **Irlande**, les catholiques réclament l'égalité. Dirigés par Wolfe Tone, les Irlandais-Unis cherchent à obtenir le soutien de la France révolutionnaire. Après une première tentative avortée en 1796, le débarquement d'un corps expéditionnaire a finalement lieu en 1798, mais débouche sur un échec.

De la défense de la patrie aux conquêtes républicaines

La Patrie en danger

Les coalisés prennent l'offensive en Lorraine à partir d'août 1792. Après avoir pris Longwy et Verdun, ils menacent Paris. La défaite des Prussiens à **Valmy** le **20 septembre 1792** sauve la France et la Révolution. Les Français peuvent alors lancer une contre-offensive qui les rend maîtres d'une bonne partie de la Rhénanie. Plus au nord, la victoire de Dumouriez à **Jemmapes (6 novembre 1792)** permet la conquête des Pays-Bas autrichiens, rebaptisés Belgique. Au sud-est, la défaite des armées sardes permet l'annexion de la Savoie et du comté de Nice.

L'entrée en guerre de l'Angleterre (1er février 1793) transforme la nature de la guerre; une vaste coalition se constitue alors, regroupant, à l'exception de la Suisse, du Danemark et de l'Empire ottoman, l'ensemble des pays européens contre la France. Le **18 mars 1793,**

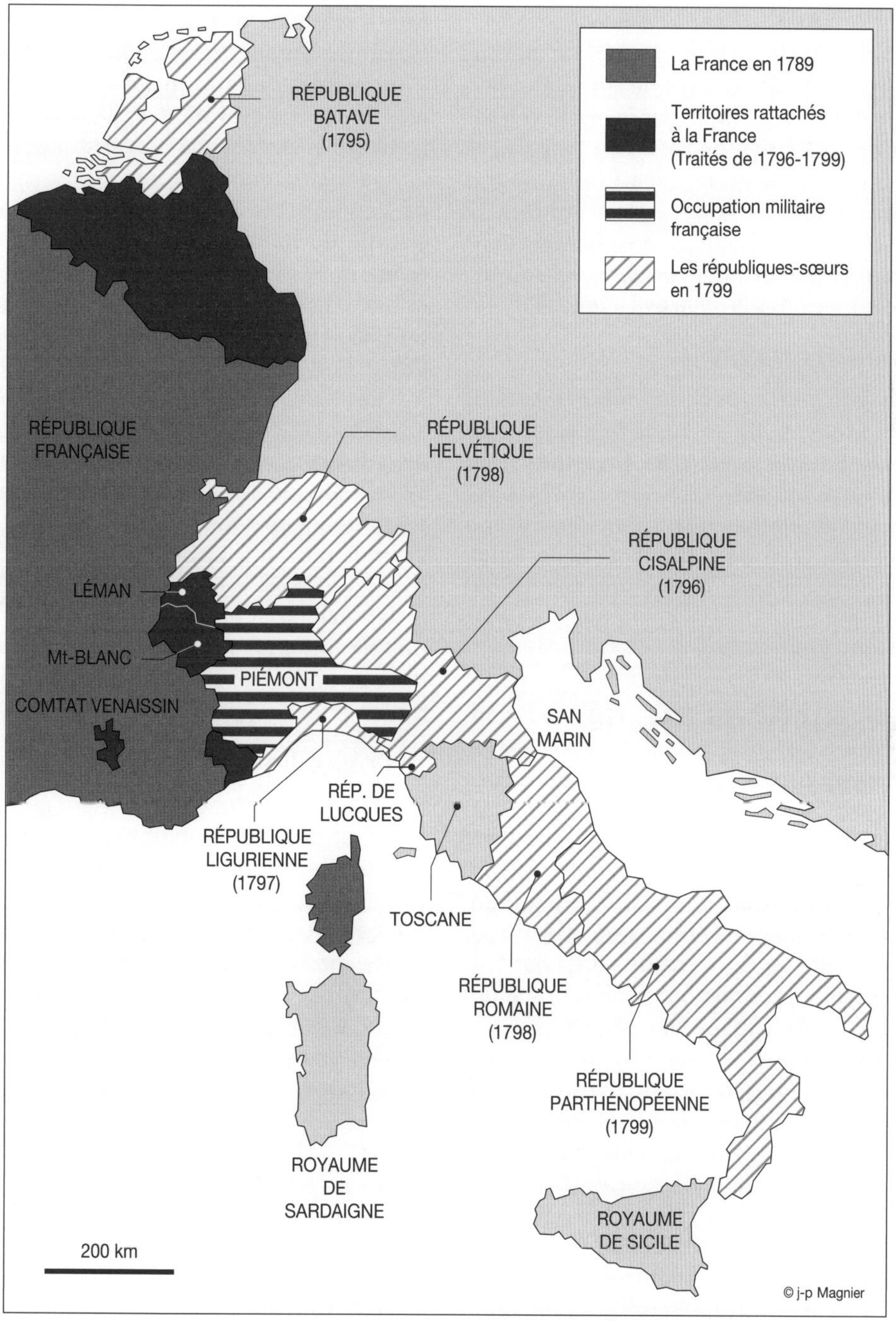

Les républiques-sœurs (1796-1799)

la victoire autrichienne de **Neerwinden** ouvre une période difficile pour la Convention. La République doit défendre ses frontières menacées.

Les victoires

Le **26 juin 1794**, la **victoire de Fleurus** marque un tournant décisif : la seconde conquête de la Belgique, achevée au mois d'août, est le prélude à de vastes offensives. À la fin de l'année, les Français occupent de nouveau l'Allemagne, puis franchissent les Alpes et les Pyrénées. La plus éclatante victoire se situe en Hollande : les troupes de Pichegru provoquent en un mois l'**effondrement des Provinces-Unies**.

Les premiers traités

La Prusse, préoccupée par les affaires de Pologne (→ fiche 33), souhaite la paix et signe le traité de Bâle du 5 avril 1795. Un second traité de Bâle, cette fois avec l'Espagne, n'offre pas à la France d'avantages territoriaux en Europe, mais lui donne la partie orientale de Saint-Domingue. La même année, une république batave, inféodée à la France, fait d'importantes concessions territoriales.

La conquête de l'Italie

Les victoires de Bonaparte

Né dans une famille de petite noblesse corse en 1769, Napoléon Bonaparte a entrepris une carrière d'officier d'artillerie à la fin de l'Ancien Régime. Nommé général au siège de Toulon insurgé contre la Convention, il devient un général jacobin, connu pour avoir réprimé une insurrection royaliste (→ fiche 43).

Au printemps 1796, l'armée d'Italie commandée par le général Bonaparte surprend les coalisés autrichiens et sardes en Piémont. Le 28 avril, le roi de Sardaigne cesse le combat et cède quelques places aux Français. Bonaparte chasse ensuite les Autrichiens de Lombardie, entrant dans Milan le 16 mai. Ces succès, aussi rapides qu'éclatants, conduisent les princes italiens à traiter avec les Français. Après le duc de Modène et le roi de Naples, le pape, dont les États commençaient à être envahis, signe avec Bonaparte un armistice le 24 juin, débouchant sur le traité de Tolentino du 19 février 1797.

Les difficultés rencontrées par l'armée française en Allemagne permettent aux Autrichiens de faire passer des renforts en Italie. Aussi faut-il attendre le 18 avril 1797 pour que soient signés les préliminaires de Leoben. L'Autriche y reconnaît l'abandon de la Belgique ; des articles secrets prévoient également celui de la Lombardie, en échange des territoires vénitiens.

La destruction de la Sérénissime république de Venise est le dernier acte de la campagne d'Italie de Bonaparte. L'invasion est rapide : entamée le 29 avril 1797, elle s'achève par une entrée des Français dans la ville le 15 mai, tandis que les Autrichiens s'emparent peu après de l'Istrie et de la Dalmatie.

Le traité de Campoformio, signé le 18 octobre 1797, met alors fin à la guerre avec l'Autriche. Celle-ci confirme l'abandon de la Belgique et de la Lombardie, et reçoit en échange les territoires vénitiens, amputés des îles ioniennes, attribuées à la France, et des territoires de Brescia et Bergame, qui sont rattachés à la République cisalpine. Le sort de la rive gauche du Rhin reste en suspens : des articles secrets la donnent à la France, sous réserve de l'approbation d'un Congrès impérial prévu à Radstadt.

Les républiques-sœurs

Des troubles en Suisse conduisent à l'intervention française. Une république helvétique est proclamée, tandis que Mulhouse et Genève, cités libres, sont rattachées à la République française. La révolution romaine entraîne de la même façon l'intervention du général Berthier, qui favorise la proclamation d'une République romaine le 15 février 1798. À Naples, le général Championnet s'appuie sur des éléments jacobins pour fonder la République parthénopéenne.

Les guerres de la seconde coalition

Sans déclarer la guerre à l'Empire ottoman, un corps expéditionnaire français débarque en Égypte dont il se rend aisément maître (mai 1798). Privé de ravitaillement après la défaite de la flotte française à Aboukir (1er août 1798), Bonaparte remporte quelques victoires sur les Turcs et les Anglais, mais décide de rentrer en France (octobre 1799). Laissée à Kléber, puis après l'assassinat de celui-ci au pâle général Menou, l'armée d'Égypte finit par capituler en septembre 1801.

Le tsar Paul Ier, farouchement hostile à la Révolution et à Bonaparte, cultive également des ambitions méditerranéennes. Il est avec le ministre anglais Pitt, l'âme d'une deuxième coalition contre la France. Si la Prusse reste neutre, l'Autriche est entraînée dans la guerre et avec elle les principautés de l'Allemagne méridionale. Les armées françaises sont alors tenues en échec, aussi bien en Allemagne qu'en Italie où le général russe Souvorov remporte des succès remarquables qui le rendent maître de la plaine du Pô. À Naples, les Anglais favorisent la restauration des Bourbons.

Le coup d'État du 18 brumaire, en portant Bonaparte au pouvoir, permet le redressement militaire de la France. Les victoires de Moreau en Allemagne (Hohenlinden, 3 décembre 1801) et de Bonaparte en Italie (Marengo, 14 juin 1800) sont les preuves éclatantes du redressement français.

Les traités marquent la suprématie française. À Lunéville, l'Autriche abandonne l'Italie et la rive gauche du Rhin à la France (9 février 1801), tandis que la paix d'Amiens (25 mars 1802) apparaît surtout comme une trêve avec l'Angleterre.

Pistes bibliographiques

Dans la collection « Peuples et Civilisations » des PUF, *La Révolution française* de G. Lefebvre, plusieurs fois remaniée depuis sa parution en 1930, a été remplacée par un ouvrage du même nom en deux volumes, cosigné par J. Meyer, A. Corvisier et J.-P. Poussou (1991). On ne négligera pas non plus les livres de J. Godechot : *Les Révolutions* (1770-1799), Paris, PUF, coll. « Nouvelle Clio », 1986 et *La Grande Nation*, Paris, Aubier, 2004. Un éclairage nouveau est offert par A. Jourdan, *La Révolution, une exception française ?*, Paris, Flammarion 2014.

FICHE 46

L'Europe de Napoléon

Les victoires françaises

La troisième coalition

Dès le printemps de 1803, la France se prépare à la reprise de la guerre avec l'Angleterre. Pitt (→ fiche 33), revenu au pouvoir, cherche de son côté à constituer une coalition contre la France. L'Angleterre s'allie alors avec la Russie, formant une troisième coalition avec l'Autriche et la Suède. La défaite navale des Français et de leurs alliés espagnols à Trafalgar (20 octobre 1805) ruine les espoirs d'une invasion de l'Angleterre. Napoléon se tourne vers l'Europe centrale : après la prise de Vienne, il bat une armée russo-autrichienne à Austerlitz (2 décembre 1805). L'Autriche doit alors accepter le traité de Presbourg (27 décembre 1805).

La victoire française implique une **nouvelle organisation de l'Europe**. L'Autriche perd non seulement les provinces vénitiennes récemment acquises, mais aussi le Tyrol. En 1806 la confédération du Rhin, dont Napoléon est le protecteur, remplace le Saint Empire, tandis que Joseph Bonaparte devient roi de Naples et Louis roi de Hollande.

La quatrième coalition

La constitution de la Confédération du Rhin provoque la réaction de la Prusse qui envoie un ultimatum auquel Napoléon répond par une **guerre éclair** qui conduit aux victoires simultanées d'Iéna et d'Auerstädt puis à l'entrée des Français dans Berlin (1806). La Prusse poursuit la guerre avec l'aide de la Russie. Après la difficile victoire d'Eylau sur les troupes russes et prussiennes, les Français entrent en Pologne et sont de nouveau vainqueurs à Friedland (1807). Le tsar Alexandre Ier ne souhaite pas que la guerre s'étende à son empire et conclut un armistice le 25 juin 1807.

Deux traités sont alors rapidement signés, également à Tilsit. Le premier (7 juillet 1807) est peu coûteux pour la Russie qui doit faire des concessions minimes. Le traité avec la Prusse (9 juillet 1807) est autrement sévère. Celle-ci perd toutes ses possessions à l'ouest de l'Elbe, qui forment désormais l'essentiel d'un royaume de Westphalie confié à Jérôme Bonaparte. Les territoires polonais, acquis à la fin du siècle précédent (→ fiche 33), sont érigés en grand-duché de Varsovie.

Le blocus continental

Les Anglais avaient eux-mêmes entamé un blocus des côtes, de Brest à l'embouchure de l'Elbe. Napoléon rétorque par le décret de Berlin du 21 novembre 1806, interdisant l'entrée des marchandises anglaises dans les ports de la France et des pays alliés, dont l'Espagne et la Russie à partir de 1807. Le blocus se révèle une arme efficace et les difficultés économiques engendrent des troubles sociaux en Angleterre. Les effets du blocus sont cependant atténués par la contrebande qui se développe un peu partout. En Italie, les Français occupent le port de Livourne (1807), avant d'annexer le grand-duché de Toscane (1808). Le pape Pie VII ayant refusé d'appliquer le blocus dans ses États, doit également subir une invasion française.

La péninsule Ibérique

Le refus d'appliquer le blocus entraîne l'invasion française (novembre 1807) et le démembrement du Portugal. Cette politique aboutit à une ingérence de plus en plus en grande dans les affaires de la monarchie espagnole. Alors qu'il tente à Bayonne d'arbitrer entre Charles IV et son fils Ferdinand, Napoléon apprend la nouvelle de l'**insurrection madrilène** du **2 mai 1808**. Il nomme alors son frère Joseph roi d'Espagne, confiant le trône de Naples à Murat. Dans de nombreuses provinces se constituent des « juntes » qui ne reconnaissent pas le nouveau roi. La junte nationale, constituée le 25 septembre 1808 dispose d'une armée capable d'infliger aux Français une retentissante défaite à Bailen (21 juillet 1808). Peu après un corps expéditionnaire anglais, débarqué au

Portugal, y défait les Français. Napoléon doit alors intervenir directement en Espagne avec la Grande Armée. Vainqueur à Somosierra (30 novembre 1808), il s'efforce, sans rencontrer de véritable adhésion, d'introduire les principes de la Révolution française en Espagne par les **décrets de Chamartin (2 décembre 1808)**.

La cinquième coalition

Le 12 avril 1809, l'empereur d'Autriche déclare la guerre à la France, au nom de la nation allemande. Il ne peut guère compter que sur le soutien de l'Angleterre : les Français prennent de nouveau Vienne (13 mai 1809) et remporte la sanglante victoire de Wagram (6 juillet 1809). Le traité de Vienne (14 octobre 1809) ampute l'Autriche de la Galicie et de Cracovie, attribuées au grand-duché de Varsovie. La France annexe les provinces illyriennes, naguère vénitiennes, tandis que la Russie s'empare de Tarnopol et la Bavière de la région de l'Inn.

Le grand empire

L'empire se fonde d'abord sur l'extension du territoire français qui englobe outre la Belgique déjà annexée pendant la Révolution, peu à peu des parties de l'Allemagne et de l'Italie, de la Hollande, voire d'exotiques provinces illyriennes. Cette intégration théorique masque en réalité assez mal une dilatation trop rapide de la France.

Le caractère monarchique du régime est accentué par le second mariage de Napoléon avec l'archiduchesse Marie-Louise d'Autriche le 2 avril 1810 d'où naît le 20 mai 1811 un héritier, le roi de Rome. Dans les régions de la péninsule qui n'ont pas été directement annexées à la France, Napoléon est également roi d'Italie, où il est représenté par un vice-roi, Eugène de Beauharnais, fils de sa première épouse, l'impératrice Joséphine. Élisa Bonaparte est grande-duchesse de Toscane, sans aucun pouvoir. En revanche, le maréchal Murat, beau-frère de l'empereur, roi de Naples sous le nom de Joachim-Napoléon à partir de 1808, se révèle un souverain soucieux de modernisation et abolit les droits féodaux. Le royaume de Hollande, confié à Louis Bonaparte, a une existence éphémère de 1805 à 1810. En Allemagne, le royaume de Westphalie créé pour Jérôme Bonaparte en 1807 est amputé de son ouverture maritime en 1811. Il est un État fantoche, dirigé par les Français, comme le grand-duché de Berg, confié d'abord à Murat, puis à un neveu de l'empereur, le fils de Louis, roi de Hollande.

La **Confédération du Rhin** est composée de 36 États sans souveraineté dont Napoléon est le protecteur, de la même façon qu'il est le médiateur des cantons suisses.

Plus original est le **grand-duché de Varsovie**, confié au roi de Saxe Frédéric-Auguste, petit-fils du roi de Pologne Auguste III. Une véritable adhésion des patriotes polonais s'y fait jour, qui voient en la France napoléonienne une libératrice.

Les revers français

La campagne de Russie

Inquiet de la politique française, le tsar se rapproche de la Suède et de la Turquie, tandis que Napoléon rassemble des troupes en Europe orientale. Le 23 juin 1812 commence l'invasion de la Russie. Après une série de victoires, les Français entrent dans **Moscou en flammes (14 septembre 1812)**. Devant l'arrivée de l'hiver, Napoléon donne l'ordre de la retraite le 22 octobre. L'hiver et le harcèlement russe sont fatals à l'immense majorité des 600 000 hommes qui étaient entrés en Russie.

La campagne d'Allemagne

En janvier 1813, Napoléon de retour en France organise une nouvelle armée pour face à la nouvelle coalition que forment avec l'Angleterre la Prusse et la Russie, bientôt rejointes par l'Autriche. Malgré une série de victoires en Allemagne où se déroule un véritable soulèvement national, les Français sont vaincus dans la **décisive bataille de Leipzig (16-19 octobre 1813)** et doivent repasser le Rhin.

La fin de l'aventure espagnole

Dans la péninsule Ibérique, les troupes anglaises et leurs alliés portugais et espagnol ont battu les Français à Vittoria (21 juin 1813). À la fin de l'année, ils se préparent au passage des Pyrénées.

La campagne de France

À partir de décembre 1813, l'invasion commence sur le Rhin et les Pyrénées. Pour défendre le territoire national, Napoléon tente de faire appel au sentiment patriotique et remporte une série de brillantes victoires (février 1814). Mais la pression est désormais trop forte. Le pacte de Chaumont, signé entre l'Angleterre, la Russie, la Prusse et l'Autriche, les engage à rester unis jusqu'à la victoire finale. Le 30 mars les alliés entrent dans Paris. Déchu par un vote du Sénat, Napoléon abdique le 6 avril et se retire sur l'île d'Elbe dont les alliés lui accordent la souveraineté. Par le traité de Paris, la France, où le frère de Louis XVI règne sous le nom de Louis XVIII, est ramenée à ses frontières de 1792, conservant Avignon, une partie de la Savoie et Mulhouse.

L'épilogue

Les puissances se réunissent en compagnie de la France de Louis XVIII à **Vienne** de **septembre 1814** à **juin 1815** dans un contexte troublé par les **Cent-Jours**. Le 1er mars 1815, Napoléon est en effet revenu de l'île d'Elbe. Après avoir rallié l'armée et l'administration, il est de nouveau installé à Paris le 20 mars. Aussitôt, les signataires du pacte de Chaumont déclarent la guerre à outrance à celui qu'ils perçoivent comme le fourrier des idées révolutionnaires. Napoléon est vaincu à **Waterloo** (Belgique) le **18 juin 1815** et abdique le 22 juin. Un second traité de Paris, beaucoup plus sévère que le premier met fin à l'ultime guerre napoléonienne (20 novembre 1815). La France perd la partie de la Savoie qui lui avait été laissée en 1814, ainsi que les enclaves qui protégeaient ses frontières depuis la monarchie. Elle doit verser une lourde indemnité et accepter l'occupation militaire de son territoire. La puissance française, dont l'ascension avait commencé deux siècles auparavant, est à jamais diminuée. De nouveaux équilibres européens se dessinent autour de quatre puissances : la Russie, le Royaume-Uni, l'Autriche et la Prusse.

Pistes bibliographiques

J.-O. Boudon, *La France et l'Europe de Napoléon*, Paris, Armand Colin, 2006.

Index

Les noms de personnes sont en petites capitales, les noms géographiques en italiques et les notions en romain.

C

D

E

F

G

H

I

J

K

L

M

N

O

T

U

V

W

X

Y

Z

Composition : Soft Office

262874 - (I) - SOP 90º - SOF - BTT
Dépôt légal : février 2021
Dépôt de la premiere édition : mars 2020
Achevé d'imprimer en Espagne par Unigraf S.L.